Ein Medium beantwortet Fragen

Dina Ahlers

spirit Rainbow Verlag

ISBN 3-929046-62-8
Alle Rechte bei der Autorin.
Nachdruck - auch auszugsweise - nicht gestattet.
Coverbild: Dieter Hufschmid, 79274 St. Märgen
Coverdesign: Computer-Artwork, Hermann R. Lehner
http://computer-artwork.bei.t-online.de
Herstellung: Books on Demand GmbH, Norderstedt
Erstausgabe: April 2003

spirit RAINBOW Verlag

spirit Rainbow Verlag
Inh. Gudrun Anders
Eifelstraße 35
52068 Aachen
Telefon / Fax: (02 41) 70 14 7 21
E-Mail: rainbowverlag@aol.com
Homepage: www.spirit-rainbow-verlag.de

Vorwort

Dank gilt meinen Klienten im Diesseits und im Jenseits, die den größten Teil dieses Buches verfassten, sowie den niederen und höheren Welten, die sich erkenntlich gezeigt haben.

Januar 2003
Dina Ahlers

Vor Jahren kam in der Nacht ein Wesen zu mir, das sagte:

Indem Du Bücher liest
(und mit den darin beschriebenen Personen mitlebst)
kannst Du Dir Leben (er)sparen.

Dina Ahlers

Jemand hat zu mir gesagt, ich wäre arrogant. Das kränkt mich so, dass ich an nichts anderes mehr denken kann. Von morgens bis abends denke ich darüber nach, ich finde keinen Ausweg mehr.

Vor vielen Jahren habe ich einen Ausbildungslehrgang gemacht. Ich habe nichts, aber auch gar nichts davon gehabt, außer, dass der Leiter uns am letzten Morgen folgende Empfehlung gab (und diese Empfehlung war die Teilnahmegebühr wert):

Wenn jemand etwas zu euch sagt, das euch trifft, dann fragt euch folgendes:

1. Sagt er es von sich aus oder habe ich ihn darum gebeten?
2. Ist es wichtig?
3. Ist es richtig, teilweise richtig oder völlig falsch?
4. Falls etwas daran stimmt, woher kommt das, was ist die Ursache dafür, der tiefe Grund?
5. Was kann/will ich ändern?

Wenn Sie für sich diese Punkte abgehandelt haben, so können Sie darüber hinaus noch fragen:

6. Warum hat diese Person mir das gesagt, was ist ihr Motiv?
7. Auf welche Art und Weise geschah das, konnte ich merken, dass es zum Guten sein sollte oder bestehen Zweifel hierüber?

Wenn Sie diesem Schema folgen, können Sie Ordnung in Ihre Gedanken- und Gefühlswelt bringen. Aus einer unerfreulichen, provozierenden oder verletzenden Sache können Sie doch etwas Sinnvolles machen.

Viel Spaß dabei!

Sind Sie ein Trancemedium?

Nein. Ich bin immer ganz wach, ganz 'bei mir'. Ich möchte keinem anderen Wesen meinen Körper zur Verfügung stellen, noch gehe ich in jemand anders hinein. Ich kommuniziere mental auf Abstand mit dem Unterbewusstsein oder dem Bewusstsein von anderen Menschen und anderen Wesen.

Auch wenn ich schreibe oder male, geschieht das nicht automatisch. Ich bin es, die aufschreibt, weil ich sonst nicht die Fülle der Nachrichten behalten kann, damit ich später alles noch mal nachlesen und an meine Klienten weitergeben kann. Hierzu benötige ich Stille und einen gewissen inneren und äußeren Frieden, denn sonst besteht die Gefahr, dass ich allerlei persönliches Zeug von mir mit hinein mixe.

Darum ziehe ich vor, mich vorzubereiten, wenn ich alleine bin; dann kann ich so viel Zeit nehmen wie nötig ist, um die Fragen, die Angelegenheiten des Klienten zu betrachten. Ich kann dies auch an mehreren aufeinanderfolgenden Tagen tun, um noch zusätzliche Informationen aufzunehmen. Dann besteht kein Zeitdruck und ich spüre nicht die Spannung/Erwartung des Klienten im gleichen Raum. Es kommt vor, dass ich tagelang medial mit einer Angelegenheit beschäftigt bin, die an mich als Frage oder Problem herangetragen wurde.

In dem persönlichen Gespräch unterbreite ich dann Stück für Stück, was ich wahrgenommen habe, und es ist alle Zeit für Reaktionen, auch emotionale Reaktionen und Ergänzungen.

Wir sind doch hier auf Erden um zu lernen, nicht wahr?

Im Prinzip ja, aber sagen Sie das nicht einer Mutter, die gerade ihr Baby verloren hat. Ich weiß nicht, was die esoterischen Kreise bewogen hat, diesen Aspekt des Daseins so unverhältnismäßig hervorzugeben. Wir könnten ja auch sagen: Wir sind hier, um zu lieben. Und geliebt zu werden. Das hört sich doch viel schöner an.

Ist es auch.

Ich bin sicher, dass mein Vater, der vor acht Jahren gestorben ist, sich noch in der astralen Ebene befindet. Kann ich seinen Erlösungsprozess beschleunigen, indem ich mich selber spirituell weiterentwickle?

Als Sie Kind waren, sind Sie durch ihn traumatisiert worden. Sie waren auf fatale Weise von ihm abhängig. Gerade haben Sie damit begonnen, sich das bewusst zu machen und die Bande zu lösen.

Schaffen Sie nun nicht neue Abhängigkeiten, indem Sie sich zur Aufgabe machen, durch eigene 'Höherentwicklung' ihn sozusagen mitziehen zu wollen.

Das ist nicht Ihr Job. Erkennen Sie Ihr eigenes Trauma, mildern oder lösen Sie es. Dann haben Sie Ihre 100 % getan und sind frei.

Dadurch, dass Sie zu mir von Ihrem Vater gesprochen haben, vertrauten Sie ihn mir an, und ich übergebe ihn zur Betreuung seinem Hilfs-Helfer unter Supervision seines persönlichen Schutzengels.

Die höhere Welt ist Ihnen dankbar, dass Sie Ihren Vater vorgestellt haben, dass Sie ihm helfen wollen, nach allem, was er Ihnen angetan hat, dass Sie ihm einen Hauch von Liebe zugesandt haben. Übergeben Sie ihn vollständig seinen eigenen geistigen Helfern und sich selbst. Nun ist es an ihm, was er daraus macht.

Ich bin schon fast 80 Jahre alt und ich habe doch nicht mehr solange zu leben. Ich habe mein ganzes Leben für meine Firma gearbeitet, ich war nie verheiratet und habe keine Kinder. Je älter ich werde, umso mehr Angst bekomme ich vor der letzten Reise. Wie soll ich es nur sagen, könnten Sie in Kontakt mit meinen geistigen Führern kommen und mir sagen, was ich verkehrt gemacht habe, bzw. was ich noch wiedergutmachen muss? Dafür wäre ich sehr dankbar, wenn das möglich wäre. Ihre ergebene...

Die Höheren Wesen antworten: 'Sie ist in allem Lebensleid wohlmeinend geblieben. Sie bemüht sich fortwährend darum, Gutes zu bewirken, bemüht sich auch ständig um ihre eigene geistige Entwicklung.

Sie hatte schwere und traurige Erlebnisse, sie hat auch Menschen aus früheren Leben in diesem Leben wiedergetroffen und hat diese Begegnungen gut bewältigt. Sie war verständnisvoll und hat sich auch in die anderen Personen eingefühlt.

Wir möchten mit ihr in ständigem Kontakt sein.

Sie braucht sich nur mit uns zu verbinden, zu jeder Zeit und an jedem Ort. Sie muss nicht so kleinmütig sein mit sich selber, mit ihren Gedanken und Urteilen über sich selber.

Das ist nicht nötig. Wir haben keine Kritik. Sie mag ihre kritischen Gedanken über sich selber abschütteln.

Dann bekommt sie mehr inneres Ruhen, mehr Selbst-Bewusstsein und inneren Frieden mit sich und allem. Sie muss sich nicht fürchten vor Übergängen. Es wird nichts Schlimmes, nichts Dramatisches passieren. Sie mag in dieser Phase ihres Lebens noch mehr Selbstverzeihung und Eigenliebe üben, ihre Engel sind bei ihr.

Die Kritik, die sie in früheren Zeiten erfahren hat, mag sie auflösen und für ungültig erklären, das meiste ist nur gesagt worden, um sie einzuschüchtern und gefügig zu machen. Meistens ging es um Macht, wenn man sie gedemütigt und kritisiert hat.

Dieses alles mag sie nun aus ihrem eigenen Geist entlassen, Stück für Stück. Es geht nicht auf einmal, da es so lange und so tief einprogrammiert ist. Mit unserer Hilfe und unendlicher Geduld (mit sich selber) wird sie es tun.

Dieses ist nun die Befreiungstat, die sie selber an sich verrichtet. Dies wird ihr einen schönen Vorteil einbringen, wenn sie eines Tages 'rübergeht'. Sie ist eine selbst-bewusste Frau, die viel geleistet hat und deren Verdienste auf der Hand liegen. So wird sie gehen und als solche wird sie auf der anderen Seite empfangen werden... - und wir - wir gehen jeden Schritt mit ihr. Da kann nichts schief gehen. Wenn jemand hochmütig ist, so ist das ein Hindernis - - - aber es ist ebenfalls ein Hindernis, wenn jemand sich niedrig bewertet und deklariert.

GOTT LIEBT AUFGERICHTETE SÜNDER, also solche, die sich aufgerichtet haben, die den Blick heben und geradeaus sehen und gehen.

Sack und Asche sind von Alten. Die sind nicht mehr gefragt.

Sage ihr das. Und schicke ihr Gold. Und schicke ihr Blau.'

Ist Meditation gut und wie soll man meditieren?

Es gibt so viele unterschiedliche Formen von Meditation und es steht mir nicht an zu sagen, die eine ist besser als die andere.

Meditation hat unterschiedliche Wege: der eine setzt sich regelmäßig hin um sie auszuüben, er versucht, seine Gedanken und sich zu ordnen, bzw. seinen Geist auf etwas zu richten oder auch, 'leer' zu werden. Der andere tut nichts dergleichen, er lebt und versucht, sein Leben und seine Beziehungen in Ordnung zu bringen, um dadurch zur Ruhe zu kommen. Wenn er ein gutes Stück weit damit gekommen ist, wird es so sein, dass er von alleine in einen meditativen Zustand gerät, er wird gelassener, selbstvergessen, vielleicht sogar ohne dass er es bemerkt, versenkt er sich in sich selber oder in etwas. Dann findet Meditation von selber statt, weil die Gehirnwellenfrequenz das nun zulässt. Durch das Abarbeiten von Trauma und Karma hat sich die Gehirnwellenfrequenz so geändert, dass nun von alleine Meditation, also Bewusstseinserweiterung, passiert.

Also, bei Methode 1 wird versucht, diesen Zustand durch Übungen zu erlangen, bei Methode oder Weg 2 wird das Leben als solches so gestaltet, dass meditative Zustände sich von selber ergeben.

Leider ist meine Oma gestorben, als ich noch ein kleines Mädchen war. Könnten Sie sie besuchen? Obwohl ich sie kaum gekannt habe, fehlt sie mir doch sehr.

Und Oma spricht: 'Meine Kleine. Hier bin ich in guter Hut und geborgen. Andere sind mit mir zusammen. Wir erleben miteinander und haben viel Spaß und Glück. Es ist eine herrliche Welt. Möchten doch alle daran glauben. Möchte sich doch jeder vergegenwärtigen, dass er nach seinen Verdiensten behandelt wird.

Das sind die Tatsachen, in denen ich mich aufhalte.

Ich bin zwischenzeitlich nicht wieder inkarniert. Von dieser Möglichkeit erfuhr ich erst hier. Früher wusste ich gar nicht, dass es das gibt.

Hier nun vereinige ich mich (sie meint ihr Bewusstsein) mit den Wesen, die in der geistigen Welt für dich zuständig sind. Ich mag, möchte, soll diese nicht sehen und nicht benamen. Es ist e i n e Liebe, e i n e Fürsorge. Es sind mehrere auf unterschiedlichen Ebenen, die nun alle vereinigt sind in der Fürsorge, aber auch Sorge um dich. Mit diesen bin ich nun zusammengeschlossen und gebe dir folgenden Rat:

Als erstes, Kind, sieh die Natur an. Bewege dich in der Natur. Lass dort deine täglichen Sorgen, deine Kümmernisse. Lass dich durchwehen, durchsonnen und in Maßen auch durchfrieren, sodass du deinen Körper spürst, deutlich spürst.

Andere sollen sich mehr der geistigen Welt zuwenden, bei dir ist das anders.

Du hast das bereits getan. Es gab eine Zeit, da wolltest du dich am liebsten wegmachen. Von dieser Erde einfach verschwinden. Dein Geist war vorausgeeilt, nun muss er umkehren, um den Körper wieder voll zu bewohnen. Du hattest dich wegbegeben von den Wohnungen der Menschen, nun ist es an der Zeit, dass du dich umdrehst, um deren Behausungen wieder aufzusuchen.

Auf deinem Weg hast du viele Gnaden erfahren, und beladen mit diesem Schatz kannst du umkehren in die irdisch-menschlich-körperlichen Gefilde.

Iss gut und richtig. Liebe deinen g a n z e n Körper und pflege ihn liebevoll. Bewege dich, tu etwas, damit du ihn spürst. Du wirst sonst zu leicht, zu dünnhäutig, zu durchsichtig.

Du kannst lernen, deine geistigen Gaben nicht unbewusst, sondern gezielt einzusetzen.

Hast Du uns verstanden? Möchtest du dem folgen?

Wir sind bei dir im privaten Leben und bei deinem Arbeiten.

Wir sind bei dir, wenn du dich von einem Ort an einen anderen begibst.

Wir lassen dich keinen Moment aus den Augen.

Sei gesegnet.'

Meine Freundin ist eine weiße Hexe. Sie hilft vielen Menschen, aber sie würde niemals Geld nehmen für ihre Behandlungen, so wie Sie das tun.

Ich bin weder eine weiße noch eine andersfarbige Hexe, und ich möchte auch nicht so bezeichnet werden. Die beiden Leben im Mittelalter, in denen man sagte, ich sei eine, sind mir noch in schmerzhafter Erinnerung. Nein, von Hexenleben habe ich genug. Das ist auch der Grund, weshalb ich mich in diesem Leben mit einem unauffälligen Äußeren beschenkt habe. Da pfeift und johlt keiner hinter mir her (außer 1960 in Italien, aber das hatte andere Gründe).

Der Begriff Hexe ist verwirrend. Meines Erachtens gibt es drei Kategorien, mit fließenden Übergängen. Im Mittelalter gab es mit Sicherheit Frauen, die nichts damit zu tun hatten und aus Hass, Eifersucht und Willkür verfolgt wurden. Man suchte einen 'guten' Grund, um sie umzubringen. Dann gab es solche, die mit Heilkräutern Menschen behandelten und die Frauen bei der Geburt beistanden, die ausschließlich gute Absichten hatten. Die dritte Kategorie waren dann jene, die durchaus Macht anstrebten und aufgrund ihrer Kenntnisse auch ausübten, die sich auch mit dem Bösen verbündeten, um ihre Ziele zu erreichen, ob zum Heilen oder zum Zerstören (Vernichten).

Was das Honorar anlangt, so wird meines Erachtens nicht das Helfen als solches berechnet, sondern die Zeit, die das in Anspruch nimmt. Durch das Bezahlen wird mein Lebensunterhalt gesichert. Dadurch wiederum kann ich mich mit den Anliegen, Fragen und Problemen beschäftigen, die Menschen an mich herantragen. Wenn ich eine 40-Stunden-Woche an einem Arbeitsplatz durchstehen müsste, könnte ich daneben diese Arbeit nicht tun. Das Bezahlen hat auch einen Vorteil für die Fragenden, die Bittenden.

Sie können ohne Hemmungen, ohne Scheu und Schuldgefühle meine Dienste in Anspruch nehmen. Dieser geschäftliche Aspekt schafft den Rahmen und ist deshalb ein Vorteil für beide Seiten. Jedenfalls sehe ich das so.

Mich bewegt die Frage, weshalb ich, obwohl ich mein ganzes Leben schon so sehr eine Suchende bin und mir nichts sehnlicher wünsche als den Kontakt zur geistigen Welt, absolut unmedial bin. Ich verspüre oft eine große Sehnsucht, vor allem bewegt mich eben das Thema 'Weiterleben nach dem Tode' (Mensch und Tier) ganz besonders.
Gleichzeitig ist es aber so, dass ich trotz allem auch manchmal in Zweifel komme. Ich bin auch auf der Suche nach Beweisen, dass die geistige Welt überhaupt existiert.
Nur zweimal im Leben war ich intuitiv, ansonsten bin ich blind und taub.

Alles hat einen Grund, und danach müssen wir fragen. Vielleicht haben Sie sich auf das 'Ich habe keine Kontakte zur höheren Welt' fixiert und nicht gefragt: 'Was ist der Grund dafür, dass ich die nicht habe?'

Das erste, das ich aufgrund dieser Frage wahrnehme, sind kalte Füße.

Kalte Füße, Husten, eine mittelalterliche Szene.

Ich sehe eine Frau, die der Obrigkeit vorgeführt wird, die von der kirchlichen Institution angeklagt ist wegen geheimer Tätigkeiten.

Ob diese Tätigkeiten ausgeübt wurden zum Wohle oder zum Schaden von Menschen, spielte in dem Prozess damals keine Rolle.

Es wurde nicht herausgefunden, ob sie Gutes oder Ungutes tat, es ging nur um Macht. Sie wurde der Gotteslästerung und des Paktes mit dem T.... beschuldigt.

Zehen und Finger wurden verstümmelt, damit sie nicht mehr den aufsuchen, damit sie nicht mehr den anfassen könne im Akt, der vom Volk als 'Gott-sei-bei-uns' bezeichnet wurde.

Sie sollte abschwören, und weil man annahm, es sei besser, wenn sie blind wäre, damit sie niemals mehr den Bewussten sehen könne, so blendete man sie, und da man glaubte, es sei besser, dass sie stumm sei, damit sie niemals mehr mit eben jenem reden könne, machte man sie auch noch stumm.

Dies sind die Bilder, die auf Ihre Frage hin zu mir kamen. Ob es eine Beziehung, eine Verbundenheit in Ihrem Inneren zu diesen meinen Wahrnehmungen und damit zu dieser Frau gibt, können nur Sie selber herausfinden.

Im Grunde ist es auch egal, ob Sie in einem früheren Leben diese Person waren, oder ob sie 'nur' eine Affinität zu ihr haben. Fragen wollen beantwortet, Beschwerden wollen erlöst werden.

Ich fahre nun fort mit der Beschreibung der Folgen, die das Ereignis mittelalterlicher Verfolgung auf diese Frau hat(te). Einerseits hatte sie an einen liebenden Gott geglaubt, andererseits schlug die Grausamkeit der Institution Kirche zu im Namen von eben diesem Gott. Damals war ihr die ewige Verdammnis angedroht worden - wie sollte sie da unbeschwert vor ihren Schöpfer treten?

An den barmherzigen Gott konnte sie nicht mehr glauben; an den strafenden verdammenden auch nicht, denn damit hätte sie sich dem Risiko ihrer eigenen Verdammung ausgesetzt. So blieb sie lange Zeit eine herumirrende arme Seele. Der Zugang zu den höheren Welten war im wahrsten Sinne des Wortes versperrt, doch blieb die unstillbare Sehnsucht danach und das fortwährende Bemühen, ihn zu finden. Durch den Zweifel 'Existiert die andere Welt überhaupt' versuchte die verwundete Seele, sich aus dem Zwiespalt herauszuziehen.

Der Schock bei dieser Frau saß tief: Der Schock, dass Menschen solche Grausamkeiten ausüben können, der Schock, dass dies im Namen und Auftrag Gottes geschah, der Schock, dass dies alles ihr erwachsen war aus dem Ausüben medialer Fähigkeiten.

Es ist eine Ausnahme, dass ich auf eine solche Frage so direkt und deutlich antworten kann. Normalerweise müssen meine Mitteilungen eingebettet sein in längere behutsame Gespräche, in denen nicht ich, sondern der/die Fragende das Tempo bestimmt. Es darf nur jeweils so viel Material an die Oberfläche des Bewusstseins gelangen, wie verkraftet und integriert werden kann. Es ist ein vorsichtiges Tasten und Suchen nach den Verbindungsfäden zwischen Vergangenheit und Gegenwart, ein gemeinsames Stück Weg.

Bei Ihnen nun kann und darf ich meine Wahrnehmungen zu Ihrem Thema 'unverblümt' mitteilen, weil ich fühle, dass dies der richtige Moment und die richtige Form ist, und dass Sie gut damit umgehen werden. Und auch, dass Sie gut mit sich selber umgehen werden. Was bleibt, ist natürlich Ihre Frage: 'Und was mache ich jetzt damit?'

Meine Antwort ist: Erwägen, betrachten Sie alles soeben Gelesene. Atmen Sie dabei. Nehmen Sie wahr, welche Worte und Passagen welches Echo in Ihnen hervorrufen. Nehmen Sie nichts auf und nichts an, was Sie nicht selber fühlen.

Betrachten Sie die drei Schocks, jeden einzelnen für sich und dann in der Kombination. Ich wünschte, dass Sie nicht alleine sind dabei, sondern eine verstehende liebe Seele bei sich haben. Ich selber hätte Sie gern dabei begleitet, doch lässt die räumliche Entfernung das nicht zu.

Wenn wir noch einmal an die Frau aus dem Mittelalter denken, so können wir festhalten:

Sie hat die Schocks mitgenommen in ihren Tod und wahrscheinlich in die folgenden Leben und die Zeiten zwischen den Leben. Der Zugang zur Medialität war verschüttet zu ihrem eigenen Schutz vor Wiederholung eines ähnlichen Schicksals damals im Mittelalter und später als Schutz vor panischen Ängsten.

Durch die Sperre können Trauma, Drama und Karma aus der damaligen Zeit so lange verborgen bleiben, bis genügend Stabilität und Reife ge-/erwachsen sind, um das Erinnern ertragen zu können und um Zusammenhänge aufzudecken.

Dass Sie bisher nicht aktiv auf medialem Gebiet tätig geworden sind hat auch den Vorteil, sich nun neu zu definieren und gut gut gut nachzudenken, mit welcher Art und in welcher Weise Sie sich mit dem Höheren und den Höheren befassen wollen.

Wenn Schocks, Trauma und karmische Verstrickungen aufgelöst sind, dann können Sie von vorne beginnen. Und bevor Sie das tun, ist es unerlässlich, dass Sie selber prüfen, wägen und entscheiden, w e l c h e m spirituellen Wege Sie folgen wollen.

Es gibt nur zwei Wege, und das nicht allein im Spirituellen, sondern auch im ganz normalen Alltag, es gibt nur zwei Richtungen:

die Richtung Wahrheit

oder

die Richtung Macht.

Entscheiden tun alleine wir.

Haben Sie schon mal einen Mörder beraten?

Mental schon, denn es kam einige Male in meiner Praxis vor, dass ich wegen eines/einer Ermordeten um Hilfe gebeten wurde. Dabei stellt sich zwangsläufig immer auch der Mörder bei mir ein. In dem Moment wird er mein Klient und ich führe ein mentales Gespräch mit ihm. Hierzu wähle ich einen neutralen mentalen Raum, ein 'Büro' etwa. Wie ein Psychologe eröffne ich das Gespräch: Guten Tag, Herr..., das ist passiert. (Ich sage nicht, 'Sie haben das und das gemacht', denn damit würde ich ihn in die Enge treiben). Möchten Sie mir etwas darüber erzählen? Ich gehe nur auf das ein, was er sagt, ich ziehe nichts anderes heran, bin nicht Detektiv, nicht Rechts-/Staatsanwalt, nicht Richter. Ich bin kein Protokolleur. Nur ein Mensch, der versucht, das Geschehene aus der Sicht des Täters nachzuvollziehen. Nur durch meinen Versuch, die Tat zu verstehen, kann eine Öffnung geschaffen werden, die später zu Einsicht, Reue und Wiedergutmachung, soweit das möglich ist, führen kann. Ich kann ihn, den Mörder, auch, wenn unser Verhältnis das zulässt, bitten, sich in die Rolle des Opfers, seines Opfers einzufühlen.

Ich mische aber niemals die Ebenen, diese Gespräche sind und bleiben mental. Ich würde nicht etwa der Polizei Hinweise geben können und wollen auf die Identität des Täters.

In den Vereinigten Staaten gibt es ein Projekt in einem Jugendgefängnis. Dort werden die jugendlichen Täter in einer therapeutischen Gruppe zusammengebracht und ermutigt, ihre eigene Rolle als Mörder nachzuspielen und anschließend die ihres Opfers. Mit großem Erfolg für ihre Rehabilitation.

Aus welchen Quellen schöpfen Sie bei Ihrer Arbeit? Woher erhalten Sie Ihre Informationen und auf welche Kräfte/Mächte beziehen Sie sich dabei?

1. Aus dem gesunden Menschenverstand, aus meinen Lebenserfahrungen und aus dem, was ich von den Leben anderer Menschen gelernt habe.
2. Aus dem Unterbewusstsein meines Klienten, soweit er mich hineinsehen lässt (hier erfahre ich nicht etwas ü b e r ihn, sondern v o n ihm.)
3. Aus den Unterbewusstseinen von Personen, die mit meinem Klienten verbunden sind, soweit sie sich äußern möchten.
4. Aus dem kollektiven Bewusstsein. Dieses beinhaltet alles, was jemals gedacht, gesagt, geschehen ist. Alles bleibt darin enthalten in Ewigkeit. Einige nennen es Akashachronik.
5. Aus den höheren Welten, indem ich das bestmögliche für alle Beteiligten erbitte.

Ich beziehe mich auf alle Wesen, die guten Willens sind. Diese bitte ich, als vereinigte Kraft mir und meinen Klienten beizustehen, damit Positives sich entwickeln kann. Diesen Club nenne ich Engelwesen, egal, ob es sich dabei um die nette Oma von nebenan oder Gabriel persönlich handelt.

Ich habe in einer Fernsehdokumentation über eine Naturforschungsstation gesehen, dass Ratten in kleinen Eisenkäfigen in eine Wanne mit Wasser gesetzt wurden und dann ertranken. Es wurde gesagt, dass es keine andere Möglichkeit gäbe, die Singvögel, die dort in der freien Natur lebten, zu retten. Ist das vertretbar?

Es ist entsetzlich. Man kann doch keine Ratten ersäufen, um Vögel zu retten. Mit wie viel Hass im Herzen wird ein solches Tier wiedergeboren werden... Und, würde der Singvogel diese Lösung überhaupt wollen?

Es ist ethisch und spirituell gesehen niemals richtig, das eine Wesen auf qualvolle Weise zugrunde zurichten, um ein anderes zu schonen. Menschen haben doch sonst für alles eine Lösung, wieso nicht für diesen Konflikt?

Ich bin davon überzeugt, dass diejenigen, die an diesen grausamen Liquidationen beteiligt sind und diese zu verantworten haben, eigene grausame Erfahrungen weitergeben an die Kreaturen, die ihnen nun hilflos ausgeliefert sind.

Protestieren Sie bei dem Sender, bitte.

Es fällt mir schwer, das zuzugeben, aber ich bin schon seit 30 Jahren mit meiner spirituellen Entwicklung zugange, und ich bin unzufrieden mit mir. Andere haben mehr Fortschritte gemacht als ich. Ich möchte auch gern mit den aufgestiegenen Meistern kommunizieren und Botschaften von denen durchgeben. Ich weiß nicht, was ich falsch mache. Bisher hatte ich so gut wie keine übersinnlichen Wahrnehmungen. Ich fühle mich beschämt und verlassen, obwohl ich regelmäßig Reiki mache und auch viele Seminare besuche. Könnten Sie mir helfen, die Medienschaft zu erlangen?

Zunächst einmal herzlichen Glückwunsch und meine Hochachtung dafür, dass Sie schon so lange 'dabei' sind und trotz Ihrer Enttäuschungen dabeigeblieben sind. Das bringt nicht jeder fertig. So mancher hakt ab, wenn die gewünschten Resultate nicht schnell sichtbar werden.

Was Sie als Schmach empfinden: 'Ich bin schon 30 Jahre dran und habe immer noch keine Erfolge' wende ich für Sie um in: 'Meine Sehnsucht nach Kontakt mit der höheren Welt ist so groß, dass ich niemals aufgehört habe, danach zu streben. Ich habe viel Einsatz geleistet, viel Kraft, Zeit und Geld gegeben dafür und versuche es immer weiter.'

Ob ich Sie zur Medienschaft begleiten kann? Begleiten will ich Sie gerne, doch nicht führen. Und: Es gibt keine Garantien. Ich gebe keine Versprechungen, keine Prognosen. Ich sage wohl: Wenn alles in Ihrem/Ihren Leben gesehen, berücksichtigt, verstanden und verarbeitet ist, dann kommt die Medialität von selber (wieder) zum Vorschein, denn Medialität ist niemals verschwunden, sondern nur zeitweise verschüttet von dem Schutt, den das Leben uns auflastet. Ich sage es noch einmal, wenn Sie Ihr(e) Leben 'ins Reine gebracht' haben, wenn der Schutt weggeräumt ist, dann wird Medialität von alleine wieder wirksam, dann kann die Quelle wieder fließen.

Unser Hund hat unser zweijähriges Töchterchen gebissen, worüber wir sehr schockiert sind. Unsere Kleine wollte ihn nur umarmen und da ist es passiert. Umso enttäuschter sind wir, da wir gerade unseren Hund für ein spirituell besonders entwickeltes Wesen angehen haben.

Ein spirituelles Wesen ist er auch, doch gleichzeitig dürfen wir nicht außer acht lassen, was so ein 'ehemaliger Wolf von zu Hause mitbringt'. Wir müssen seine Gesetze kennen und respektieren, damit nichts schief gehen kann.

Wenn ein Kind größer ist als der Hund, genießt es keinen Welpenschutz bei ihm. Wenn es ihn dann noch (von ihm aus gesehen) von oben umarmen will, dann meint er, ihm drohe Gefahr. Sein Lachen bedeutet für ihn Zähnefletschen - er muss sich wehren, knurren, schnappen.

Wenn die Eltern gut informiert sind, vermeiden sie eine solche Situation. Sie lassen ein kleines Kind nicht mit einem Hund allein. Sie können eine Situation entschärfen, indem sie das Kind auf den Arm nehmen, damit es eine erhöhte Position hat.

Mit den meisten Hunden sollte man auch nicht fangen spielen, die Tiere nehmen das wörtlich, einer läuft weg, spielerisch; in dem Hund wird der Jagdtrieb wach - er verfolgt die Beute und 'bringt sie zur Strecke'. Seiner Meinung nach ist er dann ein guter Hund.

Etwas ältere Kinder verstehen, dass sie ruhende Hunde in Ruhe lassen und fressende beim Fressen nicht stören.

Glauben Sie also an Ihren Hund, an seine Spiritualität und an seine Tiernatur.

Ich habe ewig Gerstenkörner an den Augen, die eitrig werden. Es ist sehr unangenehm und stört mein ganzes Leben. Sie können sich sicher vorstellen, dass ich nichts unversucht gelassen habe, um die loszuwerden, von Tropfen, Salben, Auflagen, zu Medikamenten, auch Antibiotika habe ich geschluckt. Es muss doch einen Grund geben, warum sie so hartnäckig immer wiederkommen.

Ich schließe meine Augen und sehe Ihren unsichtbaren Körper vor mir. 'Störer' machen die Runde und suchen Stellen, an denen sie sich festsetzen und ausbrechen können.

Ich merke, wie ich wütend werde auf die und unterbreche sofort, denn wenn ich missbilligend weitermache, richte ich nichts Gutes an und nichts Gutes aus.

Also stelle ich Sie, mich und die 'Störer' zuerst in den Schutz und in die Liebe des Allerhöchsten, und dann erst richte ich das Wort mental auf die letzteren und frage, wer sie sind. Da werden sie ganz traurig und antworten:

'Wir sind schon lange unterwegs in Wilmas Körper. Wir sind schon so lange bei ihr, aber bis jetzt hat sie uns nicht verstanden und nur bekämpft. Dabei haben wir die Verpflichtung, sie auf etwas aufmerksam zu machen. Wir haben eine Intention, eine Botschaft und wir sind gleichzeitig die Triebkraft für sie, unsere Botschaft zu entschlüsseln.

Wir haben, ihre, Wilmas Augen, haben zu viel und zu helles Licht gesehen in einer Zeit, da sie nicht Wilma hieß.

Es waren Zeiten von Verfolgung.

Sie war gefangen in dunklen Verliesen.. Monatelang hat sie kein Licht gesehen. Sie war angeklagt wegen etwas, aber weswegen, das wissen wir nicht, und das spielt hier auch keine Rolle. Es gab sehr viele Frauen, die genau wie sie in Verliesen gehalten wurden. In den Wochen und Monaten, da sie noch anziehend (für das männliche Auge) aussahen, ließ man sie weiterleben, später, wenn sie mager, siech und unansehnlich von der langen Einkerkerung geworden waren, beeilte man sich, im Prozess ein Urteil zu fällen. Es steht nicht in euren Geschichtsbüchern, dass man nach der Verurteilung, drei Tage vor ihrer Hinrichtung, diese Frauen ans Licht führte, die Holztür nach draußen wurde aufgestoßen, und sie wurden in das blendende Tageslicht gezerrt. So auch Wilma. Sie wurde dem Volke zur Schau gestellt, angepöbelt, mit etwas beworfen, alles war erlaubt, denn sie war ja eine Verurteilte, eine Verfemte, Freibeute für jedermann. 'Solche' Frauen wurden dem Volke zur 'Behandlung' überlassen, damit sie ihre Verfehlungen einsehen und sich bessern sollten, damit sie Tugend lernen sollten.

Männer und Frauen beteiligten sich daran, die Kinder wurden etwas beiseite gehalten. Weil sie kleiner von Körper sind, konnten sie nicht genau sehen, was da vor sich ging, aber sie hörten das Geschrei, das Gejohle und die Schmährufe. Man sagte den Mädchen, dass es ihnen auch so ergehen werde, wenn sie...

Männer durften sich auch sexuell an den verurteilten Frauen vergehen, und den Ehefrauen machte es nicht (so) viel aus, wenn ihre eigenen Männer in dieser Weise tätig wurden, denn sie sagten sich: 'Mich liebt er, aber die verachtet er. Soll er's ihr doch mal richtig zeigen.'

So hielten sie ihre Ehen instand.

Wir, wir sind entstanden in der Sekunde, da Wilma ins gleißende Licht gezerrt wurde, der Unterschied von Halbdunkel und grellem Tageslicht war so erschreckend, dass ein Schock in ihren Augen stattfand.

Dieser Schock erfolgte gleichzeitig mit dem Entsetzen und der Panik, die das Geschrei der auf sie wartenden Menge in ihr auslöste. Ein Teil ihrer Seele ist weitergewandert von Generation zu Generation (sie meinen von Inkarnation zu Inkarnation, doch diesen Begriff kennen sie nicht, also sagen sie von Generation zu Generation). Ein anderer Teil ihrer Seele steht immer noch in Panik in der Holztür und ist geblendet von dem grellen Licht.

Damals sind wir entstanden, erregt worden. Erreger werden erregt. Seitdem kreisen wir in ihrem Körper herum. Wir setzen uns an ihren Augenrändern fest, entzünden uns und werden eitrig, weil wir nicht erkannt und dem Ereignis zugeordnet werden. Immer, wenn Wilma sich in irgendeiner Weise so ähnlich fühlt wie damals, erwachen wir, erregen uns wieder und heften uns an ihre Lider.

Weil wir nicht erlöst werden, müssen wir uns immer wieder so darstellen. Wir haben keinen anderen Weg, keine andere Wahl als diese eine, und eine Wahl, die nur eine ist, ist keine. Alles möchte erlöst werden, wir auch.

Jedoch, wir sind in der Wiederholung begriffen, wir müssen so lange wiederholen, bis alles Gespeicherte entsorgt ist. Ent-sorgen trifft die Sache. Wohl kann mit Tropfen, Salben und Medizinen behandelt werden und das ist auch gut so, doch entsorgen ist ein anderer Vorgang. Versteht ihr das?

Wir wünschen 'alles Liebende'.

Seit langem habe ich eine Zyste an der Schilddrüse. Was hat das zu bedeuten?

Ich werde Ihre Schilddrüse fragen und das tue ich hiermit. Sie antwortet:

'Ich bin gar keine Zyste. Was wollt ihr? Ich bin was ganz anderes. Ich bin die Manifestation von was, das sage ich noch nicht. Da lasse ich euch erst mal zappeln, herumsuchen.

So leicht gebe ich mich nicht zu erkennen,

So leicht gebe ich mich nicht preis.

Ich kenne das, da wird ruck zuck eine Diagnose auf ein Papier oder in eine Akte geschrieben, und dann steht man darauf verewigt und ist der Dumme.

Ich bin weiblich. Also bin ich die Dumme.

Ich mache mich unberechenbar, ich bin mal deutlich, mal undeutlich, ich möchte verwirren, ich möchte hinhalten. Ich zwinge Caren dazu, dass sie sich mit mir beschäftigt, dass sie mich nicht übersieht, dass sie mich auf keinen Fall vergessen kann. Dafür sorge ich nun schon eine Weile.

Wenn ich nicht da wäre, würde sich keiner um mich kümmern. Ich wäre unbekannt, und ungenannt, nicht einmal das, ich wäre nicht einmal existent, und dieses Schicksal möchte i c h nicht haben, das will ich hier mal ausdrücklich betonen.

Nun komme ich zu Carens Erstzeit, zu ihrer Zeugung und der frühen Schwangerschaft, das war eine ganz traurige Angelegenheit. Sie i s t geblieben, sie h a t standgehalten. Das Schilddrüsenhormon hat vom ersten Tag an gearbeitet, produziert, sich angestrengt. Es kämpfte praktisch Tag und Nacht um Lebensrecht, um Lebenskraft bis auf den heutigen Tag.

Zuerst musste sie sich anstrengen, um zu bleiben, dann musste sie sich anstrengen, um sich das Lebensrecht zu verdienen, da es in ihrer Zeit für sie keine bedingungslose Liebe gab.

Was ich ihr anrate ist, zu erkennen, dass meine Entstehung notwendig war.

Ich setzte mich aus drei Faktoren zusammen: körperlichen, seelischen und geistigen.

Also möchte ich auf diesen drei Ebenen gesehen und behandelt werden, physisch, psychisch und mental.

Das kann folgendermaßen geschehen:

Behandelt mich mit Ruhe und in Respekt. Wenn ihr etwas zugebt (ein Medikament etwa), dann tut das mit guten Gedanken und Gefühlen, dann sagt: 'Dieses Mittel ist gewachsen oder wurde geschaffen, um mir zu helfen.'

Caren mag seelisch, emotional die schmerzlichen Erfahrungen, die sie gemacht hat, wieder erinnern und, wenn möglich, aus ihrer Seele entlassen, nun ich ihr so genau erzählt habe, wie alles gekommen ist.

Ich bin kein Feind.

Ich bin nicht böse. Denkt gut über mich und redet nett zu mir. Ich habe jetzt gesprochen von Körper und Seele.

Ein dritter Faktor kommt hinzu und ist genauso wichtig wie die anderen beiden. Wurde sie, Caren, doch mit feindseligen Gedanken auf dieser Erde empfangen.

Sie möge mental alle Urteile über sich selber und andere, allen Zynismus, alle bitteren und harten Gedanken aus ihrem Geiste lösen.

Im Grunde gab sie an mich weiter, was sie selber in der Erstzeit ihres Lebens erfahren hat; sie wurde mit Abneigung, Ablehnung, ja mit Hass betrachtet und sollte weggemacht werden.

Etwas Ähnliches habe ich als die Zyste erlebt, als sie mit mir bei der Ärztin war und diese sofort sagte: 'Die entfernen wir!' Damit meinte sie mich.

Caren entgegnete, dass sie das nicht wolle, sie suche nach anderen Lösungen.

So bin ich noch hier und kann ihr das alles mitteilen, was sie sonst nicht oder noch nicht erfahren hätte.

Darin liegt der Sinn, darin liegt unsere Kooperation.

Wir haben nun keine Geheimnisse mehr voreinander. Das ist gut so. Danke.'

Mein Cousin wohnt in der Wohnung über mir. Er sagt, dass er jeden Monat bei Vollmond Punkt Mitternacht Schritte auf der Treppe hört und dass dann jemand an seine Tür klopft. Ich habe ihm schon gesagt, dass das vielleicht eine arme Seele ist und dass er die ins Licht schicken soll. Aber er lacht nur darüber und sagt, an so was würde er nicht glauben. Können Sie dem Geist helfen?

Der - ich will ihn mal Besucher nennen, möchte mit ihrem Cousin eine Angelegenheit regeln. Mehr darf ich hierüber nicht sagen; es handelt sich um eine persönliche Sache zwischen den beiden. Ich habe mich mit dem Besucher mental unterhalten über das Wieso und Warum. Ich habe ihm zugehört, aber ins Licht führen kann ich ihn von mir aus nicht; ich kann ihm wohl Vorschläge machen, aber gehen wird er nur und erst dann, wenn er das entscheidet. Jemanden woandershin führen zu wollen, bedeutet Eingriff. Jemandem Einsichtswege eröffnen und - wenn gewünscht - zum Licht begleiten, lässt den Willen frei.

Also, ich habe mit dem Besucher gesprochen und Ihr Cousin wird in den nächsten Vollmonden merken, ob er wieder kommt oder wegbleibt. Im ersteren Fall können Sie mich wieder anrufen, dann werde ich mich noch einmal um die Angelegenheit kümmern, besser ist, Sie schlagen Ihrem Cousin vor, dass er mich selber anruft.

Ihnen gilt der Dank der höheren Welten, dass Sie durch Ihre Anfrage eventuell zwei Seelen einen Einsichtsweg eröffnen.

Ist es nicht ein Problem, wenn Angehörige sich auf eine Botschaft aus der anderen Welt eingestellt haben und nichts kommt?

Das ist bisher noch nicht geschehen. Bisher haben 'die von drüben' immer reagiert, die Reaktionen waren bereitwillig, erfreut oder begierig.

Das Problem ist umgekehrt, manches Mal hatte ich mich tagelang mit einer Seele befasst, sie freute sich darauf, dass ich alles, was sie gesagt hatte, weitergeben würde - und niemand kam zu dem vereinbarten Termin.

Das ist dann immer sehr enttäuschend und traurig.

Eine ältere Frau, deren Sohn ich erwartet hatte, sagte: 'So war er im Leben auch schon'.

Es ist absolut nicht wünschenswert, wenn Seelen in meiner Wohnung verbleiben, aber in diesen Fällen durfte ich sie, konnte ich sie doch nicht gleich wieder fortschicken. Ich hielt mit ihnen die Enttäuschung aus, bis sie soweit gestärkt waren, dass sie sich wieder in Richtung Ewigkeit begeben konnten.

Ich war schon oft auf Veranstaltungen, bei denen Medien Durchgaben von Angehörigen machten. Dabei wartete ich immer, ob mein verstorbener Vater etwas zu mir sagen würde. Aber er ist niemals erschienen. Ich verstehe das nicht. Ich weiß doch, dass er sonst um mich ist.
Hat er mich nicht mehr lieb?

Natürlich hat Ihr Vater Sie lieb, das spüren Sie auch. Wenn Sie fragen, warum er nicht bei solchen Veranstaltungen erscheint, so brauchen Sie sich nur folgende Fragen zu beantworten:

Liebte Ihr Vater Menschenansammlungen?

Schätzte er es, vor Publikum gefühlsmäßige Inhalte preiszugeben?

Können Sie Ihre Frage nun beantworten? Wenn Sie sich darüber hinaus noch vergegenwärtigen, dass Ihr Vater, der übrigens ein sehr rechtschaffener und nobler Mann ist, nichts von 'Gespenster-Hokuspokus', wie er es nennen würde, hielt, dann ist wohl alles klar.

Behalten Sie Ihren Vater einfach in liebevoller Erinnerung, schicken Sie ihm ab und zu einen freundlichen Gruß dorthin, wer jetzt ist.

Das erfreut sein Herz, ich meine seine Seele und seinen Spirit.

Wenn jemand hier auf dieser Erde mit einer anderen Person (Partner/Nachbar/Kollege etc.) Schwierigkeiten hat, wie geht die Beratung denn dann vor sich?

In diesem Falle nehme ich auch mental Kontakt auf zu der genannten Person. Ich frage sie höflich, ob sie mir etwas mitteilen möchte, bitte sie, erst mal ihre eigene Geschichte zu erzählen und aus ihrer Sicht die Angelegenheit darzustellen. Ich frage dann auch, ob oder was von dem mir nun Anvertrauten ich weitergeben darf.

Viele Klienten waren wirklich beeindruckt oder auch erschüttert, wenn sie hörten, was tief drinnen im Herzen des Sohnes, der Freundin, des Chefs vor sich geht.

Sie konnten das nachvollziehen und zum Besseren für die Beziehung verwenden.

Wenn man annimmt, dass eine Seele sich in der Astralebene befindet, dann kann man doch nichts für sie tun, denn dort gibt es doch keine Schutzengel. Oder?

Ich nehme an, dass es in jeder Sphäre Schutzengel gibt, auch wenn die Seele sie nicht wahrnehmen kann oder will.

Tun können wir immer etwas, nämlich ihn bitten, ich will es mal so ausdrücken, Hilfspersonal für seinen Schützling, den er selber zu der Zeit nicht erreichen kann, herbeizurufen.

Das sind mit an Sicherheit grenzender Wahrscheinlichkeit Seelen, die schon einen Schritt weiter sind, als der/die Astrale, die aber eine gleiche Problematik gehabt haben, die früher ebenfalls verwirrt herumgeirrt sind.

So wie wir hier auf Erden das von Selbsthilfegruppen kennen, versteht zum Beispiel der trockene Alkoholiker seinen Schützling am besten.

Ich sehe nun, wie ein solcher Antrag an den Schutzengel weitergegeben wird. Der Auftrag fließt in einem 'Schlauch aus Licht' weiter, erweitert sich zu einer Lichtkugel, wird dann jeweils weitergeleitet zur nächsten Instanz, bis er in das Bewusstsein des Hilfs-Helfers für astrale Seelen gelangt und dort als Aufgabe, über die er sich freut, wahrgenommen wird. Hier mitzuarbeiten gibt dem Hilfshelfer Erfüllung und Befriedigung.

Später wird die astrale Seele selber Hilfshelfer, dann Helfer, Oberhelfer, als eine Art Gruppenleiter für Helfer, Engelhelfer und so weiter und so weiter. Sie durchläuft alle Stadien ohne eine einzige auszulassen bis zur Seligkeit. Es wird gesagt, das Höhere hilft dem Niedrigeren, aber das ist nur die halbe Wahrheit, die Niedrige hilft genauso dem sogenannten Höheren, weil es existiert.

Unsere Helfer, Oberhelfer, Engelhelfer und Engel entwickeln sich an uns genauso wie wir uns an ihnen.

Ist es möglich, mit verstorbenen Tieren zu kommunizieren?

Es ist möglich, auch mit 'verstorbenen' Tieren zu kommunizieren, wenn diese eine bestimmte Stufe erreicht haben und für Ansprache zugänglich sind, genauso wie es möglich ist, mit auf dieser Erde lebenden Tieren telepathisch zu kommunizieren, wenn Sender und Empfänger aufeinander eingestellt sind.

Bevor ein Tier inkarniert, wird festgelegt, welche Menschen es in seinem zukünftigen Leben treffen wird und wozu das dienen soll. Es gibt auch in den Tierleben keine Zufälle, sondern ausschließlich weise Führung.

Der Tod eines Tieres kann in einem Menschen ganz starke Reaktionen auslösen. Es kann den Trauerprozess erleichtern, wenn ein (letztes) mentales Gespräch möglich ist.

Sehen wir unsere verstorbenen Tiere im Jenseits wieder?

Menschen können in den Sphären ihre geliebten Tiere wiedersehen und die Tiere ihre Bezugspersonen, wenn beider Bewusstseinsniveau in etwa übereinstimmt. Sie werden phasenweise mit ihnen leben, wenn das für alle günstig ist.

Natürlich erwarten besonders geliebte Tiere ihre Bezugspersonen von der Erde voller Wiedersehensfreude.

Mein Hund Minka ist nun schon acht Jahre tot. Können Sie etwas über ihn sagen?

Eine große Freude erfasst mich; sie kommt von Minka zu mir. Und Licht, viel Licht.

Minka mochte jeden gern, Sie aber am liebsten.

Sie rennt immer hin und her, holt Stöckchen.

Ein freudvolles Tier, ein lichtvolles Tier.

'Komme immer wieder, um Menschen Spaß zu machen,' sagt sie nun. Sie sagt nicht 'ich'.

Ich denke nun, dass Minkas Bezugsperson gerne einen Beweis haben möchte, dass es sich hier auch wirklich um seine Minka handelt und nicht um irgendein Tier. Ich sende ihr also vorsichtig das Wort 'Beweis' zu. Sie guckt mich verständnislos an, als ob sie fragen würde: 'Beweis, was ist das?'

Ich sehe in ihre Augen, muss lachen und denke: Du hast recht. Lassen wir das, vergiss es.

Da wird Minka wieder froh, weil ich nun nichts mehr von ihr verlange, wovon sie nicht weiß, was das ist und wie sie mich zufrieden machen soll.

Ich sehe, dass die Beziehung zwischen 'dem Herrn' und Minka nichts Dramatisches, nichts Traumatisches hat(te). Sie kommunizier(t)en mit den Herzen miteinander.

Wenn ich Sie konsultiere, kann ich das Gespräch dann auf Kassette aufnehmen?

Solange es sich ausschließlich um Ihre Person handelt, können Sie aufnehmen. Sobald ein anderer Name, also jemand anders auftaucht, müssten Sie abstellen.

Wir können nicht verantworten, dass ein anderer Beteiligter oder auch ein Unbefugter das Material in die Hände bekommt. Verstehen Sie das?

Sehen Sie die Verstorbenen genauso, wie wir sie früher gekannt haben?

Das kommt darauf an.

Ich sehe sie, wie sie sich selber wahrnehmen; das ist auch logisch, denn dort in der anderen Welt ist die Empfindung, ist der Gedanke Realität.

Wenn jemand sich im Moment meiner Kontaktaufnahme - entschuldigen Sie - als in Verwesung begriffen wahrnimmt, so sehe ich ihn so; wenn jemand sich im bunten Oberhemd wahrnimmt, sehe ich das.

Je mehr Irdisches jemand hinter sich gelassen hat, ums weniger sehe ich vom irdischen Körper, umso mehr ist er Lichtgestalt, und das Gefühl, das mir mitgeteilt wird, ist Liebe.

Es kommt aber auch vor, dass jemand, der sich bereits in diesem unkörperlichen Zustand befindet, 'heruntertransformiert', um den Angehörigen sein Bild von damals zu zeigen, damit sie ihn erkennen können.

Mein Hund ist vor drei Tagen gestorben. Wir waren ein Herz und eine Seele. Ein Medium sagte mir, dass er noch in diesem Leben wieder zu mir kommen würde. Stimmt das?

Ihr Hund sagt, dass er Sie sehr geliebt hat, dass er Sie für immer lieben wird und dass er sehr, sehr müde ist von all dem überstandenen Leid (Krankheit), dass aber nichts Unfriedliches in ihm zurückgeblieben ist. Zukunftspläne hat(te) er (noch) nicht. Wörtlich sagt er zu Ihnen:

'Keine Fragen mehr/

Zurückblick in Dankbarkeit/

geliebt worden/

das bleibt/ das zählt/

gute Wege für dich/ wichtigster Mensch/

davor und immer/

schöner Tag zum Gehen/

keine Pläne/

schlafen schön.'

Mir geht alles schief. Das hat mir mein Vater eingebrockt. Er hat sich das Leben genommen. Er ist ein Arschloch. Meine Mutter hat sich scheiden lassen, Recht hatte sie. Ich habe eine Ausbildung gemacht, aber ich bin gestern durch die Prüfung gefallen. Nun will ich nur noch sterben. Pfui T.... das Leben, leck mich...

Da kann man nichts machen. Schicksal.

Mir liegt an nichts mehr was. Ich lass mich grad gehen. Morgens eine Flasche Wein, abends eine Flasche, alles ist Scheiße. Das Leben. Schmerz ist das Leben.

Machen Sie mir nun billige Versprechen und lassen sich die mit 500 DM bezahlen? Ich mag nicht mehr, dieses scheußliche Leben ist eine Zumutung. Ich hab Therapie gemacht, ich habe alles versucht, aber nichts hat geholfen. Meinem Vater soll es so schlecht gehen dahinten, so wie es mir gegangen ist. Das wünsche ich ihm. Ich will nicht mehr, ich mag nicht mehr, ich will weg von dieser Welt, ich will nur noch meine Ruhe.

Was sagen Sie nun?

Was soll ich tun?

Ratschläge helfen mir nicht.'

Telefonat wurde von der Anruferin abrupt an dieser Stelle beendet...

Übernehmen Angehörige vom Jenseits aus die Betreuung der zurückgebliebenen Familienangehörigen, oder stammt das aus dem Reich der Phantasie?

Es hängt vom Zustand der jenseitigen Person ab, ob sie das leisten kann, und auch von dem Zustand der Angehörigen 'im Hierseits'. Wenn Positives von der anderen Seite her zu ihnen kommt, dann ist das sehr schön. Das hat dann auch nichts zu tun mit Geisterbesetzung, sondern mit aktiver Lebenshilfe.

Hier der Bericht eines Vaters von zwei Söhnen von 24 und 28 Jahren.
'Ich mache mir große Sorgen um die Familie und Vorwürfe, dass ich sie im Stich gelassen habe. Ich konnte nicht anders, ich musste gehen. Nun bin ich erleichtert, dass ich hier heute morgen doch noch reden kann. (Jetzt wendet er sich direkt an seine Frau).
Ich meine, mit unseren Jungens wird doch noch alles gut. An dem Glauben musst du immer festhalten. Unerschütterlich. Sie sind ja beide in großen Schwierigkeiten, der eine noch mehr als der andere. Sie stehen unter Einfluss von Mitteln, die sie benutzen, um die Wirklichkeit nicht zu fühlen. Und gerade dadurch entfernen sie sich immer weiter von sich selber und vom Leben in Selbstbestimmung. Von Verantwortung will ich noch gar nicht mal reden, die habe ich ja selber auch nicht wirklich getragen. Sonst hätte ich mich zu Lebzeiten gestellt, auseinandergesetzt und gekümmert. Im Leben war ich übereifrig, was meine Arbeit betraf. Übereifer auf das Materielle bezogen, statt mich auch um das Überirdische zu kümmern.
Dann passiert eben 'so was'. Diese Art von Abtreten, wie ich es gemacht habe.
Ich habe dir den ganzen Rummel hinterlassen, aber ich erlebe den hier mit und versuche, beim Aufräumen zu helfen.

Ich werde nicht rasten und ruhen, bis wir den Schlamassel aufgeräumt und alles in gute Bahnen gelenkt haben.

Glaub mir, es war schlimm und das ist es noch, aber es hätte noch viel Schlimmeres passieren können, das verhütet worden ist, zum Beispiel, wenn unser Ältester seine Ausfälle hat oder bei dem lebensgefährlichen Unfall von unserem Jüngsten vor zwei Jahren. Allein dafür müssen wir schon dankbar sein, dass es nicht tödlich abgelaufen ist.

Es wird besser werden mit uns, es muss besser werden. Halte immer daran fest. Ich sitze hier bildlich gesprochen mit aufgekrempelten Ärmeln und möchte am liebsten zupacken und alles aufräumen. Das war ja meine altgewohnte Manier. Aber hier für diese Angelegenheiten braucht es keine Muskelkraft. Dafür braucht es Zeit, Geduld, stete Aufmerksamkeit und Fürsorge.

Und so versuche ich eben immer, die Jungens zu begleiten auf all ihren Wegen und bei all ihren Unternehmungen, sie im richtigen Moment zu warnen, zurückzuhalten bei unguten Aktionen oder wenigstens jeweils 'noch Schlimmeres' zu verhindern. Das mache ich durch behutsame respektvolle Einflüsterungen. An einem Wohlgefühl sollen sie merken, wenn ich in der Nähe bin. An dieses Gefühl sollen sie sich gewöhnen, sodass sie damit vertraut werden und sich das als ständige Begleitung wünschen.

So möchte ich nachholen, was ich damals versäumte.

Was dich und mich... nun kommen mir die Tränen..., ich habe die Gelegenheiten, die es doch auch gegeben hat für Gemeinsamkeit zwischen uns... du weißt, ich kann mich in diesen Dingen nicht gut ausdrücken... ich will nicht sentimental werden, aber doch ist es so... ich habe das nicht zum Blühen gebracht, und dann ist alles so schwierig geworden mit unserer Familie, wir haben so vieles nicht gewusst, aber auch vieles nicht gesehen, und dann war ich von jetzt auf nun einfach weg. Denke dir, eigentlich fange ich erst jetzt hier an, dich wirklich zu schätzen und zu lieben, wie du es verdienst. Nun muss ich richtig heulen.

Ich helfe dir von hier aus. Und wir sehen uns wieder, und dann werde ich dir das alles persönlich sagen.

Bleib gut, mein Schatz.'

... schon lange habe ich den Wunsch, Ihnen zu schreiben. Seit ich Kind bin, leide ich unter häufigen Tränenausbrüchen. Das ist sehr unangenehm und verwirrt die Menschen, die mit mir zu tun haben. Ich habe schon eine Unmenge Geld für Therapien ausgegeben, aber nichts hat geholfen. Was soll ich nur machen?

Ihre Trauer ist begründet und berechtigt. In den Momenten Ihres Lebens, in denen Sie hätten weinen müssen, haben Sie es nicht gekonnt. Die Gründe dafür wissen Sie selber. Nun ist der Traurigkeitspegel so hoch, dass Sie in Tränen ausbrechen müssen, wenn in Ihrer Umgebung irgendetwas diesen Tränenfluss auslöst; sozusagen das Glas ist gefüllt, und nur der eine Tropfen bringt es zum Überlaufen.

Ich weiß nicht, ob die Therapien, die Sie bisher gemacht haben, darauf angelegt waren, das Problem zu beseitigen, wegzukriegen. Ich habe einen anderen Ansatz: Ich begrüße Ihre Tränen als einen Ausdruck von Trauer, der gewürdigt werden muss.

Aber: Ihre Tränen brauchen eine Adresse, das heißt, Sie sollten nicht alleine sein damit. Ein Trauma entsteht (nur) dann, wenn wir mit einem Ereignis, mit einem Vernichtungsgefühl mutterseelenallein sind.

Mit meinem Angebot möchte ich zur Auflösung beitragen. Ich biete Ihnen an, wann immer Sie einen Tränenausbruch haben, erwarten oder befürchten, können Sie mich anrufen. Wenn ich nicht erreichbar bin, dann stellen Sie sich vor, ich wäre bei Ihnen, und dass Sie r u h i g weinen dürfen und das so lange, bis die Tränen versiegen.

Wie gesagt: Tränen brauchen eine Adresse, eine Antwort wie:

'Ich sehe deine Tränen.'

Es passiert häufiger, dass ich halbe Sätze höre oder Geräusche in meiner Wohnung wahrnehme, die da nicht wirklich sind.

Manchmal, wenn ich in meine Wohnung zurückkomme, riecht es merkwürdig, einmal nach Ammoniak, einige Male nach verbrannter Wäsche. Mir ist das unangenehm, was habe ich davon zu halten?

Wie alle Personen, Wesen, Ereignisse im kollektiven Bewusstsein vorhanden sind, so sind das auch die Töne und Gerüche. Offenbar dringen Geräusche und Gerüche zu Ihnen vor, die nichts mit Ihnen zu tun haben und die nicht in Ihre Wohnung gehören.

Da Sie dünnhäutig und nicht dickfällig sind, nehmen Sie Phänomene wahr, eben Geräusche und Gerüche, die da so im Universum herum geistern.

Stellen Sie sich die Wohnung vor als eine Art Quadrat und versiegeln Sie mental die umgebenden Mauern, Decke bzw. Dach, den Fußboden und das Fundament nicht vergessen.

Denken und sagen Sie mit Entschiedenheit:

Meine Wohnung (bzw. mein Haus) ist mit goldenen Lichtmauern umgeben. Mauern, Fenster, Türen sind dicht. Nur Gutes dringt bis in meine Wohnung. Ich bin sicher und geborgen in meiner Umgebung. Sie gehört mir.

Es wäre doch gut, wenn das, was Sie tun, mal im Fernsehen gezeigt würde, dann könnten noch mehr Leute, auch die Skeptiker daran glauben. Warum machen Sie das nicht?

Ein paar Mal trat das Fernsehen an mich heran und wollte mich für eine Sendung gewinnen. Ich sollte vor laufender Kamera meine Fähigkeiten unter Beweis stellen. Zuerst fand ich das (egomäßig) ganz schön, einmal wegen der Ehre, dann auch aus materiellen Erwägungen heraus, denn wenn ich ein Millionenpublikum überzeugen könnte, dann würde ich bestimmt in den kommenden Jahren Unsummen verdienen, wenn ich aufgrund der Sendung unzählige Aufträge erhalten würde.

Dann kamen mir Bedenken. Ich sagte zu dem Redakteur, dass ich nicht viel fürs Fernsehen hergäbe. Ganz real würde es so aussehen, dass nach einer mir gestellten Frage ich die Augen schließen und nicht reden würde, um sie nach einer Weile wieder zu öffnen und dann etwas zu sagen. Aber gerade das könne doch sensationell sein für das Publikum, wenn ich dann Botschaften aus der anderen Welt preisgeben würde und die Testperson alles bestätigen könne, entgegnete der Redakteur.

Ich antwortete, dass es sich hierbei um tiefe innerseelische Vorgänge handle, die nicht für ein Publikum geeignet seien, und Beweise für die Existenz des Unsichtbaren bräuchte es nicht, schließlich gäbe es so viele Dinge, die man nicht sehen könne, zum Beispiel Liebe oder Hass im Innern, die könne man nicht sehen und doch würde niemand an ihrer Existenz zweifeln, im Gegenteil.

In dieser Weise konnte ich den Fernsehleuten erklären, dass ich nicht an einer Demonstration mitarbeiten könne. Etwas ganz anderes wäre ein Interview.

Hier könnten in Frage und Antwort Dinge besprochen, erklärt und dem Zuschauer/der Zuschauerin nähergebracht werden.

Es ist doch eigentlich logisch, dass jeder Künstler 'dort drüben' in seinem Metier tätig ist, denn darin fühlt er sich doch zu Hause und das kann er am besten.

Ihre Annahme kann ich nicht grundsätzlich bestätigen.

Wenn ein Mensch auf Erden beides gepflegt hat, menschlich-soziale Kontakte und seine Kunst, dann ist es so. Wenn er ersteres vernachlässigt hat, so wird er das dort drüben nachholen, bis beides im Gleichgewicht ist, bis beide Qualitäten gleich stark entwickelt sind.

Hier, wie drüben, wird ein Künstler jeweils die Kunst verrichten, die seiner geistigen Entwicklung entspricht.

Johann Wolfgang von Goethe soll im Augenblick seines Sterbens gesagt haben: 'Mehr Licht! '

Immer öfter reden Leute von Wiedergeburt, wie sie es nennen Reinkarnation. Ich finde diesen Glauben merkwürdig, ungewohnt, auch irgendwie unheimlich.

Andererseits könnte doch was dran sein. Ich habe selber manchmal das Gefühl, mich an etwas zu erinnern, was nicht in den letzten 26 Jahren stattgefunden hat (ich bin 26 Jahre alt). Zum Beispiel sehe ich mich manchmal auf einem Schlachtfeld kämpfen.

Nehmen Sie nichts für wahr an, was Sie nicht selber herausgefunden haben. Sie brauchen auf keinen Fall eine schnelle oder definitive Antwort zu finden.

Ich gebe im folgenden verschiedene Erklärungsmodelle für 'das habe ich doch schon mal erlebt/gesehen/gehört, aber nicht in diesem meinem Leben.'

Hier die verschiedenen Modelle:

1. Wir w a r e n eine bestimmte Person in einem früheren Leben und erinnern uns daran.

2. Ein Vorfahr aus unserer Familie hat bestimmte Erfahrungen gemacht, an die wir uns nun erinnern, als seien es unsere eigenen. Dies wäre eine genetische Übertragung. Das kann natürlich nicht stimmen, wenn ich mich als Weiße als Indianer auf einem Pferd reiten oder als schwarzafrikanische Mama Mais stampfen sähe.

3. Wir haben die Erinnerung bezogen aus dem kollektiven Bewusstsein. In diesem ist alles gespeichert seit Beginn der Evolution, alles, was jemals existiert hat und was existiert.

    Hier sind wir unterbewusst in Kontakt gekommen mit einer Person, mit der uns etwas verbindet, ein ähnliches Thema etwa. Mental werden Informationen ausgetauscht.

Wir erhalten Informationen, die sich so wahr anfühlen, dass wir meinen, wir selber hätten diese Erfahrungen gemacht.

4. Unsere Wahrnehmungen sind eingebildet, reine Phantasie oder wir haben zu viel ferngesehen.

Aber: Haben nicht auch Phantasien und Einbildungen Bezug zu uns persönlich?

Wenn wir hundert Menschen nach einem Kinobesuch fragen, welche Szene sie am besten erinnern, so erhalten wir viele verschiedene Antworten.

Wenn wir hundert Menschen bitten, etwas so Simples wie einen Tisch auf ein Blatt Papier zu zeichnen, so bekommen wir hundert verschiedene Tische.

Also hat jede besonders gut erinnerte Szene, jeder gemalte Tisch 'etwas zu tun' mit der Person.

Im Prinzip ist es egal, aus welcher Quelle Ihre Erinnerungen stammen.

Eins ist nicht egal, wenn sie unangenehmer Natur sind, wollen sie verstanden, wollen sie erlöst werden.

Also, ob eine belastende Erinnerung aus diesem oder einem früheren Leben, von Ihren Vorfahren, aus dem kollektiven Bewusstsein stammt oder der Phantasie entspringt, kümmern Sie sich darum.

Obwohl ich ein Tierfreund bin, passiert es häufig, dass Hunde wütend werden, wenn sie mich sehen und mich verbellen. Ich bin dann immer ganz betroffen, weil ich nicht weiß, was an mir verkehrt sein soll. Wenn Spaziergänger mit Hund schon an mir vorbeigegangen sind, kehrt manches Mal der Hund wieder um, um mich aggressiv anzukläffen. Woher kommt das bloß? Ich habe schon Komplexe deswegen. Diese Reaktionen von Hunden habe ich nicht verdient.

Natürlich haben Sie das nicht verdient, es handelt sich bei der von Ihnen beschriebenen Reaktion der Tiere auch nicht um etwas aus der Gegenwart.

Die Hunde sehen eine Szene, die sich in der Vergangenheit zwischen Ihnen und Hunden bzw. Wölfen oder anderen Tieren abgespielt hat. Sie reagieren also nicht eigentlich auf Ihre Person, sondern auf eine Auseinandersetzung zwischen Tieren und Ihnen aus der Vergangenheit. Offenbar sind davon noch Teile in Ihrer Aura anwesend und die Hunde fangen das hellseherisch auf.

Nun fragen Sie natürlich, was tun?

Sie können real einen Therapeuten aufsuchen und mit ihm die alte Szene wiederbeleben, sie mental und emotional zu einem guten Ende führen und damit lösen.

Sie können dasselbe auch für sich alleine tun.

Raten Sie auch schon mal zu einer Trennung der Ehescheidung?

Ich rate grundsätzlich nichts an. Ich versuche nur, möglichst viele Aspekte zu sammeln, die zu einer Entscheidung beitragen können. Diese lege ich dann dem Klienten sozusagen wie auf einem Tablett vor.

Ob, was er davon aufnimmt und was er damit tut, ist seine Sache. Ich kann und darf niemals sagen 'Trennen Sie sich' oder 'Bleiben Sie zusammen'.

Sehr problematisch ist es natürlich, wenn zwischen zwei Menschen körperliche oder/und psychische Gewalt im Spiel ist, dann kann eine Trennung das einzig Richtige sein, aber dann ist es wichtig, dass innerhalb dieser Trennung die Gewalt nicht eskaliert, das heißt, dass ein möglichst schonender Weg gesucht wird für alle Beteiligten.

Warum wird so viel Unheil angerichtet durch unüberlegtes und verletzendes Reden?

Das weiß ich auch nicht. Manchmal denke ich, dass es eine Lösung wäre, wenn jeder Mensch am Tag ein bestimmtes Kontingent an Wörtern zur Verfügung bekäme. Vielleicht würde er dann gut damit haushalten und sinnvoll einsetzen.

Aber nur vielleicht.

Vielleicht gäbe es dann aber noch mehr Handgreiflichkeiten, wenn er (der Mensch) von Beschimpfungen auf die Fäuste umsteigen würde.

Ich habe des öfteren von Freundinnen gehört, dass die mit Bäumen sprechen. Ich hab das selber auch schon x-mal versucht, aber zu mir redet kein Baum. Ich weiß nun nicht, ob ich besonders blöd und unwürdig bin. Es kränkt mich schon sehr, und ich möchte gerne wissen, warum ich so gar keinen Erfolg habe.

Bäume diskriminieren nicht, Bäume hören jedem zu, Bäume reden mit jedem. Aus den kurzen Sätzen, die Sie mir mitteilten, ist zu erkennen, dass Sie sich minderwertig fühlen, dass Sie glauben, andere wären begabter, besser, bevorzugter als Sie. Das war zu Beginn Ihres Erdenlebens sicher nicht so; nur ist das nach und nach, Stückchen für Stückchen in Sie hinein gepflanzt worden, so dass sie ab einem bestimmten Zeitpunkt diese Ansicht selber übernommen haben und bis auf den heutigen Tag vertreten.

Aus dem 'du bist nicht...' ist das 'ich bin nicht...' entstanden.

Nun ist der große Moment gekommen, in dem Sie das realisieren. Sie können schauen, inwieweit sich die Botschaft von 'du kannst ja nicht' und 'die anderen sind besser' auf Ihr Leben ausgewirkt hat, inwieweit sie Ihr Leben, Ihr Denken, Fühlen, Handeln bestimmt hat. Dieser alte 'Aberglaube' stand bisher Ihrer Kommunikation mit Bäumen im Wege. Und nun können Sie sich einen Baum aussuchen, sich zu ihm stellen oder sich zu ihm setzen und ihm das alles erzählen. Bäume hören jedem zu.

Meine Tochter macht Ende des Monats eine wichtige Prüfung. Können Sie etwas daran tun, dass sie besteht?
Meine Tochter ist furchtbar nervös.

Nicht ich persönlich, aber ich kann bitten, dafür beten, dass es klappt. Sie selber können das auch tun und noch eine ganze Menge mehr. Sagen Sie Ihrer Tochter, dass es natürlich schön ist, wenn sie besteht, dass aber der Wert eines Menschen nicht von einer bestandenen oder nicht bestandenen Prüfung abhängt. Ein Mensch hat seinen Wert, so oder so. Ihre Tochter muss das hören. Das wird sie entspannen.

Hinzufügen möchte ich folgendes: ich verstehe meine Arbeit eigentlich nicht so, dass ich Menschen aus einem misslichen Zustand heraus – und in den von ihnen erstrebten hinein bete, sondern, dass diese Personen gemeinsam mit mir im Einklang mit den höheren Welten ihre persönlichen Angelegenheiten anschauen, überdenken und prüfen: dass sie auch fragen nach Ursache und Wirkung. Dabei verstehe ich sehr gut, dass Mann/Frau/Mutter/Kind gelegentlich sofortige, unmittelbare Hilfe benötigt, wie im Falle Ihrer Tochter.

Doch wenn eine gewisse Beruhigung/Stabilisierung eingetreten ist, wäre der Moment für tiefere Erforschungen gekommen. Grüssen Sie Ihre Tochter herzlich von mir, sie mag mich gerne anrufen.

Könnten Sie mir die Lottozahlen voraussagen? Ich habe ständig Schulden und möchte da raus.

Lottozahlen sind nicht mein Arbeitsgebiet; ich könnte Ihnen jedoch helfen, die Ursachen Ihrer ständigen Geldnot zu verstehen, um eventuell auf Dauer davon loszukommen.

Geldschulden haben häufig zu tun mit Schuldgefühl überhaupt (Schulden gleich Schuld). Die Ursachen wollen erkannt und behoben werden.

Vor einem Jahr ist meine damals zweijährige Tochter durch einen tragischen Verkehrsunfall ums Leben gekommen. Wir haben noch zwei ältere Mädchen. Mein Mann wollte damals kein drittes Kind, als es aber da war, hat er es abgöttisch geliebt. Umso mehr Schuldgefühle hat er nun, da es verunglückt ist.
Ich wünsche mir so sehr, noch einmal schwanger zu werden und ein neues Kind zu bekommen. An dieser Frage zerbricht unsere Ehe beinahe, denn mein Mann will das auf keinen Fall.
Meine beiden Töchter wollen auch wieder ein Geschwisterchen.

Es ist nicht leicht, auf Ihre Frage zu antworten. Ich verstehe jedes Familienmitglied und jeder hat auf seine Weise Recht. Es gibt keine 'machen-Sie-dies' und 'lassen-Sie-das'-Lösungen. Es gibt nur ein behutsames Tasten und Forschen nach den Beweggründen, und ob einer der Beteiligten seine Meinung in der Angelegenheit 'neue Schwangerschaft oder nicht' ändert. Dieser Entscheidungsprozess darf aber nicht verkürzt, nicht abgeschnitten werden. Ich meine, dass beide Eltern zu einer bewussten Entscheidung kommen sollten. Wenn Sie sich eine Schwangerschaft erschleichen, indem Sie es 'einfach darauf ankommen lassen', ob Sie schwanger werden der nicht, so ist Ihr Mann überrumpelt. Selbst wenn er sich nachträglich über das Kind freuen würde, so wäre dieses doch eine Wiederholung von dem, was Sie vor drei bis vier Jahren schon einmal gehabt haben.

Ich verstehe aber auch, wenn Sie nicht so einfach von Ihrem Herzenswunsch Abschied nehmen können. Doch achten Sie darauf, dass dieser Konflikt nicht zur Machtfrage in der Beziehung wird.

Wenn ein Elternteil absolut ein Kind möchte, der andere aber nicht, so muss eine Übereinkunft getroffen werden, bevor eine Schwangerschaft entsteht. Andernfalls inkarniert ein Kind in einen Körper, ist aber nur zu 50 Prozent erwünscht. Kinder, die das tun, haben ihrerseits noch nicht die volle Selbstliebe. Denn dann würden sie ein Elternpaar suchen, von dem eine hundertprozentige Einladung erfolgt ist.

Solange wir über all diese Vorgänge nicht informiert sind, mögen wir unbewusst zeugen und unbewusst inkarnieren, doch je mehr Zusammenhänge wir begreifen, umso sorgfältiger nach allen Seiten hin werden wir erwägen, abwägen und entscheiden.

Es ist hoffnungslos; meine Tochter hängt an den Drogen und im Zuhältermilieu, ich kann nichts ausrichten. Sie ist nicht zugänglich, kein Wort, kein Vorschlag fällt bei ihr auf fruchtbaren Boden. Mein Leben ist zerstört. Ich weiß nicht mehr weiter.

Zuerst möchte ich Ihnen meine Sympathie und Bewunderung aussprechen; Sie haben alles versucht und lieben Ihre Tochter noch immer. Viel direkten Trost kann ich Ihnen nicht geben, aber doch diesen Vorschlag machen:

1. Bitten Sie Ihren Schutzengel, sich mit dem Schutzengel Ihrer Tochter in Verbindung zu setzen. Durch Ihre Bitte wird dieser aktiviert, auch wenn Ihre Tochter ihn in die Verbannung geschickt hat. Geben Sie niemals die Verbindung, die Hoffnung auf, aber geben Sie ab an die höheren Welten. Also: nicht aufgeben – nur abgeben.

2. Dann können Sie noch ein Foto aus unbeschwerten Tage in Ihrer Wohnung aufstellen, aber nur solange sie es mit guten Gefühlen anschauen können. Wenn es in Ihnen Schmerz und Zorn hervorruft, legen Sie es besser wieder weg.

3. Sie dürfen Ihr Leben durch nichts und niemanden zerstören lassen. Sie dürfen sich wohl fühlen und die kleinen Dinge des Lebens genießen. In dieser Gesellschaft wird für gewöhnlich den Müttern die 'Schuld' zugeschoben, wenn in der Aufzucht der Kinder etwas schief geht. Als ob sie die einzige verantwortliche Person sei. Von Vätern ist seltener die Rede.

   Das ist nicht fair. Es gibt Einflüsse und Faktoren, da kann eine Mutter nicht gegen an und schließlich hat auch die Person (Ihre Tochter) selber Verantwortung.

4. Wenn es Ihnen hilft, dann suchen Sie eine Selbsthilfegruppe auf. Da werden Sie sehen, wie viel ähnlich gelagerte Fälle und Schicksale es gibt. Vielleicht lernen Sie dort ein paar nette Leute kennen.

Und... wie gesagt: niemals aufgeben, aber wohl abgeben.

Als mein Vater noch lebte, hatte ich kein so gutes Verhältnis zu ihm. Er hat wohl etwas geahnt von meiner Homosexualität. Ich glaube, dass er mich darum im Testament benachteiligt hat.
Für mich ist das alles inzwischen nicht mehr so tragisch. Ich möchte nur gerne wissen, ob ich noch mal sein Grab aufsuchen soll oder nicht. Ich halte eigentlich nicht so viel von Friedhofsbesuchen, man weiß doch nicht einmal, ob da noch etwas ist.

Ihr Vater sagt:

'Mit meinem Sohn ist es ja nun gut, ein Glück. Ich lasse ihn frei, aber doch bitte ich ihn, komm doch mal zu meinem Grab. Nicht, dass ich da noch drin wäre, das nicht, aber dann sieht man doch, dann sehen die Leute doch, dann denken sie, dass ich nicht ganz so schlecht war, denn sonst würdest du ja nicht hingehen. Mach's mal so, dass die Leute dich auch sehen, und hinterher da könntest du noch in die Wirtschaft gehen und dann merken die Leute, dass du gut über mich redest und dann gibt es auch keine üble Nachrede (mehr) über uns beide. Das wäre das größte Geschenk für mich, wenn du das fertig bringst, dann sehen die Leute, dass wir wohl in Frieden miteinander sind, die haben ja viel geredet, zu reden haben sie ja immer, aber was sie geredet haben, das war nicht mehr schön. Dabei hat der Sohn vom Bauer E. auch einen Sohn, der auch einen Freund hat, du weißt schon, aber das weiß der E. nicht, ... ach, ich soll ja nicht tratschen und von hier aus schon gar nicht.

Wenn du mich fragst, wie es mir denn nun geht, so will ich mal sagen gemischt. Ich war ja ein Holzkopf und da habe ich immer noch viel mit zu tun. Ich, wie soll ich mal sagen, muss viel darüber nachdenken, wer ich war und wie ich war, aber ich werde nicht beschuldigt und auch nicht bloßgestellt. Ich will was zugeben vor dir, dann geht es mir besser und du siehst, dass man auch hier noch was lernen kann. Ich glaube doch an Erlösung, aber vorher muss ich eine Menge begreifen. Ich begreife gerade, was Gnade ist. Gnade ist ein Geschenk, dass es einem besser geht, auch wenn man ein Trottel, ein Tölpel, ein Tyrann gewesen ist. Das will ich dir mitgeben, das ist mein Testament. Mit dem alten Testament ist ja einiges schiefgelaufen. Aber dies hier, das ist das echte Testament von mir an dich, dass ich dir erkläre, was Gnade ist, dass du DEM sein Kind bist und bleibst, auch wenn du es in keinster Weise verdient hast. Das ist Gnade, Junge, lass dir das gesagt sein.'

Er weint nun.

Aus dem grauen Schattenmann ist ein blau-gelb-lichter Körper geworden. Nur der Rheumatismus zerrt noch etwas an ihm. Er hat sich aufgerichtet, will und wird auch Seelen helfen, Menschen auf Erden helfen, die so ähnlich waren wie er, weil er die am besten versteht.

'Schwamm drüber', sagt er nun, 'über das alte Testament, das Ungerechte soll ausgeglichen werden durch Glück und Zufriedenheit. Der Zukurzgekommene kann nachträglich mehr erringen als der Bevorzugte.'

Nun schreitet er als himmlischer Landmann auf dem himmlischen Acker dem Sonnenunter-/-aufgang entgegen.

'Immer der Sonne nach', sagt er, 'nun isses auch gut.'

Kommen auch schon mal ganze Familien zu Ihnen, um beispielsweise etwas über den verstorbenen Mann und Vater zu erfahren?

Dieser Wunsch wird glücklicherweise sehr selten an mich herangetragen. Als ich mit dieser Art Tätigkeit begann, hatte ich einmal eine Frau mit ihren drei erwachsenen Töchtern bei mir.

In den Tagen davor merkte ich, dass der gute Mann und Vater von den Dreien nur allgemeine und keine speziellen Botschaften geben konnte/wollte. Er fürchtete zu Recht, dass jede der drei Töchter genau registrieren würde, was er der anderen sagte und alles miteinander vergleichen würde. So gab er nur einige allgemeine Botschaften über seinen Verbleib dort drüben und Grüße.

Ich merkte, er hätte gern jeder einzelnen Tochter etwas Persönliches mitgeteilt, und auch seiner Frau, aber das sollten die Töchter nicht wissen. Glücklicherweise wurde das Treffen nicht zum Desaster, die Frauen waren nur recht enttäuscht von dem, was, wie sie meinten, i c h ihnen bot und gingen bald wieder.

Ich konnte ihnen nicht einmal sagen, dass ihr Mann/Vater doch zu jeder ein einzigartiges Verhältnis gehabt habe und nicht vor den anderen darüber reden möchte, denn daraus hätten sie sofort geschlossen, dass es etwas zu verheimlichen gäbe und er eventuell der einen näher gestanden hätte, als der anderen.

Wenn eine Frau mit ihrer erwachsenen Tochter als Begleitung zu mir kommt, und diese Tochter hat die Reife, sich ausschließlich in dieser Rolle zu sehen, ist das etwas anderes. Dann bin ich froh, dass die Frau auf dem Rückweg nach Hause nicht allein ist und anschließend mit ihrer Tochter alles durchsprechen kann. Die Tochter mag dann, wenn sie das wünscht, noch mal für sich selber kommen.

Ich habe schon so viel an mir gearbeitet, schon alles gemacht an Therapien, Seminaren und Workshops. Aber es kommt immer nur ein Stückchen raus. Es ist nie ein Durchbruch gekommen, dass ich sagen könnte, nun bin ich geheilt.

Ja, so wie Ihnen ergeht es vielen oder fast allen, die nicht die Mühe, Geld und Zeit scheuen, um den inneren Befreiungsweg zu gehen.

Sie sagen, es kommt immer nur ein Stückchen raus. Das ist ein weiser Schutzmechanismus der Seele vor zu viel Schmerz, vor Überflutung. Bei massiver Schmerzüberlastung wird der Mensch psychotisch, und das ist nicht wünschenswert. Bei Ihnen kommt jeweils so viel 'nach oben', wie Sie verkraften können. Dann brauchen Sie wieder Zeit zur Erholung und für die Integration.

Das Trauma ist bei Ihnen auch nicht in einem Mal entstanden, sondern durch viele Einzelerlebnisse. So sind auch für die Auflösung viele Gespräche, Schritte nötig.

Selbst wenn das Trauma durch ein einzelnes Ereignis entstanden ist, so braucht es ebenfalls für gewöhnlich etliche Anläufe, viel liebevolles sich immer und immer wieder Kümmern, bis die Erinnerung daran erträglich wird. Das heißt, das Übermaß an Schmerz und Panik kann fast nie in einer einzigen oder in wenigen Beratungen oder Behandlungen abgetragen werden.

Spontanheilungen sind selten, jedenfalls habe ich noch keine erlebt, weder bei mir selber noch bei einem meiner Klienten. Wohl habe ich Erleichterung erlebt und daraus resultierend mehr Kraft und Lebensmut.

Wenn das Trauma-Gefäß (symbolisch) gefüllt ist mit ungeweinten Tränen, dann wird mit jeder Herausgeweinten ein klein bisschen Raum in dem Gefäß für Anderes Platz gemacht. Mit den Tränen werden Stresshormone ausgeschwemmt.

Irgendwann, wenn es 'gut läuft', wird die Lebenslast geringer als die Lebenslust, das ist doch schon mal was.

Übrigens, wussten Sie, dass ein Mensch im Laufe seines Lebens durchschnittlich 160 Liter Tränen weint? Das sind 16 x 10-Litereimer voll.

Damit Sie sehen, dass es mir ebenso ergeht wie Ihnen, ich schätze, dass ich schon bei 21 Eimern angekommen bin, und ich bin noch nicht am Ende.

Im Weinverhalten des Menschen ist eine Veränderung eingetreten. Früher weinte man hauptsächlich dann, wenn einer einem etwas Böses getan hatte, heute, wenn einer einem was Gutes, was Liebes tut. Scheuen Sie sich nicht zu weinen, wer weint, kann auch lachen, lachen und weinen sind Geschwister.

Ich bin schon 80 Jahre alt und meine Tochter ist über 50. Ich habe drei Töchter, aber diese redet nicht mit mir und das seit vielen Jahren. Nicht mal zum Geburtstag oder zu Weihnachten schickt sie mir ein Kärtchen. Wenn ich sie anrufe, legt sie einfach den Hörer auf. Meine anderen Töchter, mit denen ich mich gut verstehe, haben wohl Kontakt mit ihr, aber die können auch nicht vermitteln. Ich habe sie doch alle lieb und möchte so gerne auch mit ihr Kontakt. Können Sie mir helfen?

Ihre Tochter fühlt sich finanziell benachteiligt. Die beiden anderen haben größere Summen, bzw. größere Objekte von Ihnen bekommen. Sie mögen gute Gründe dafür gehabt haben, dass Sie seinerzeit die beiden anderen finanziell bevorzugt haben, für die dritte Tochter ist es ein Fakt, dass sie ungerecht behandelt wurde.

Sie in Ihrer jetzigen Situation können folgendes tun:

Sie können einer neutralen Person Ihres Vertrauens alles mitteilen, was sich jemals zwischen Ihnen und ihr abgespielt hat, alle Schwierigkeiten, die Sie mit ihr hatten und bis auf den heutigen Tag haben, alle Enttäuschungen, Zurückweisungen, Kränkungen.

Die Person, mit der Sie all diese Dinge besprechen, sollte kein Familienangehöriger sein, sondern jemand, der nicht selber betroffen und beteiligt ist. Sie sollte Ihre Position völlig verstehen.

Dies würde dem Zwecke dienen, dass Sie sich emotional erleichtern, möglicherweise befreien könnten aus einem Konflikt, der nun schon so lange schwelt.

Falls Sie dann auch in der Außenwelt klar Schiff, also reinen Tisch machen möchten, so schicken Sie dieser bewussten Tochter einen Brief. Kurz, klar, übersichtlich. Greifen Sie nicht auf vergangene Geschichten zurück, begründen, erklären Sie nichts.

Schreiben Sie nur, dass Sie nachgedacht haben, dass Sie eingesehen haben, dass sie materiell 'zu kurz' gekommen ist, und dass Sie das nun ausgleichen möchten.

Wenn Sie zur Zeit nicht 'flüssig' sind, so teilen Sie das ebenfalls mit, und beraten Sie sich mit ihr, wie und auch auf welche Weise Sie diese Angelegenheit doch noch bereinigen können.

Auch dann kann ich nicht garantieren, dass daraufhin 'alles gut' wird, aber es wird etwas in Bewegung kommen, was vorher eingefroren war. Und vor allem: Was Sie auf Erden (er)lösen können, wird auch drüben auf der anderen Seite gelöst sein.

ABER: Tun Sie dies alles nicht, weil ich es sage, sondern nur dann, wenn Sie es selber zu 100% wollen.

Ich habe ein 10 ha großes Grundstück.
Und ich weiß nicht, was ich damit machen soll. Ursprünglich wollten mein Partner und ich in dem kleinen Haus, das darauf steht, wohnen. Nun ist der Mann weggegangen und ich bin verunsichert, ob ich da alleine leben soll. Ich weiß nicht, was ich überhaupt mit dem Stück Land machen soll. Seit 30 Jahren ist nichts daran gemacht worden, eigentlich ist es ein Juwel.

Ich verspreche, das Stückchen Erde selber zu fragen.

Und ich nehme geistig Kontakt auf mit dem Grundstück.

Was fühle ich?

Kräftiges Sprießen, stärker als ich je wahrgenommen habe. Eine unbändige Kraft in den Pflanzen.

Wer oder was in der Vergangenheit hat diese Energie da hineingeschickt? Die meiste Kraft liegt in der Mitte des Grundstücks und oben rechts, vom Grundriss aus gesehen.

Was hier möglich ist: Tiefes Atmen, Ausblasen von Spannungen, aber das sollte den Menschen vorbehalten sein, die dazu bereit sind. Chaoten sollten lieber zuerst anderswo Dampf ablassen, bevor sie hier herkommen.

Wege, Wiesen, Elfchen, Blümchen, Schmetterlinge, kleines Gartengemüse, Bäume, alle leben in Eintracht miteinander. Elfchen singen und läuten Blümchen mit Glockenformen. Jeder Halm, jeder Zweig hat seine Bewohner, besser gesagt seine Liebhaber und Erhalter.

Von künstlicher Düngung ist nichts zu spüren. Viel richtet sich nach Zyklen, was in der elektrisch beleuchteten Welt nicht der Fall ist. Die Erde ist mehr und mehr künstlich beleuchtet worden, in Europa wird es kaum noch irgendwo richtig dunkel, das ist zum Schaden für die Erde.

Atmen, Aufatmen, hier ist alles noch 'richtig'.

Ich frage nun das Stück Erde: Was möchtest du?

Es sagt:

Wachsen, blühen, gedeihen, bestehen.

Alles in Ordnung.

Alles in Abstimmung.

Ich-wir möchten der Erde dienen.

Wir möchten den Menschen dienen, die hierher kommen,

die sich an unsere Gesetze erinnern.

Wir möchten ein Blumenmeer und ein Halmmeer sein

und von der Ewigkeit erzählen.

Wir möchten ehrfürchtig staunen und die Menschen

wieder staunen machen.

Wir möchten innerhalb unseres Schöpfers sein mit den Pflanzen,

Tieren, Wesen und Menschenwesen, die das auch so sehen und verstehen.

Wir möchten 'lieb' sein.

Hiermit schicke ich Ihnen einen Prospekt mit von einer spirituellen (Glaubens-)Gemeinschaft. Wenn ich dort eintrete, muss ich mich für lange Zeit entscheiden und kann nicht mehr so einfach da raus. Ich weiß auch nicht, ob das gut für mich ist. Andererseits wäre ich dann nicht mehr so einsam und hätte immer Menschen um mich und wir hätten ein gemeinsames Ziel. Sie haben dort auch Landwirtschaft und das wollte ich immer schon gerne tun.

Die Meinungen über den Führer der Gemeinschaft gehen auseinander, aber vielleicht versteht man ihn auch nicht richtig. Ich glaube schon, dass er gute Ziele hat. Was soll ich nur machen?

Ich möchte kein Guru sein und schon gar kein Gegenguru. Ich möchte nur dann ein Guru sein, wenn wir uns alle ausnahmslos als solche verstehen, also wenn wir eine Gruppe von Gurus sind, wobei jeder für sich selber sorgt, aufkommt und verantwortlich ist.

Ich beziehe mich in meiner Antwort nicht direkt auf den Prospekt, den Sie mir freundlicherweise zugesandt haben, sondern allgemein auf Lebens-Wohn- und Glaubensgemeinschaften.

Ich gehe weit zurück; wir Menschen kommen ursprünglich alle aus der Gruppenseele. In dieser herrscht ein Wille, eine Meinung, ein Trieb. Später bilden wir innerhalb dieser Gruppe individuelle Meinungen und Pläne aus, bis es uns unmöglich wird, noch weiterhin in dem zu verharren, was wir dann inzwischen Masse nennen würden. (Jugendliche, die der Familie entwachsen, machen einen vergleichbaren Prozess durch.)

Der Weg der Seele in die Individualität ist für gewöhnlich lang und einsam, doch gerade hier lernen wir, allein zu sein, Eigenes zu entdecken und auf eigenen Beinen zu stehen. Einsamkeit auf dem Evolutionsweg der Seele ist unumgänglich, ist notwendig, damit wir uns nach dieser Phase wieder zu

Gemeinschaften zusammenschließen möchten, zu Liebesverbänden, in denen jeder gleichberechtigt ist. Das übergeordnete Ziel ist Verstehen und Liebe.

Wenn die Seele die Gruppenseele und die Individualität hinter sich gelassen hat, kann sie unter anderen Vorzeichen wieder in die Gemeinschaft einer Liebesgruppe eingehen. Dies geschieht in den höheren Sphären des Jenseits. Es auf Erden verwirklichen zu wollen ist sicher den Versuch wert, doch nicht einfach.

Auf Ihre Frage bezogen:

Untersuchen Sie gut, wie die Gruppe, in die Sie einzutreten gedenken, strukturiert ist.

Sind Rechte und Pflichten gleich verteilt?

Ist es ein Miteinander vieler Individuen oder ist es ein 'dem Meister/der Meisterin-Folgen'?

Gibt eine Person, bzw. Ideologie den Ton und die Richtung an?

(In diesem Falle würde die Identifikation hergeleitet aus dem 'wir-alle-folgen-unserem-Guru'.)

Prüfen Sie Ihre Motivation sorgfältig:

Fragen Sie sich: Welche Bedürfnisse möchte ich durch meinen Beitritt stillen? Ist diese Gruppe dazu geeignet? Was wird von mir erwartet, was soll ich geben? Möchte ich das?

Falls Ihnen Zweifel kommen, denken Sie nach:

Wie oder wo sonst könnte ich finden, was ich brauche und wünsche? Was bietet sich anderswo an Gemeinschaften, Lebensformen? Wie sind dort die Positionen, die Erwartungen, wie ist die Balance von Geben und Nehmen?

Kann ein Tier als Mensch wiedergeboren werden, bzw. kann eine Menschenseele einen Tierkörper bewohnen?

Ob ein Mensch einen Tierkörper beseelen der ein Tier einen Menschenkörper bewohnen kann, ist umstritten und nicht beweisbar, aber auch nicht auszuschließen. Jede/r ist gefragt, sich eine eigene Meinung zu bilden. Meinungen beruhen für gewöhnlich auf eigenen Erfahrungen. Folgendes aus meiner Erinnerung gibt wieder, was sein könnte:

'... Nun kann ich nicht mehr als Mensch wiedergeboren werden, zu groß ist mein Zorn, meine rasende Wut. Zu groß ist mein Hass. Ich finde eine Empfängnis, in der ich meine Leidenschaften als Tier ausleben kann. Ich schwimme in einer Flüssigkeit. Viele schwimmen da, es ist ein Gewimmel von unzähligen Samenfäden. Ich habe nur ein Ziel, dann bin ich 'drin'. Da bleibe ich eine Weile und wachse, bis es eng wird. Da entsteht Druck, kommt Bewegung, plötzlich ein Rutsch, ich gleite nach draußen - und sehe meine Pfoten, behaart, die Beine, die Schnauze. Ich bin ein Wölfchen und weiß nicht, ob ich es weiß. Es sind noch mehrere da. Und eine Mutter, die leckt mein Fell und säugt mich. Bald raufe ich mit den anderen. Wir leben in einer Höhle. Es ist meine schönste Kindheit. Eines Tages fühle ich: Bald muss ich hier raus. Sie wollen mich nicht mehr. Meine Kindheit ist nun vorbei. Im Morgengrauen laufe ich in die Steppe hinaus, verstoßen, doch kann ich als Wolf meinen ungezügelten Hass leben nach meiner Lust. Nun darf ich endlich, darf endlich ich verfolgen und jagen und reißen und morden! Es ist meine Natur, Tiergesetz! Jetzt bin ich Täter, endlich! Es ist eine Gnade für mich, ein Wolf zu sein. '

Mein Mann ist Arzt gewesen und vor drei Jahren gestorben, ich möchte so gerne wissen, ob es ihm gut geht und wie er sein vergangenes Leben heute beurteilt.

Während sein Leben in Bildern an ihm vorbeirast, werden Rettungsmaßnahmen getroffen, doch er ist schon zu weit weg und der Rauchfaden reißt.

Dann sieht er sich in seiner eigenen Praxis von oben auf der Bahre liegen und fühlt sich weggerollt. Ein Bewusstseinsteil von ihm ist noch im Körper und spürt das, der andere Teil observiert. Auf diese Weise hatte er immer wahrgenommen.

Dann sieht er die Totenkapelle und die Aufbahrung.

Es wird ihm bewusst, dass seine Art, Menschen zu sezieren, nicht gut war. Er bereut, so leichtfertig und - nicht eigentlich respektlos, aber doch achtlos dabei gewesen zu sein. Dies bereut er, während ein Kollege von ihm die Sektion an ihm durchführt.

Die Beerdigung - erst jetzt wird ihm bewusst, was passiert ist, und dass er es nicht ungeschehen machen kann. Er findet die Beerdigung wohl angemessen, sogar prächtig, doch das hilft ihm auch nichts mehr. Er wird sich des unendlichen Leides bewusst, das er seiner Familie zugefügt hat, dass er im Grunde selber sein Ende fahrlässig herbeigeführt hat, indem er sich überarbeitete und so Raubbau an seiner Gesundheit trieb.

Es wird ihm klar, wie viel unverbrauchte Männerkraft, wie viel Wissen und Kenntnis er mit sich genommen hat, das der Menschheit nun nicht mehr zur Verfügung steht.

Er sieht die Frau in Schwarz und seine/ihre drei Kinder, dicht an sie gedrängt. Er versucht, sie zu trösten, ihr über das Gesicht zu streichen und sich vor die Kinder zu hocken, um auf gleicher Höhe ihnen in die Augen sehen zu können.

Er will seinem jüngsten Sohn einen Apfel geben, seinem Töchterchen einen Teddy und seinem ältesten Sohn einen unsichtbaren Brief, ein Testament. Er sagt zu mir, ich solle es nicht lesen, nicht kennen. Mit der Zeit werde sein Sohn es selber entschlüsseln.

Während die vier Personen in das Grab sehen, hockt er weinend vor ihnen, bis eine Lichtgestalt ihn dort wegholt und mit sich mitnimmt. Dort umringen noch andere Lichtgestalten ihn und gemeinsam kommen sie ins Strömen, in die Aufwärtsbewegung zum Himmel empor.

Wäre er noch länger in der Szene am Grab geblieben, sein Herz wäre noch einmal gebrochen.

Nun wird er auf eine Lichtbahre gelegt, auf eine Liege zum Ausschlafen. Doch gleichzeitig ist sein Geist wach und klar. Er sagt:

'Ich bin kein übler Mensch, absolut nicht, aber ich habe auf Erden nicht gut gesehen, was meine Familie brauchte, was ihr gut tut. Ich dachte ja, Pflicht-erfüllung beruflich sei schon das A und O des menschlichen Bestehens.

Es tut mir aufrichtig leid, dass meine Kinder mich nur so (unverantwortlich) kurz gekannt haben. Ich habe die damalige Zeit nicht gut genutzt und dann war ich schon weg. Ich möchte so gern nachträglich mit ihnen basteln, Fahrrad fahren, in den Zoo gehen und so was wie Phantasialand oder Disneyland besuchen. Ich würde ihnen Eis spendieren. Dies ist mein eigentliches Testament, dass meine Söhne es später, wenn sie selber eine Familie haben, es anders machen als ich. Dies ist mein innigster Herzenswunsch. Bei meiner Tochter ist das etwas anderes, sie kommt sowieso auf meine Frau in ihrem Behüten und Beschützen. Ich bin in Frieden mit ihnen allen und erleichtert, dass ich dies vorbringen konnte.'

Ich habe eine uneheliche Tochter von 11 Jahren. Ich möchte, dass ihr Vater sich um sie kümmert, sie besucht oder wenigstens ab und zu ein Kärtchen schreibt. Unterhaltszahlungen verlange ich gar nicht mal. Der Mann ist jetzt verheiratet, und ich bin sicher, dass seine neue Frau den Kontakt verhindert. Am liebsten möchte ich den Mann abfangen und ihn auf seine Pflichten hinweisen und ihm sagen, dass er auf diese Weise immer neues Karma aufbaut. Meine Tochter ist ganz niedergeschlagen. Das letzte Mal, dass ich dem Mann geschrieben habe, war vor zwei Jahren. In einem Antwortbrief hat er definitiv jeden Kontakt verweigert.

Ich habe meiner Tochter gesagt, dass ihr Vater sie wegen seiner Frau nicht besuchen kann, dass sie das verstehen und ihm verzeihen müsste.

Ich bitte Sie nun um Beratung, aber ich weiß nicht, ob Sie 'durchkommen', ich habe nämlich eine Pyramide, welche Elektrostrahlen abhält. Ich kann die aber ein- und ausknipsen.

Nun bin ich mal gespannt.

Was Sie schildern, ist alles gut nachvollziehbar. Zu dem Vater Ihrer Tochter bekam ich mental keinen Kontakt, es war einfach blanko.

Sie erwähnten, dass Sie mit Ihrer Tochter guten Kontakt haben, das ist das Wichtigste! Dann können Sie ihr auch zu geeigneter Stunde sacht erklären, dass es zur Zeit wenig Sinn hat, auf Zeichen von ihrem Vater zu warten, dass es bedauerlich ist, dass er doch eigentlich töricht ist, wenn er sich nicht um so einen Schatz von Tochter kümmert - aus welchen Gründen auch immer - dass es leider hunderttausenden Kindern genauso ergeht wie ihr, es läge nicht an ihr, sei nicht ihr Versagen.

Das Warten, Hoffen, Sehnen habe seine Berechtigung (gehabt), aber es koste auch viel Kraft und Energie. Ob sie beide im Verbund sich ab nun nicht besser verstärkt den Dingen des Lebens zuwenden wollten, die erreichbar wären, die sie selber beeinflussen und gestalten könnten. Miteinander können sie dann etwas Angenehmes, Erfreuliches bedenken, das Ihre Tochter ausführen kann.

Mit Appellen an Verstehen und Verzeihen wäre ich zurückhaltend; prinzipiell bin ich immer dafür, aber es ist für gewöhnlich ein langer Weg bis dahin und Ihre Tochter hat noch nicht einmal ihre Wut auf den untreuen Vater spüren können. Und Wut ist auch notwendige Energie, auch Abgrenzung und Kraft.

Außerdem hat dieser Mann nicht um Verzeihung gebeten, geschweige denn Änderung angekündigt.

Ich würde Ihrer Tochter gegenüber eher diese Spur verfolgen: Wenn der's nicht bringt, okay, dann schaffen wir es auch alleine und machen's uns so schön wie möglich.

Da Sie von Karma und Verzeihung sprechen, nehme ich an, dass Sie etwas auf geistiger Ebene tun wollen, und da könnten Sie doch bitten, dass sich die karmische Verflechtung in dem Dreieck der Mann, Sie und Ihre gemeinsame Tochter auflöst, wann auch immer.

Rechnen Sie nicht in irdischer Zeit.

Was die von Ihnen erwähnte Pyramide betrifft - ich kenne mich damit nicht aus – es wäre sinnvoll, sicherzustellen, dass negative Strahlungen abgehalten werden, die positiven, die zu Ihnen kommen wollen, das jedoch ungehindert können.

Ich komme mit meinem Mann und mit meinem elfjährigen Sohn nicht mehr zurecht. In unserer Familie herrscht keine Harmonie mehr. Meine Tochter hält sich ziemlich raus. Könnten Sie auf mentalem Wege etwas ausrichten, es muss unbedingt etwas geschehen. Wir können so nicht mehr weitermachen.

Hier folgt die mentale Antwort des Mannes und danach die des Sohnes.

Der Mann antwortet:

'Eigentlich bin ich doch aufrichtig, eigentlich bin ich doch ein guter Kerl. Übertriebenes Gehabe liegt mir nicht und darum untertreibe ich eher, na ja, das ist dann auch so bei Herzensangelegenheiten, da bin ich dann auch ziemlich sachlich.

Aber ich hoffe, dass meine Familie sieht, dass ich meine Liebe für sie ausdrücke, indem ich für sie arbeite, und ich arbeite hart.

Ich hätte auch gern mal eine Anerkennung: Früher war es erotisch zwischen meiner Frau und mir, und das könnte es wieder sein (werden). Ich interessiere mich nicht für andere Frauen und bitte meine Frau, mir das nicht zu unterstellen. Es ist nicht so.

Ich möchte gerne hören, dass ich ihr etwas bedeute, dass ich gut bin, auch auf erotischer Ebene. Sonst fühle ich mich wie ein Nichtsnutz...'

Der Sohn antwortet mental:

'Wie soll's sein, gut, normal, ich verstehe nicht, warum meine Mutter sich immer solche Sorgen macht. Meine Güte, nee, das ist echt ätzend. Sind Sie auch so oder sind alle Mütter so?

Ich bin doch kein Baby mehr, das nervt echt. Ich hab doch selber ein klares Urteilsvermögen, das belastet mich schon sehr, dass sie mir wenig zutraut und irgendwie immer meint, ich würde versagen oder es nicht bringen. Ich will nicht unfreundlich, nicht einmal unhöflich sein, aber durch die ständigen Sorgen und kummervollen Blicke werde ich irritiert, ganz nervös und komme mir bekloppt vor. Ich kann so viel versichern oder auch beteuern, es ist, als ob meine Mutter mir doch nicht glaubt oder vertrauen kann. Sagen Sie ihr das.

Aber machen Sie das schonend. Sie ist doch ganz in Ordnung, sie ist doch im Grunde eine wunderbare Mutter für kleinere Kinder, aber jetzt muss sie auch mitwachsen in den nächsten Lebensabschnitt (wörtlich sagt er 'in das nächste Quartal').

Sagen Sie es ganz hintenrum, ich mag sie schrecklich gern, aber ich muss doch auch meinen eigenen Stil ausleben (dürfen). Wenn sie das kapieren würde, ohne dass es sie kränkt, dann halleluja, dann hätten wir's gerettet. Auf lange Sicht.

Meine Eltern, also ich fände das schon toll, wenn die beiden auch wieder was mehr miteinander machen würden, sie wirken so isoliert. Ich komme schon klar, aber sie sollten sich aneinander halten. In dieser Welt braucht man jemanden. Ich gehe ja irgendwann – bzw. demnächst woanders hin, dann bleiben d i e doch zurück und da wäre doch alles easy, wenn sie sich gut verstehen und was miteinander anfangen können, das ist doch auch für uns Kinder eine große Erleichterung. Dann fühlen wir uns nicht so schuldig, nicht so verpflichtet, nicht so angebunden.

Sagen Sie das ruhig meiner Mutter, dass ich mich darüber freuen würde, aber sagen Sie es nett. '

Haben Sie jemals von Manipulationen von Außerirdischen an Menschen gehört oder das gesehen? Es ist doch furchtbar, annehmen zu müssen, dass wir Einflüssen ausgeliefert sind, die wir nicht einmal kennen.

Ja, da haben Sie recht.

Bisher ist mir einige Male etwas derartiges vor die Augen gekommen, einen Fall möchte ich hier an dieser Stelle wiedergeben.

Es geht hier um eine ältere Dame, die nach einem arbeitsreichen Leben von dieser Welt gegangen war und welche ich im Jenseits aufsuchte, weil ihre beste Freundin ihr doch so gerne gute Grüße rüberschicken wollte.

Ich bitte sie, doch einfach zu erzählen. Schon zeigt sie mir eine alte Szene.

Sie hat Angst vor Behandlung, vor medizinischen Eingriffen.

Sie schreit auf, wehrt sich und tobt gegen eine Behandlung. Es ist schwer anzusehen, wie sie gequält wird und sich quält.

Diese Behandlung erinnert Sie an eine frühere Inkarnation, in der das so ähnlich war. Gegenwart und Vergangenheit fließen zusammen. Deshalb sind ihre Eindrücke auch so ungeheuer stark, weil es die geballten Schmerz- und Panik–erinnerungen aus mehreren Inkarnationen sind. Ich versuche, sie etwas zu beruhigen, indem ich ihre Hand halte. Das hilft.

Sie klammert die ihre fest an meiner. Das lindert die Panik im Moment.

Es tut mir so leid, was sie durchmachen musste - und es tut ihr gut, Mitgefühl zu spüren.

Sie ist eine gute Frau, eine aufrichtige Frau, ein Mensch, der es nicht einfach hat und es sich auch nicht leicht macht, der hohe, höchste Erwartungen an sich stellt und sich beinahe gnadenlos kritisiert, wenn er die eigenen Ansprüche nicht erfüllen kann.

An der Unbarmherzigkeit sich selber gegenüber müsste sie etwas ändern; dies ist ihr Lebensthema, dies ihr Selbstliebe-Lern-Prozess.

Das ist nicht einfach, sondern langwierig, weil sie so eingefleischt immer auf dem Sprung ist, ihre eigenen Fehler, Versäumnisse, Unzulänglichkeiten in den Vordergrund zu bringen.

„Sagen Sie nicht, dass ich das gerne täte", sagt sie nun zu mir. Sie hat wohl (-mein Versagen!) den Hauch einer Missbilligung von mir mitbekommen.

Ich sage: „So darf ich das nicht machen! Ich kann Sie nicht auch noch dafür kritisieren, dass SIE sich so viel kritisieren. Dann wird die Heilanwendung sich ins Gegenteil verkehren und alles noch schlimmer."

Nun dies gesagt ist, entsteht die Farbe GRÜN als Bewusstseinszustand. Wir verstehen einander beide - sie mich - ich sie - sie sich selber. Nun gehen wir zurück in der Zeit bis zu der Ursache ihrer Selbstkritik. Wenn wir - wenn sie die tiefere Ursache dieses Phänomens findet, dann kann sie erkennen, einordnen, lösen, den Automatismus der Selbsteinschränkung liebevoll mildern; milder mit sich selber im Ganzen werden.

Nun wende ich mich an die Höheren.

Also, wenn es möglich ist, und wenn es sein darf, dann - bitte - ein Bild über die Ursache ... das Wort 'Gehirnwäsche' taucht auf. Eigene Gedanken, Inhalte, Gehirnimpulse sind bei ihr verändert worden, ausgewechselt worden durch eine 'Autorität', (ich sehe, dass Gebiete ihres Gehirns manipulativ ausgetauscht worden sind.) Nun in Ruhe sich weiter damit befassen, weiterhin um Schutz, Führung bitten, bis alles gezeigt, gesagt und offenbar geworden ist, was diese Manipulation anbelangt.

Dafür und dabei immer wieder und fortwährend den Schutz des Allerhöchsten anrufen.

Danke.

Mich erneut vertiefen...

Nun deutlich sehen, dass dieser Frau in einem Zustand von Unbewusstheit, Schlaf oder schlafähnlichem Zustand, Veränderungen beigebracht worden sind, welche ihre Gehirnfunktionen betreffen.

Also: eine Kraft, die als mentales Wesen fungierte, veränderte die Gleitbahnen und die Impulse, die von den Nervenbahnen und über die Nervenbahnen geleitet werden zum e i g e n e n Vorteil. Bildlich ausgedrückt ist es so, als ob in ihre eigenen Leitlinien im Gehirn von außerhalb eine Art Kapseln eingesetzt werden, - in diesen Kapseln befinden sich Botschaften, Suggestionen. Diese sind nun sozusagen in ihr Gehirn eingeschleust und vertreiben oder ersetzen einen Teil ihrer eigenen Gedanken.

Ich frage die Manipulatoren, wie so etwas möglich ist. Was steckt dahinter?

Die Antwort ist: „Wir wollen das eben so. Wir sind d i e Macht, die das bewerkstelligen kann."

Ich frage: „Was ist euer Ziel bei diesem Unternehmen?"

Sie antworten: „Herrschaft. Sie hier hat sich nicht genügend abgegrenzt. Darum konnten wir eindringen."

Ich frage: „Wie hätte sie sich abgrenzen können?"

Antwort: „Selbstbewusstsein, eigener Wille, Identität, Gedankenkontrolle."

Ich sage: „Ihr seid ja ganz schön großzügig, wenn ihr hiermit verratet, wie man sich euren Einflüssen entziehen kann!"

Sie lachen etwas belustigt und auch stolz.

„Nun du es doch schon gesehen hast, können wir dir auch alles verraten."

Ich frage: „Macht ihr das öfter?"

Sie antworten: „Wir versuchen es bei einem Teil der Menschheit, der dafür anfällig ist."

Ich: „Und wenn ihr auf diese Weise die ganze Welt beherrschen würdet, wie findet ihr das?"

„Auch nicht besser, denn was sollen wir danach bloß anfangen, dann wird es irgendwie langweilig. Spannend ist nur der Vorgang, gelingt es oder nicht. Dann ist es fade. Wir kommunizieren dann auch nicht mehr mit den auf diese Weise Manipulierten. Wir überlassen sie ihrem Schicksal. Dann gehen wir zu anderen Menschen und versuchen es dort. Wir nennen das Jagen."

„Soso."

„Wir haben jetzt schon zwei Drittel der Weltbevölkerung unter unsere Fittiche genommen. Bei den Manipulierbaren setzen wir die Patronen mit den Informationen 'Ich mache alles falsch, ich bin nichts wert, ich muss mich immer entschuldigen' ein, bei den aggressiv getönten Menschen setzen wir die Patronen mit den Inhalten 'Setz dich durch, lass dir nichts gefallen, schlag zu' ein. Im Grunde ist es das Gleiche, nur unter verschiedenen Vorzeichen. So bringen wir die Menschentiere gegeneinander auf wie Kampfhunde und Kampfhähne, und wir finden das köstlich, wir finden das göttlich."

„O ja?" frage ich. Ich bin sprachlos. Ich wusste nicht, dass mentale Wesen sich einer solchen Methode bedienen. Die Hände, die ich sah beim Einsetzen der Kapseln waren nicht unangenehm anzusehen, sie waren hell, durchsichtig sehr geschickt und arbeiteten langsam und vorsichtig in den verschiedenen Gebieten des Gehirns, in das sie Informationen schicken wollten. Es waren keine Chips, die an eine bestimmte Stelle eingepflanzt wurden, sondern Patronen. Sie sahen aus wie kleine U-Boote, die in den Nervenbahnen hin- und hergleiten würden und dort an Ort und Stelle jeweils durch eine Membran Informationen austreten ließen.

Diese Dame, von der hier die Rede ist, hatte auf Erden immer eine Katze. Die Katze, der Kater, gab ihr das Gefühl von Wahrheit und Wirklichkeit, welches ihr auf die eben beschriebene Weise wegmanipuliert worden war. Darum war sie auch eine solche Katzenliebhaberin.

Jedes einzelne Tier gab ihr Identität, Wahrheit. Die Tiere erinnerten an etwas, das identisch und authentisch ist, unverfälschte Tierseele. D a r u m brauchte sie Katzen. Und die Tiere liebten sie, denn sie erkannten und fühlten ihren wahren Kern.

Ich frage die Dame nun direkt: „Wie geht es Ihnen nun mit diesen Informationen?"

„Gut. Gut. Ich habe viel nachzudenken.

Es wird eine Weile dauern.

Das macht nichts. Zeit ist genug, Zeit ist kein Problem, Zeit ist immer.

Ich bin Ihrer Spur gefolgt und konnte das gut und leicht. Ich werde das alles mehrfach erinnern und nachvollziehen, bis ich in d e r Zeit ankomme, die v o r dem Eingriff, vor der 'Operation' lag. Dort begegne ich meinen lieben Katzenwesen. Dort kommen wir her und dort gehören wir wieder hin:

S e l b s t b e w u s s t e Wesen in Einheit mit uns selber und mit aller Schöpfung.

Das ist es und so muss es (wieder) sein."

Wie mag es meiner Oma im Himmel gehen, sie war ein so lieber Mensch. Denkt sie noch an uns? Bekommt sie alles mit, was wir so tun? Ich vermisse meine Oma immer noch. Sagen Sie ihr viele liebe Grüße. Sie soll mir auch sagen, wenn ich etwas falsch mache. Wollen Sie das bitte tun?

Gern! Die Oma lässt mich wissen, dass sie eigentlich sehr bereit war, zu gehen. Ihr Leben war vollendet. Darum hatte sie auch keinen Todeskampf. Leicht wurde sie aus ihrem Körper gelöst. Vier Engel in blauen, roten, grünen und gelben Gewändern halfen ihrer Seele aus dem Körper auszusteigen. Sie zogen praktisch ihren Seelenkörper in Kopfrichtung aus dem irdischen heraus und ließen diesen als eine leere 'Tasche' zurück.

Als ich das Wort 'Tasche' schreibe, muss die Oma darüber lachen.

„Ja," sagt sie, „Taschen sind schon wichtig im Leben, immer gibt es etwas einzupacken und man muss doch immer allerhand Dinge mitnehmen für einen selber oder für andere."

Hier wird deutlich, dass sie gerne für andere gesorgt hat, versorgt, umsorgt, wann immer sie nur konnte. Selbstverständlich und ohne nachzudenken und ohne sich deswegen großartig zu finden. Im christlichen Sinne hätte sie sich selber eingeordnet als eine niedrige Magd des Herrn, als SEINE Dienstmagd. Im Leben war sie ehrlich, aufrichtig, direkt, ohne Getue und Schnörkeleien. Wenn ihr etwas quer saß, verdeckte sie das zunächst und versuchte, es ins Lot zu bringen, ohne es an die große Glocke zu hängen.

Nur sehr selten verlor sie die Beherrschung, die sie alsbald wiedergewinnen wollte. Nie stellte sie sich in die erste Reihe. Sie ließ die Leute schwätzen und schwadronieren – und tat währenddessen ihre Arbeit. Kindern war sie eine beschützende Hand, eine, die Sicherheit und Kontinuität schenkte, also nicht sprunghaft und unberechenbar.

Ich frage sie nun: „Oma, liebe Oma, wo seid Ihr jetzt?"

Sie erscheint mit grauen, gewellten Haaren, lächelnd. Versonnen im Glücklichsein. In ihrem Glücklichsein versonnen.

„Ich bin wie Hans im Glück, nur habe ich es umgekehrt gemacht. Von nichts bin ich aufgestiegen zu allen Reichtümern und Geschenken, die der Himmel mir geben wollte. Und das waren nicht wenige."

Ich sehe jetzt eine biblische Szene: Diese Frau füllt Krüge mit Wasser, wie der HERR geheißen hatte. Andere Jungfrauen tun dasselbe. Sie sind in einem Raum aus Stein, einer Art Halle und es herrscht braun-gelb-goldenes Licht, irdisch und doch überirdisch schön.

Sie sagt: „Ich will dem HERRN dienen, ohne darüber nachzudenken, ohne selber etwas zu wollen. Das kann man – glaube ich – am besten als Frau. Männer haben es da schwerer, sie sind so stolz, so eigenwillig, das (sie meint ihre Enkelin) weisst du ja selber. Du weißt, was ich meine. Männer sind darum nicht schlechter, sie sind nur anders. Wir (Frauen) dürfen das nicht so schwer nehmen. Am besten, wir lassen sie, wie sie nun mal sind und lieben sie trotzdem. Oder wir versuchen es wenigstens."

Oma möchte ihrer Enkelin (die inzwischen rund 60 Jahre alt ist) wie einem kleinen Mädchen die Haare kämmen und über den Kopf streichen. Sie möchte sie beschützen und vor Unheil bewahren, vor der bösen, vor der ganzen bösen Welt.

Oma kennt die Welt. Besonders auch durch die (Welt-)Kriege hat sie die Schlechtigkeit, die Zerstörung, aber auch gute Taten und viel Hilfsbereitschaft gesehen. Sie ist nicht bitter geworden und hat immer aus allem das Beste gemacht. Sie möchte ihrer Enkelin Äpfel zum Essen geben und Marmelade für sie kochen und Grießbrei. Auch hätte sie gerne, dass diese ihr beim Backen hilft.

Sie sagt: „...chen, du musst besser auf deine Gesundheit aufpassen. Ein Stoff fehlt dir in den Knochen und im Blut. Der Arzt soll das herausfinden. Der Mangel lässt dich manchmal so schwach fühlen, die Knöchel, die Waden bis zu den Knien hinauf. Du musst was dafür tun, hochlegen, einreiben und das richtige Mittel einnehmen. Dein Herz, dein Herz hat eine Krone verdient. Weil du ein so gutes Herz hast, hat es eine Krone verdient. Ich setze immer ein strahlendes Krönchen auf dein Herz. Ich bin sehr, eigentlich die ganze Zeit, damit beschäftigt, euch zu helfen, auch den Kindern, damit alles in gute Bahnen kommt und vor allem, damit du nicht mehr so bedrückt und traurig bist. Es gibt Dinge, die kannst du anderen Menschen nicht abnehmen, auch nicht ersparen. Die müssen sie selber durchleben und durchmachen.

Auch wenn was schief geht, misch dich gefühlsmäßig da nicht (so) rein. Jeder Mensch ist auch eine Einzelseele mit Eigenverantwortung. Es gibt auch Erfahrungen, die deine Kinder machen m ü s s e n . Also versuche, nicht alles persönlich zu nehmen, was ihnen nicht gelingt, was nicht klappt. Deshalb bist d u doch kein schlechter Mensch! Es ist nicht deine Schwäche, nicht dein Versagen, nicht deine Niederlage. Nun rede ich hier noch ganz gelehrte Wörter, solche, die ich früher nicht gebraucht habe.

Das ist lustig, nicht wahr?

Ich habe hier auch Aufgaben mit Kindern, weil die Engel sagten, ich hätte ein Händchen dafür. Ohne dass ich stolz sein will, muss ich doch sagen, da haben sie wohl recht. Du und dein Mann, ihr lebt zusammen und alles geht so seinen Gang. Ihr könntet ein bisschen näher zusammenrücken, wenn ihr euch ab und zu mal etwas Schönes sagen würdet. Und wenn er nicht damit anfängt, dann musst du es eben tun, sonst bleibt es dabei. Also versuche es einmal.

Jetzt, erst nachdem ich alles hinter mir gelassen habe, weiß ich: man muss die kleinen Gelegenheiten am Schopfe packen. Und es wird wirken zwischen euch. Oder tut mal etwas Gemeinsames. Oder lasst euch mal zusammen fotografieren!

Etwas Gemeinsames zwischen euch wird das Glück erzeugen, das sonst im Alltag ein bisschen unter die Räder kommt.

Nun binde ich wieder meine Schürze vor und backe Kuchen für die Kinder, für die ich hier sorge. Ich weiß genau, wo ich bin und dass ich eigentlich schon im Himmel bin, aber diese Kinder hier brauchen die Kucherln noch. Das gibt dann eine große Freude für uns alle. Ich verbringe auch Zeit im Grünen, gehe spazieren in schönen Landschaften. Bei allem weiß ich aber genau, dass ich im Himmel bin, wie wir das früher genannt haben. Ein Teil des Himmels kann eben auch so aussehen und so sein, wie ich ihn zur Zeit erlebe, es ist nicht einmal ein Widerspruch. Mach es gut, mein Schätzele. Ich habe zwei Augen auf dich und auf alle, die dir lieb sind. Deine Oma"

Beim Heilungs- bzw. Gesundungsprozess - was können da Therapien für den spirituellen Menschen bedeuten?
Was spielt sich in den verschiedenen Körpern des Menschen ab?
Welches sind die Zusammenhänge zwischen Geburt, Tod und Wiedergeburt?
Wie sind extreme Gewalttaten einzuordnen?
Haben wir überhaupt einen freien Willen?
Wie wird man Aggressionen los?

Die Antworten sind Teilantworten und behandeln lediglich Aspekte des Ganzen.

Jeder, der sich auf den Prozess der Bewusstwerdung einlässt, sollte den richtigen Weg wissen.

Wirkliche Entwicklung (und Therapie) geschieht ohne Trick, ohne Veränderung des Bewusstseins durch einen anderen Menschen oder durch Drogen. Sie wendet sich direkt an den Menschen, geschieht in vollem Dasein von Körper, Seele und Geist. Nur dann wird Integration und Harmonisierung erfahren.

An einem Bild kann die Entwicklung eines Menschen veranschaulicht werden. Sie ist vergleichbar mit einer Zwiebel. Über das gesunde Innere ist Schale über Schale gelagert: Schmerzhafte Erlebnisse, Ängste, Enttäuschungen, Schocks. Es ist wichtig, Schale um Schale behutsam zu lösen, gerade soviel, wie zu ertragen ist, bis der gesunde Kern wieder sichtbar und wirksam wird. Bei 'harten' Methoden kann diese Zwiebel auf einmal durchgeschnitten werden. Der Mensch erkennt sich zwar, aber er kann nicht integrieren, es entsteht Chaos.

Wir sprechen vom physischen als dem materiellen Körper, vom psychischen als dem Seelenkörper, vom Geist als dem Gedanken- oder Mentalkörper. Die verschiedenen Körper des Menschen werden hier sehr vereinfacht dargestellt.

Die Summe aller Empfindungen eines Menschen ergibt den Seelenkörper. Er durchdringt den physischen Körper und hüllt ihn ein. Die Summe aller Gedanken bildet den Geistkörper. Er durchdringt den Seelenkörper und den physischen Körper, hüllt ihn ein und ist im Prinzip unendlich und unsterblich. Unfälle, Unglücke, Krankheit und Tod entstehen zunächst im Geistkörper und durchdringen dann die anderen. (Eine Krebsgeschwulst ist das letzte sichtbare Glied in einer Kette).

Deshalb kann Heilung auch nur geschehen, wenn alle Körper, alle Ebenen einbezogen werden: Im physischen Körper durch wirkliches Atmen, frische Luft, natürlichen Wechsel von Bewegungen und Ruhe, Vollwerternährung möglichst frei von Chemikalien, liebevolle Pflege des Körpers und Bilden von Körperbewusstsein.

Der psychische Körper ist in die Heilung einbezogen durch Harmonisierung des Gefühlslebens und der Beziehungen. Wenn jemand sich nicht wohl fühlt und nicht im seelischen Gleichgewicht ist, kann er in einer Therapie die Gefühle von Hass, Neid, Zorn, Eifersucht, Gier, Rachsucht, Angst, Schmerz, Trauer, Verzweiflung, Öde, Machtsucht zulassen und mit all seinen Möglichkeiten ausdrücken. Dadurch wird Erleichterung erfahren, und es wird ihm möglich sein, das Leben neu und konstruktiver zu gestalten.

Im Geistkörper geschieht Entwicklung, wenn jemand erkennt, welche Gedankenformen er entwickelt. Gedanken gehen vom Menschen aus in Schwingungen. Sie unterscheiden sich in Form und Farbe. Deshalb ist es so bedeutungsvoll, welche Gedanken ausgesandt werden, denn sie gehen um die Erde und haben zerstörerische oder aufbauende Kraft. Wenn viele Menschen ähnliche Gedankenformen aussenden, entsteht eine starke Strömung. Krieg und Friede werden zuerst im Geistigen geschaffen, dann erst im Materiellen.

Krieg und Friede ist eine Frage des Bewusstseins des Einzelnen und nicht der Strategie, der Rüstung, des Militärs. Friede kann niemals durch Gewalt entstehen, weder durch rechte noch durch linke Gewalt. Gewalt ist ihrem Wesen nach zerstörerisch.

In einer Zeit verschärfter politischer Konflikte, Atomrüstung, Genmanipulation, Zerstörung der Erde, des Wassers, der Luft suchen mehr und mehr Menschen den Weg zu ihrem Bewusstsein. Sie erkennen in der Schöpfung ihren Bruder und setzen sich ein für die Rettung unseres Planeten.

Gleichartige Gedanken und Strömungen ziehen einander an, negative bekämpfen sich und reiben sich gegenseitig auf. Positive sind nicht selbstsüchtig, sie unterstützen und verstärken einander, bilden ein Wir. Deshalb werden sie - auf lange Sicht - auch überwiegen. Die Erde wird nicht durch Systeme, nicht durch Kriege erneuert werden, sondern nur durch Bewusstsein. Sie kann sich selber erlösen durch Liebe.

Damit wird der Übergang geschaffen zum kosmischen Körper, in diesem zu sein bedeutet: Zustand ohne Anfang und Ende, Einheit mit allem, was ist.

Wenn ein Mensch mehr zu sich kommt, werden seine Schwingungen immer feiner, bis eine stoffliche Inkarnation als Mensch nicht mehr notwendig ist. Er kann dann geistiger Helfer, Beschützer und Berater für andere Menschen werden. Jeder von uns hat solche unsichtbaren Begleiter.

Fast alle Menschen suchen Gott in irgendeiner Form, auch die, die an 'nichts' glauben. Das macht für sie dieses Suchen so verzweifelt, weil sie Gott suchen außerhalb ihres Selbst, weil sie noch nicht erkannt haben, dass Gott in ihnen selber ist, ja, dass sie selber (auch) Gott sind.

Ein Leben ist zu kurz, um diesen gewaltigen Entwicklungsprozess zu fassen. Viele, viele Existenzen sind notwendig, Existenzen in allen möglichen Formen. Jede Zelle hat immer das Bewusstsein des ganzen Kosmos und der Kosmos das Bewusstsein jeder einzelnen Zelle: Eines in Allem - Alles in Einem.

2/3 der Menschheit glaubt an Wiedergeburt. Bis zu dem Konzil von 553 war der Inkarnationsglaube auch bei Christen üblich. Dann wurde er verboten, weil man befürchtete, dass sich die Gläubigen dadurch auf die faule Haut legen würden.

Heute erobert der westliche Mensch sich den Reinkarnationsglauben zurück.

Geburt und Tod sind für gewöhnlich unbewusst. 'Der Hüter der Schwelle' schließt eine Schranke, die Schranke des Vergessens, damit wir noch nicht sehen und wissen, wofür wir noch nicht bereit sind. Im Laufe der verschiedenen Leben gelangen wir zu einer Ebene, in der wir unsere Geburt erinnern und dadurch auch fähig werden, bewusst in den Tod zu gehen, denn Geburt ist Tod und Tod ist Geburt. Von da an werden wir uns nach und nach unserer vergangenen Inkarnationen bewusst, und wir werden wiedergeboren mit dem Wissen darum. Damit und erst dann übernehmen wir die volle Verantwortung für alle unsere Entscheidungen: Welche Zeit, welchen Kontinent, welche Eltern wir für unser kommendes Leben auswählen, wen wir wiedertreffen wollen, wem wir begegnen, ob wir Armut, Krankheit, Behinderung, Verfolgung, Unglück auf uns ziehen wollen der nicht.

Wir sehen dann, dass wir selbst die Ursache sind für unser nächstes Leben! Es gibt Ursachen und Folgen, aber keine Schuld (Schuld ist eine Fiktion, ein Nonsens). Mit diesen Erkenntnissen erhalten wir die Verantwortung und auch die ungeheure Chance, in diesem jetzigen Leben 'die Zeit', den Zustand zwischen den Leben, zu gestalten. Es ist ein Irrtum zu glauben, mit dem physischen Tod sei alles aus der alles anders. Nur der physische Körper stirbt, die anderen leben weiter.

Der Glaube eines Menschen, was nach seinem Sterben sein wird, ist wirksam. Wenn er an Dunkelheit, Kälte, Grauen, Verwesung glaubt, so wird er diese Aspekte erleben. Glaubt er an Licht, Wärme, Frieden, so schafft er es sich dadurch selbst. Stirbt er in Unfrieden, so wird auch sein Zwischenzustand unruhig sein. Es gibt keinen richtenden, bestrafenden, belohnenden Gott. Jeder erschafft sich seinen Himmel und seine Hölle selbst. Man kommt nicht in den Himmel oder in die Hölle, man geht selber dorthin.

Wenn ein Mensch spürt, dass ihn Wut, Schuldgefühle, Schmerz und Angst von der ersehnten Harmonie trennen, so braucht er diese Gefühle nicht länger mehr zu unterdrücken, vergessen, verdrängen, leugnen, bekämpfen und abzutöten. Endlich in diesem Jahrhundert besteht die Möglichkeit, ja zu sagen zu all diesen Gefühlen, sie (evtl. und wenn möglich in einer Therapie) voll auszudrücken und zu akzeptieren. Das Problem löst sich auf, es kommt zu dem anderen Aspekt derselben Sache, zu Kraft, Erleichterung, Großmütigkeit, zu Freude und Liebe.

Traumatische Situationen werden wiedererlebt. Oft ist es dasselbe Gefühl auf verschiedenen Ebenen: auf der Erwachsenen-, Kindheits-, Geburts- und embryonalen Ebene. Z.B. kann durchgängig sein das Gefühl von Kälte, Enge, Verlassenheit, Zerstörtheit, Überforderung oder Lieblosigkeit.

Es ist gleich, auf welcher Ebene das Gefühl wiederbelebt, bewusst und geklärt wird, wenn das geschieht, sind damit auch für gewöhnlich die Traumen aus früheren Leben und Situationen gelöscht.

Wenn ein Baby erwünscht ist, wenn es der Mutter gut geht, sind die Bedingungen der Embryonalzeit ideal. Das Kind erlebt diesen Zustand als Einheit, es gibt keine Polaritäten. Im religiösen Bereich vergleichbar mit dem Paradies. Alkoholiker und Drogensüchtige versuchen, diesen Zustand auf chemischem Wege herzustellen. In den letzten Wochen vor der Geburt wird es für das Baby häufig eng und unbequem. Wenn die Wehen einsetzen, ist das Kind in höchstem Alarmzustand. Es fühlt sich total bedroht. In den Kontraktionen drückt die Gewalt des Uterus mit 50-100 kg auf das Kind, oft über viele Stunden lang. Es hat keine Möglichkeit zu schreien, zu strampeln. Der gesamte Stress geht in seinen Organismus. Es ist keine Aussicht auf Erlösung da. Im religiösen Bereich kann hier das Symbol der Hölle wiedergefunden werden. Wenn in dieser Phase eine Traumatisierung stattfindet, wird später die Welt als unerklärlich, bedrohlich, feindlich empfunden. Es kann nichts Positives gesehen werden. Die Depression ist hiermit entstanden. Es gibt nur eine Rolle: Die des ewig leidenden Opfers.

In der Austreibungsphase entsteht Bewegung. Das Kind erlebt Druck, Quetschungen, Kontakt mit Blut und Schleim, Kampf ums Überleben. Die Mutter tut dem Kind weh und das Kind tut der Mutter weh. Wer in dieser Phase traumatisiert wird, kann später die Welt als Platz für Auseinandersetzungen, Torturen, Terror, Krieg verstehen. Er kann sich Situationen kreieren, um das alte Gefühl wiederzuerleben, in der Hoffnung, es zu überwinden. Diese Phase kann im religiösen Bereich als Fegefeuer gedeutet werden. Häufig sind bei den Babys in dieser Zeit sexuelle Gefühle, die, je nach Traumatisierung, später verbunden werden können mit Schmerz, Blut, Ausscheidungen. Je exzessiver diese Neigungen vorhanden sind, um so mehr ungelöster Schmerz und Zorn stammen aus dieser Phase. Der Mensch schafft sich immer neue Situationen, um die alten Gefühle zu bewältigen, doch es gelingt nicht, weil er nur symbolisch kämpft, die alten Szenen wiederholt und noch mehr Schmerz ansammelt.

Er will die alte Qual von damals noch einmal erleben, um dadurch leben zu können, im Grunde will er sich nur erlösen. Der Weg aus dieser Misere ist, die alten Gefühle wieder zu erleben, ohne sich selbst oder einem anderen zu schaden. Man kann zurückgehen in die Phasen seiner Geburt und sie wiedererleben in ihren verschiedenen Aspekten. Man braucht keine Ersatzhandlungen mehr. Erst dann wird die Geburt, psychische Geburt, möglich.

Wenn das Baby durch diese drei Phasen der Geburt gegangen ist, verliert es sein Ego, und in dem Moment des Geborenseins erlebt es Licht, Helligkeit und - wenn alles positiv verläuft - das Akzeptieren des Lebens und ein Gefühl des Sieges, der Auferstehung. Deshalb ist es so wichtig, dem neugeborenen Kind einen liebevollen, sanften Empfang zu bereiten. Damit prägt sich das

Lebensmuster: Es kann noch so schlimm kommen, ich werde es überstehen, und nachher ist alles gut.

Bei Narkose der Mutter fehlt dieses versöhnende, befreiende Element. Betäubende Mittel können im späteren Leben als 'Problemlösung' angesehen werden. In der Kindheit werden dann die Dinge als traumatisch erlebt, die in der Geburt traumatisch waren, und in der Geburt die Dinge, die an einen früheren Tod erinnern. Wie in einem Musikstück dieselbe Melodie immer wieder in allen möglichen Variationen durchklingt, so spielt jeder auch in seinem Leben immer wieder dasselbe Thema durch.

Ich leide - Ich lasse leiden

Ich töte - Ich werde getötet

Ich helfe immer - Ich bin hilflos

Ich vergewaltige - Ich werde vergewaltigt

Ich herrsche - Ich werde beherrscht

Ich bin gut - Ich bin schlecht

Ich richte - Ich werde gerichtet

Der Einzelne, sowie ganze Gruppen, Volksstämme und Völker spielen diese Themen durch. Die aufgezählten Gegensätze sind in Wirklichkeit keine. Es sind die beiden Seiten derselben Medaille. Zwischen 'ich bin gut' und 'ich bin schlecht' liegt die Harmonie, das 'ich bin'. Darin gibt es keine Polaritäten, keine Trennung und Spaltung mehr.

Es besteht eine starke Beziehung zwischen Täter und Opfer, die emotionale Verfassung ist die gleiche, beide leiden aus derselben Urquelle, nämlich am Mangel an Liebe, beide lieben sich selbst nicht.

Mord und Selbstmord sind keine Lösung. Wohl hat jeder die Chance in einer neuen Geburt, doch er kömmt in seinem späteren Leben mit Sicherheit wieder zu demselben Konflikt, zu derselben Situation. Er wird sie sich wieder und wieder schaffen, bis er sie endlich bewältigt. Lieblose Erziehung, ungerechte soziale Verhältnisse, Missstände am Arbeitsplatz, Haft ohne Sozialisierung, Entwurzelung, Not, Krieg, Todesurteile haben schwere Folgen für die Erde, wenn die Betroffenen nicht, spätestens im Moment ihres Todes, zu Verzeihung und Aussöhnung kommen. Wenn sie ihren Hass mitnehmen in den Tod, wird er in späteren Leben wirksam werden und wie ein Bumerang zurückkommen.

Es ist geradezu logisch, dass Menschen, die sich besonders gern hatten und solche, die in unheilvollen Beziehungen zueinander standen, sich in späteren Leben wiedertreffen. Die Seelen entscheiden dann, sich zu einer bestimmten Zeit, unter bestimmten Umständen wieder zu begegnen (das nennt man manchmal Liebe auf den ersten Blick), um die alte Verbindung neu zu beleben, entweder die Vertrautheit und Wärme wieder zu spüren oder den alten Hass, den Streit, die Lieblosigkeit, den Kampf weiter zu betreiben. Dabei können sich die Konstellationen - Ehepartner, Eltern, Kind, Freund, Lehrer verändern. Es gibt Ursachen, die immer neue Inkarnationen nach sich ziehen: Verleumdung, Schuldenmachen, Diebstahl, Raffgier, Hörigkeit, zu enge Bindungen, im Grunde alles, was jemand ungeklärt und ungelöst auf dieser Erde zurücklässt.

Niemand soll einem anderen die Möglichkeit geben, ihm Unrecht zu tun, denn damit bindet er ihn an sich und macht sich zum Mitverursacher.

Wenn jemand mit einem anderen, gleich ob er noch lebt oder gestorben ist, ein Problem hat und es nicht lösen konnte oder kann, so bitte er ihn geistig um Verständnis und gebe ihm Verständnis. Indem er ihm positive Gedanken schickt, löst er den Konflikt.

Wenn ein Mensch gestorben ist, sollen die Verwandten und Freunde nicht voll Verzweiflung und Gram trauern. Sie sollen ihre Trauer mit anderen Menschen teilen, sich mitteilen. Es ist gut, wenn sie dem Verschiedenen geistig Licht und Frieden schicken, ihn liebevoll verabschieden, ihm von Herzen LEBE WOHL sagen.

Und, wenn ein neues Baby geboren wird, ist es gut, ihm herzlich WILLKOMMEN zu sagen auf unserer Erde. LIEBE VERÄNDERT DIE WELT IN DIESEM, UNSEREN AUSERWÄHLTEN ZEITALTER.

Was soll ich tun, ich möchte die Menschen lieben und kann es nicht.

Vielleicht hilft Ihnen dieser Gedankengang: Sie müssen nicht Schale, Äußeres, Verhalten und Attitüden eines Menschen lieben, wenn Ihnen die un(v)erträglich erscheinen.

Wir wissen, dass jedes Wesen einen inneren ewigen Kern hat. Dieser Kern ist das Eigentliche, das Wesentliche, das, was uns alle miteinander verbindet. Wenn wir uns das bewusst machen, fällt es uns leichter, durch die Schale hindurch zu sehen und in Kontakt zu treten mit dem inneren Kern der anderen Person.

Die Japaner verneigen sich im Gruß voreinander und sagen: „Das Göttliche in mir grüßt das Göttliche in Dir."

Was halten Sie davon, wenn jemand Drogen nimmt, um auf dem spirituellen Weg schneller vorwärts zu kommen?

Nichts.

1981 nahm ich in den USA an einem Ausbildungsworkshop für spirituelle Weiterentwicklung teil. Einige Teilnehmer hatten stikum Drogen genommen, ich glaube LSD. Am Abend traf ich - nennen wir sie mal Sally - im Garten. Sie eilte auf mich zu, umarmte mich und sagte zu mir: „Oh, du meine kosmische Schwester!" Ich will von Herzen gern eines jeden kosmische Schwester sein, doch am folgenden Morgen wusste Sally nichts mehr von unserer Begegnung, die Erinnerung daran war schlichtweg abgesackt ins kosmische Unterbewusstsein. Ein anderes Beispiel aus dem Nähkörbchen: Ein Bekannter von mir, Michael, sprach auf meinen Anrufbeantworter: „Hier spricht Michael, der größte Engel in Gottes Himmel." (Hier wird ganz deutlich, dass es sich nicht um den Erzengel Michael handeln kann, denn der würde niemals das Wort 'größer', 'größte' benutzen; dieses Wort, in Tat umgesetzt, hat doch den Fall der Engel bewirkt.)

Ich verstehe Menschen, die ein so starkes Verlangen nach Erlösung haben, dass sie den Prozess 'auf Deubel komm raus' beschleunigen möchten durch Einnahme einer Droge. Und tatsächlich können sie auf ihrem Trip sowohl himmlische Zustände (Supertrip) als auch höllische (Horrortrip) erleben. Doch diese Erfahrungen sind nicht ehrlich erarbeitet und erworben. Sie sind hervorgerufen durch ein Mittel und können nicht kontrolliert und nicht integriert werden. Ich bin davon überzeugt, dass die Person, die Drogen genommen hat, ihren spirituellen Weg ganz neu beginnen muss ('terug bij af' sagt der Holländer) und nicht nur terug bij af, sondern noch weiter zurück, denn sie ist belasteter als je zuvor, hat sie doch schon unbefugterweise vom 'Baum der Erkenntnis' gekostet.

Der Drogenkater, der Katzenjammer, die Entzugserscheinungen sind eine logische Folge des Missbrauchs und ein Beweis dafür, dass die Erleuchtung nicht käuflich ist. Drogen zu nehmen, bedeutet größer, besser, schneller, weiter sein zu wollen, als der 'Rest'. Denen, die keine genommen haben und das auch nicht vorhaben zur Erläuterung: Jeder Mensch kann ohne das Einnehmen und ohne das Einspritzen von Halluzinogenen zu allen Erfahrungen und allen Bewusstseinszuständen des Weltenbewusstseins kommen, wenn er Tag für Tag beachtet und achtet, was er gerade tut, wo und wie er sich gerade befindet, sich klarmacht, warum seine Welt im Moment so ist, wie sie ist, wenn er Augenblick für Augenblick wahrnimmt.

Die Erleuchtung ist (auf Dauer) nicht aufzuhalten.

Wie oft muss ein Mensch wiedergeboren werden?

Solange wir fragen, ob wir wiedergeboren werden müssen, müssen wir das wohl. Erst wenn wir fragen, kann, darf, sollte, möchte ich noch wiedergeboren werden auf dieser Erde, haben wir unsere Ein-Stellung verändert.

Das Wort 'müssen' beinhaltet immer, dass etwas als Zwang, wenn nicht sogar als Strafe erlebt wird. Es bedeutet auch, dass wir dieses Erdenleben als äußerst belastend und unangenehm empfinden, dass wir möglichst umgehend und für immer davon befreit werden möchten. Dies wiederum legt den Schluss nahe, dass wir noch lange nicht alles erlebt und ausgeschöpft haben, was das Leben auf diesem Planeten uns (an)bietet.

Wenn ich frage, muss ich noch wiedergeboren werden, so legt diese Fragestellung den Schluss nahe, dass ich 1. noch einige karmische Aufräumarbeiten zu erledigen habe und dass ich 2. die freudvollen Aspekte des diesseitigen Lebens nicht genügend entdeckt und ausgekostet habe.

Also, es gibt noch zu tun, packen wir's an.

Mein Mann ist vor acht Jahren gestorben und ich komme über seinen Tod nicht hinweg. Ich weine immer noch viel. Meine Familie und meine Bekannten meinen, damit müsse nun endlich Schluss sein.

Als erstes, Sie dürfen, ja, Sie müssen sogar die Trauer fühlen, solange die da ist. Aber, und nun kommt das Entscheidende, Ihre Trauer sollte eine Adresse haben.

Sie sollten einen Menschen finden, der ihnen wirklich aktiv zuhört, einen, der Ihre Trauer ernst nimmt, wahrnimmt, der Sie nicht unterbricht und nicht mit Ratschlägen kommt. (In diesem Wort ist das Wort Schlag enthalten)

Die Adresse für Ihre Trauer kann eine Person sein, der Sie vertrauen, jemand, der professionell, also berufsmäßig Menschen in Krisen begleitet oder eine regelmäßige Gruppe von hinterbliebenen Angehörigen. Erkundigen Sie sich nach entsprechenden Adressen, gehen Sie dorthin und spüren Sie, ob Sie dort angenommen und verstanden werden. Sie sollten nicht (länger) allein sein in und mit Ihrer Trauer!

Müsste nicht jeder Mensch aus ethischen Gründen Vegetarier werden?

Im Prinzip ja, aber – bevor man Vegetarier wird, soll man sich unbedingt beim Arzt, Apotheker, der Ernährungsberaterin und im Reformhaus kundig machen, welche Ersatzstoffe der Körper benötigt.

Es wird sicher eine Zeit geben, da alle fleischlos essen werden, doch ist jetzt nicht der richtige Moment für jeden.

Fleischesser sind keine Unmenschen, sie sind ethisch nicht minderwertig.

Vegetarier haben vielleicht die besseren Einsichten, die besseren Menschen sind sie deshalb noch nicht.

Also: auf jeden Fall sich vor der Umstellung gut informieren.

Ist es nicht so, dass mancher auf seinem spirituellen Weg so faul ist, dass er einen – Verzeihung für den Ausdruck – Tritt in den Arsch ganz gut gebrauchen könnte?

Dass so ein Tritt in den Arsch oder der berühmte Schlag auf den Hinterkopf (der das Denkvermögen erhöhen soll), von Nutzen sein kann, ist mir nicht bekannt.

Ich habe einmal den Ausspruch eines 40jährigen Mannes gegenüber seinem 80jährigen ehemaligen Lehrer gehört: „Schade um jeden Schlag, der daneben ging." Ich dachte: Hier hat eine seelische Verformung stattgefunden. Schläge, gleich ob sie mental oder real ausgeführt werden, wollen Ohnmacht überwinden und Macht gewinnen, zu diesem Zwecke müssen sie Erniedrigung und Schmerzen zufügen. Das kann nicht gut sein.

Bei dem Wort *faul* in Ihrer Frage beginnt die Abwertung. Wenn jemand, egal in welcher Beziehung, nicht richtig in die Gänge kommt, nicht auf den Weg, in Fahrt oder in Fluss, dann gibt es dafür Gründe, die ernst zu nehmen und zu untersuchen sind.

Im Grunde will jeder gern vorwärts-kommen, etwas er-fahren, ent-decken, er-reichen.

Jedes gesunde Kind und jede gesunde Seele ist von sich aus aktiv. Wenn das nicht der Fall ist, sind Störungen vorhanden, die begriffen und aus dem Wege geräumt werden wollen.

Ganz abgesehen davon liegt es nicht an uns, zu bestimmen, ob, wann und inwiefern unser Nächster sich auf genau den Weg begibt, den wir selber (zur Zeit) für richtig halten.

Was bedeutet GURU?

Guru (Sanskrit: Lehrer) bedeutet in der östlichen Tradition der spirituelle Lehrer oder Meister.

Diese Beschreibung sagt noch nichts aus über die Qualität eines Guru und die Qualität seiner Schüler.

Hier einige Kriterien:

Guru und Schüler behandeln einander respekt- und liebevoll. Sie machen einander keine Angst. Sie lassen einander frei. Jeder trägt die Verantwortung für sich selber.

Jeder ist Guru.

Ich habe manchmal Aggressionsschübe, dann habe ich den Wunsch, kleine Kinder, also Babys erschießen zu wollen. Was soll ich bloß machen?

Sie können Ihre Aggressionsschübe – noch – nicht verstehen. Eines Tages werden Sie diese verstehen und dann werden sie sich auflösen. Auf jeden Fall sind Ihre Vorstellungen Ausdruck von großem seelischem Leid.

Ich kann hier einige verschiedene mögliche Ursachen für Ihre Zwangsvorstellungen andeuten.

1. Ein Vorfahr aus Ihrer Familie hat so etwas getan. Die Erinnerung daran wurde über Generationen transportiert, bis hin zu Ihnen. Der Vorfahr möchte sich erlösen, indem er seine eigenen früheren Impulse auf Sie überträgt.

2. Ein fremder Geist gibt Ihnen diese betreffende Fantasie ein, weil er durch Sie befreit werden möchte.

3. Sie selber haben in einer früheren Inkarnation so etwas erlebt, dabei spielt es keine Rolle, ob Sie damals der Täter oder das Kind waren. Nun drängt die Erinnerung ins Bewusstsein, denn alles Unglück verlangt und strebt nach Heilung.

Was genau der Grund ist, spielt keine Rolle, die Behandlungsweise bleibt immer gleich. Verurteilen Sie sich nicht (mehr). Machen Sie sich klar, dass es ein ungelöstes Problem gibt, das von Ihnen geheilt werden möchte. Wenn es wieder „passiert", dass Sie ein Baby sehen und im Geiste erschießen, dann „fangen Sie den Schuss schnell wieder ein oder holen ihn zurück" (als ob man einen Film rückwärts laufen lässt). Wenn das nicht gelingt, dann bitten Sie das Kind in einem mentalen Akt um Verzeihung und gewähren sich diese auch selber.

Auf geistiger Ebene haben Sie sich schon geheilt, sonst hätten Sie die Frage gar nicht gestellt. Es kann sein, dass Ihre Zwangsgedanken weiterhin auftreten, denn die Bahnen im Gehirn sind sozusagen eingefahren. Selbst wenn der Geist sich schon erlöst hat, kann das passieren, denn der Körper ist für gewöhnlich langsamer als der Geist, benötigt mehr Zeit.

Achten Sie auch darauf, in welcher Verfassung Sie sich befinden, wenn diese Aggressionsschübe auftreten. Ich nehme an, dass Sie sich dann unglücklich fühlen. Vermeiden Sie also so viel Frust wie möglich und bemuttern und bevatern Sie sich nach Kräften.

Was bedeutet Schizophrenie?

Ich hatte erst einmal eine Klientin, von der die Ärzte sagten, sie sei an Schizophrenie erkrankt. Sie war bereits 20-mal in eine Klinik eingewiesen worden, da sie fürchterlich an Panik litt und meinte, dass sie durch negative Mächte beeinflusst würde.

Als ich „ihre Seele besuchte", nahm ich diese wahr in Licht, Ruhe, Gerechtigkeit und Friedlichkeit.

Ich kann das, was sie beschrieb und das, was ich sah und fühlte, nur so erklären, dass diese Frau in ihrem tiefsten wahren Kern gesund ist, während sie alle Schrecken der Krankheit erlebt, sich darin befindet und Entsetzliches erleidet.

Ich hatte geglaubt, dass die Mitteilung meiner Wahrnehmungen meine Klientin trösten und stärken würde, aber sie brach in Tränen aus und sagte, dass ihr meine Worte gar nichts helfen würden und dass sie gehofft habe, ich könnte sie von ihrer Krankheit befreien. Ich hatte ihren ewigen, heilen Kern wahrgenommen – darüber hatte ich dem irdischen, leidenden Teil nicht genügend Beachtung geschenkt.

Das tat mir leid.

Wir sehen: unsere gängigen Normen und Denkbilder geraten durcheinander; der „Geisteskranke" kann gesund und der „Normale" krank sein.

Meine Frau und ich sind der Meinung, dass die Berichte, die Sie von Menschen und Tieren aus dem Jenseits zu erhalten glauben, aus Ihrer Einbildung stammen, dass es sich dabei um eine Projektion Ihrerseits handelt, also um Wunschdenken, zwar gekonnt in Worte gekleidet, aber eben doch Wunschdenken.
Kann das sein?

Das kann sein.

Was ist der Unterschied zwischen Vorhersagen und Prophetentum?

Kartenlegen, Horoskop, Orakel liefern Voraussagen, Prophetie ist im Voraus erlebte Zukunft.

Ich habe gehört, dass Schamanen, Hellseher, Weissager in verschiedenen Ländern ihre Informationen aus unterschiedlichen Materialien beziehen. Stimmt das und wie wirkt das?

Indianer sehen in der Goldplatte, Afrikaner in Kaurimuscheln und Spiegeln, Inder in Diamanten, Lappen in Eiswürfeln, Tibeter in den Wolken, Chinesen in einer Schüssel mit Wasser.

Sicher gibt es noch viele andere Hilfsmittel, die in verschiedenen Epochen und Kulturen eingesetzt wurden und werden. Bei den oben genannten wird nicht die eigentliche Information daraus gezogen, sondern Spiegel, Eis, Wolken dienen der Entspannung des Gehirns, so dass dann darauf hin Gesichte und Visionen stattfinden können.

In den meisten Kulturen ist es so, dass der Medizinmann auf jeden Fall etwas sieht, ja, sehen muss, denn der Klient kommt ja deswegen und bezahlt dafür. In Ländern, in denen Magie zum täglichen Leben gehört, wird man immer einen Schuldigen finden, der Krankheit, Missernte, Tod von Mensch oder Tier verursacht haben soll. Ein dichtes Netz von Anschuldigungen, Gegenanklagen, Verwünschungen und Verfluchungen liegt dann über dem Stamm, dem Volk, dem Land.

Dagegen ist ein Pygmäen-Schamane sehr wohl in der Lage zu sagen: Ich sehe nichts.

Ich finde, die Tiere sind doch die besseren Menschen. Aber warum finden dann trotzdem in der Tierwelt diese entsetzlichen Kämpfe statt?

Am besten fragen wir die Tiere selber.

„Also, was veranlasst euch...?"

Sie antworten:

„Auch wir erinnern uns an Frieden und Einheit ohne Zweiheit. Auch wir haben die Trennung mitgemacht/mitverursacht. Vor undenklichen Zeiten sind wir auch mitgefallen aus dem Licht in die Materie, um über Gestein, Pflanzenwelt, Tier- und Menschenleben wieder aufzusteigen in die Einheit. In unseren Tierkörpern leben wir Tiernatur in der reinsten Form. Auf der einen Seite ist es ein großes Geschenk, dass wir kämpfen können und dürfen, auf der anderen Seite fühlen wir, während die Fetzen fliegen, dass wir es nicht hierbei belassen können, dass es noch etwas anderes gibt, dass dies nicht die letztendliche Erfüllung sein kann.

Ich/Wir sprechen hier von/als Fisch, Vogel und Säugetier. Wir haben ein geistiges Ziel vor uns. Andere Arten mögen andere Entwicklungen durchlaufen.

Wir selber wissen nur, was wir von/über uns wissen. Wir haben den Gottesfunken (von damals) in uns und müssen/dürfen uns dennoch tierlich/tierisch verhalten, während wir uns kämpfenderweise auf die Wiederbelebung des Gottesfunkens zubewegen, um dann, nach diesen durchlebten Phasen, in paradiesischer Form zu erleben: Der Hase spielt mit dem Hund, der Fuchs mit der Ente, das Flusspferd mit der Möwe.

Die Menschen, die uns lieben und verehren, spüren beide Aspekte, die in uns wohnen, sie sehen uns kämpfen und spüren doch unsere Liebe. Menschen sind uns sehr nah und sehr verwandt."

Könnten Sie mir sagen, wie mein Opa, der jetzt im Jenseits ist, mich früher als Kind genannt hat? Das zu hören, wünsche ich mir so sehr. Damit würden Sie mich überzeugen. Dann hätte ich auch den Beweis dafür, dass es sich um meinen Opa handelt und dass es ein Jenseits gibt.

Es gibt Medien, die haben eine besondere Fähigkeit, Namen oder auch Orte zu nennen, die ansonsten niemand wissen kann. Bei mir ist das nicht der Fall. Ich scheine eher zuständig zu sein für die seelisch-geistigen Zustände meiner Klienten im Diesseits und im Jenseits, diese wahrzunehmen und mich darum zu kümmern.

Für Beweisführungen bin ich nicht geeignet, doch wünsche ich Ihnen, dass Sie dennoch eine Liebesbotschaft von Ihrem Opa aus dem Jenseits erhalten, an der Sie ihn identifizieren können.

Ich werde von intergalaktischen Wesen angezapft, die mir meine Energie absaugen. Wenn Sie wirklich ein Medium sind, muss es Ihnen doch möglich sein, die Ursachen dafür zu erkennen und abzustellen. Ich habe schon viele Hellseher gefragt, eine Menge Geld dafür ausgegeben, jeder erzählt mir etwas anderes und keiner konnte mir helfen.

Das, was Sie beschreiben, Ihre Wahrnehmung also, ist ein Phänomen, das häufiger vorkommt. Eventuell ist es mir möglich, die Ursachen dafür zu erkennen, doch das geht nicht so mal eben. Auf den Mount Everest klettert man auch nicht mal schnell in Hausschlappen. Es besteht nämlich die Möglichkeit, dass, wenn ich diese Wesen/Kräfte, von denen Sie berichten, mental aufsuche, sie ihrerseits auf mich aufmerksam werden und auf mich als Zielobjekt für ihre Aktivitäten überschwenken.

Damit ist Ihnen, ihnen und mir nicht geholfen. Es wäre lediglich eine Fortsetzung bzw. Verlagerung des gegenwärtigen Zustandes. Was meinen derzeitigen Entwicklungsstand betrifft, so fühle ich mich kaum in der Lage, mit diesen Kräften positiv zu kommunizieren, d.h. sie auf einem Einsichtsweg zu begleiten. Das wird sich herausstellen. Und doch ist es möglich, in Ihrer Angelegenheit schon jetzt eine Menge zu tun. Es ist wie bei einem Arztbesuch, die aktive Mitarbeit des Patienten ist mit Ausschlag gebend für die Heilung. Eine klare Willensentscheidung ist vonnöten.

Wir stehen mit allem, was uns begegnet, in Resonanz. So auch hier. Durch die folgenden Sätze können Sie die der Angelegenheit eine positive Wendung geben. Laut oder halblaut gesprochen haben sie größere Wirkung. Die Buchstaben sind Lichtmuster. Beim laut gesprochenen Wort kommt die Verstärkung durch die Schallwellen hinzu. Die Schwingungen treten in Kontakt mit schon bestehenden Formen und Wirklichkeiten Ihres Wunsches. Gute (Wünsche) treten mit Licht in Kontakt. Der Wunsch, die gute Absicht genügt, denn in den mentalen Welten ist schon Realität, was wir erhoffen, erwünschen, erbitten.

„Aus welchen übergeordneten Gründen auch immer, dieser Kontakt mit Ihnen/Euch/Dir ist zustande gekommen, Ihr und ich haben unterschiedliche Auffassungen und Ziele.

Ich respektiere Euch und bitte Euch, ebenfalls meine Identität und meinen Weg zu respektieren. Ich möchte, dass wir einander gegenseitig frei lassen.

Danke."

Ich möchte gern in einem Chor mitsingen, bekomme aber keinen Ton heraus. Dabei habe ich früher schon gesungen und ein gutes musikalisches Gehör.

In Ihrer Kehle haben sich über Inkarnationen hinweg viele unausgesprochene Worte, Töne und Seufzer angesammelt, sich dort zusammengeballt.

Beginnen Sie mit einer ganz einfachen Übung: Atmen Sie mit halbgeöffnetem Mund aus, seufzen, ächzen, stöhnen Sie, wann und wo immer Ihnen das möglich ist. Brummen Sie vor sich hin. Sie werden deutlich merken, wenn Ihr Hals vibriert.

Unterstützen können Sie die Sache, wenn Sie eine passende Musikkassette laufen lassen und den ganzen Körper einbeziehen, indem Sie ihn lockern, bewegen, Ihre Glieder und Gelenke ausschütteln. Kopf, Nacken, Schultern, Arme, Handgelenke, Rumpf, Beine und Fußgelenke einfach locker schütteln. Bleiben Sie mit den Füßen fest am Boden (also nicht hüpfen), während Sie den ganzen Körper in Schüttelbewegungen bringen. Brummen Sie dabei aus geöffnetem Mund. Stellen Sie sich Ihren Hals wie ein offenes Rohr vor, durch welches ungehindert Töne und Geräusche strömen, die aus Ihrem Innern kommen. Dabei lassen Sie bitte Ihre Augen halb geöffnet, so dass Sie auch durch Ihre Augen Stress entlassen können. Kann sein, dass sich durch diese Übung etwas in Ihrer Kehle löst.

Die oben beschriebene Übung kann angewandt werden bei vielen Beschwerden, Spannungen und Unpässlichkeiten.

Attention: Immer locker bleiben beim Lockern!

Zum zweiten Mal innerhalb von drei Jahren habe ich einen schlechten Befund beim Gebärmutterhalsabstrich beim Frauenarzt, nämlich PAP 3. Vor zwei Jahren bin ich deswegen operiert worden, danach hatte ich einen guten Abstrich und jetzt wieder einen schlechten. Der Arzt will nun wieder operieren, aber ich zögere, denn das kann doch nicht immer so weitergehen. Ich suche nun nach den tieferen Ursachen.

Dazu möchte ich sagen: Es wäre gut, wenn Sie unter therapeutischer Begleitung herausfänden, was in Ihrem Denken und Fühlen in dem Zeitraum passiert ist, der zwischen dem guten und dem jetzigen Abstrich abgelaufen ist. ob in der Zeit etwas geschah, dass dazu beigetragen haben kann, dass sich der Wert veränderte.

Zunächst will ich ausdrücklich betonen, dass ich niemals von ärztlichen, medizinischen Behandlungen abrate, im Gegenteil. Nun habe ich mit den betreffenden Zellen in Ihrem Körper Kontakt aufgenommen, sie sagen wörtlich:

„Wir sind nicht gerne, was/wie wir geworden sind. Aber wir haben eine Aufgabe: Wir haben sie auf etwas aufmerksam zu machen, das ihrer Aufmerksamkeit entgangen ist bzw. was sie noch nicht wieder entdeckt, erinnert und aufgelöst hat. In ihrem Falle war das eine physische Verletzung mit einem Speer oder einem Dolch in Ihrer Vagina. Dieses Ereignis liegt Jahrhunderte zurück und doch ist es überliefert durch alle ihre Leben und Zwischenleben bis heute, denn die Verletzung, die sie damals erlitten hat, wurde (noch) nicht in ihren verschiedenen Körpern gelöscht. Die Qual von damals ging ins Unterbewusstsein, und jetzt ist der großartige, der wunderbare Moment gekommen, die Chance, zu erinnern, zu erkennen, zu bessern. Unterbewusst hat sie mit unserer Hilfe nun eine Situation kreiert, in der sie durch Operation (wieder) in Kontakt kommt mit schneidendem, stählernem Gerät.

Das „Setting" ist dem Damaligen ähnlich und doch bietet es absolute Chancen, das Trauma von damals aufzuheben, denn

1. würde der Eingriff jetzt von Ärzten ausgeführt mit der Intention, sie möge geheilt werden und
2. gibt es im jetzigen Jahrhundert die Gnade der Betäubung, mit deren Hilfe Schmerzen überschlafen werden können.

Falls sie sich für die Operation entscheidet, möge sie sich in Liebe, Vorfreude und Dankbarkeit darauf vorbereiten. Sie möge denken und sagen:

Diese Operationsmethode wurde entwickelt, mir zu helfen. Die Ärzte haben auch aus diesem Grunde ein langes Studium absolviert. Die Wissenschaft hat auch für mich Arzneien entwickelt, die meiner Gesundung dienen sollen. Die Krankenschwestern wollen mir beistehen. Der Staat trägt dieses Krankenhaus, um auch mir als Bürgerin die Chance zur Genesung zu geben. Ich danke allen Helfern und bitte hiermit um körperliche, seelische und geistige Heilung.

Körperlich, damit wir, -die-Zellen-die-wir-nicht-gerne-geworden-sind-, uns zurückentwickeln können zu unserer ursprünglichen Form. Seelisch, damit sich das Traumatische aus der Szene von damals aufhebt. Geistig/Mental, indem sie denkt: ich bin es wert, völlig gesund zu werden. Ich verdiene alle Unterstützung dabei."

So wie die Unordnung aus dem Geist in die Seele und von da aus in den Körper gewandert ist, so will auch die Ordnung wiederhergestellt werden in diesen drei Bereichen. Alle Ebenen bedürfen der Heilung. Entscheidendes Hindernis für Gesundung kann die unterbewusste Überzeugung sein, Heilung, Gesundheit und Wohlbefinden nicht verdient zu haben. In diesem Falle müsste man zunächst und vor allem nach alten Schuld- und Minderwertigkeitsgefühlen fahnden. Ohne diese zu erkennen ist Gesundheit kaum möglich, denn diese müsste ja gegen die Überzeugung, dieselbe nicht verdient zuhaben, antreten.

Hat die Beschäftigung mit Hexenkult Konsequenzen, wenn jemand verstorben ist?

Das ist unterschiedlich. Es kommt darauf an, was die Motivation dafür war und auf welche Weise man ihn betrieben hat.

Ich habe mit einer Frau „drüben" gesprochen, die zu Lebzeiten dem Hexenkult angehangen hat. Ich fragte sie, warum das eine so wichtige Rolle in Ihrem Leben gespielt hätte. Sie antwortete: „Dann fühlt man sich bedeutungsvoll, besonders, nicht so unscheinbar, man hat das Gefühl, dass man an Macht teilhat. Wenn man etwas Magisches tut, fühlt man sich wichtig." Ich fragte sie: „Können Sie sich denn vorstellen, dass Sie in der jenseitigen Welt eine besondere Stelle einnehmen könnten für Sie selber und für andere Seelen? Wenn Sie das möchten, brauchen Sie nur darum zu bitten, dann wird Ihnen so eine bedeutungsvolle Position gegeben werden. Sie sind noch unentschieden, ob Sie sich nun auch in der Welt dort den magischen Strukturen zuwenden oder denen entsagen und Seelen behilflich sein wollen auf dem Entwicklungs- und Erkenntnisweg."

Sie entgegnete: „Ich habe es nicht getan, um Menschen zu schädigen, ich wollte mich nur nicht so allein und unbedeutend fühlen. Aber Magie ist Macht oder Ohnmacht und dann gibt es immer wieder neue Abhängigkeiten und Verstrickungen, wenn man sich darauf einlässt. Das hat das in sich. Ich weiß noch nicht genau, was ich nun will. Ich werde mich noch mal bedenken."

Wenn jemand sich mit Problemen oder Leiden an Sie wendet, wie gehen Sie da vor?

Checkliste für ein Medium bei der Arbeit mit Klienten:
1. Was hat im jetzigen Leben stattgefunden?
2. Was in früheren Inkarnationen?
3. Was ist genetisch vererbt?
4. Was ist mental vererbt von Familie, Sippe, Volk?
5. Gibt es von anderen freiwillig übernommenes Leid?
6. Was ist übertragen worden von Religion, Weltanschauung, Ideologie und wird nun als Eigenes betrachtet?
7. Liegen von Seiten des Hilfesuchenden Magie, Verwünschungen, Verfluchungen, unerfüllte Versprechungen vor?
8. Gibt es Einflüsse durch erdgebundene Seelen?
9. Unterliegt der Klient selber afrikanischer, südamerikanischer oder asiatischer Magie?

Probleme und Beschwerden können aus jedem dieser Bereiche herrühren. Manches Mal gibt es auch mehrere Ursachen, eine Kombination also, so dass jede einzelne sorgsam geprüft werden möge. Wenn alle einigermaßen erkannt, geklärt und gelöst sind, mag ein anderes Leben beginnen, unbeeinflusster, eigener, selbstbestimmter.

Doch wenn das nicht der Fall ist, möge man sich weiterhin kümmern, und zwar um die Frage:

Glaubt der Klient, die Klientin, dass er/sie Beschwerdefreiheit verdient hat, oder glaubt er/sie viel mehr, so unwert, unbedeutend, schuldig, böse oder was auch immer zu sein, dass dies nicht der Fall ist.

Wie anders ist es zu erklären, dass der eine Patient bei gleicher Prognose und unter gleichen Lebensumständen gesund wird, der andere aber nicht, dass der eine aus dem Schlamassel rauskommt, der andere trotz aller Bemühungen stecken bleibt?

Die innere Überzeugung, Gutes nicht verdient zu haben, kann aus zwei verschiedenen Quellen stammen, entweder eingegeben von einer anderen Person bzw. Instanz (in welchem Leben auch immer) oder aus dem eigenen Inneren; so oder so, die Sache möchte erkannt, verstanden und erlöst werden. Die dazu notwendigen Sätze (Überzeugungen) sind:

„Ich habe Wohlbefinden, Gesundheit, inneren Frieden verdient, ich bin wert und würdig, Gutes zu erfahren."

Diesen Gesichtspunkt möchte ich Leidenden, Unglücklichen, Kranken ganz deutlich machen: Schuld- und Minderwertigkeitsgefühle, gleich ob von anderen eingegeben oder aus eigener Überzeugung erworbene, sind die größte Barriere auf dem Wege zur Heilung. Selbstliebe öffnet das Tor zu Zufriedenheit.

Gerne möchte ich Sie konsultieren, aber ich habe Angst vor dem, was Sie mir sagen könnten. Es könnten ja böse Zukunftsvoraussagen sein.

Also, um es vorweg zu sagen, bei mir gibt es keinen Horror, keine düsteren Zukunftsprognosen, keine grauenvollen Szenarien.

Was es wohl gibt, ist die Betrachtung des Jetzt-Zustandes, des Problems, des Leides und daran anknüpfend die Frage: Woher kommt/kam das? Dieser Teil der Untersuchung schließt das jetzige Leben, die Zeit zwischen den Leben und – wenn man denn daran glauben will – frühere Inkarnationen mit ein. Ferner wird betrachtet, welche anderen Faktoren, etwa Einflüsse aus Familie, Sippe, Stamm, Einflüsse aus Rasse und Volk und etwaige Einflüsse aus den für uns unsichtbaren Welten zusätzlich eine Rolle spielen.

All diese Betrachtungen werden „versammelt". Die Informationen werden gesammelt und in einen Zusammenhang gebracht.

Es ist wie beim Arzt, zuerst kommt die Schilderung der Beschwerde, dann die Anamnese, und danach wird beraten, was können Sie/wir tun, jetzt, heute, morgen, übermorgen, um die Angelegenheit in eine gute Bahn zu lenken.

Die Zukunft hat viele Versionen, viele Variationen. Wir können sie zu einem großen Teil mitgestalten. Deshalb hören Sie von mir keine Zukunftsvoraussagen.

Immer wird auf drei Ebenen untersucht, körperlich, seelisch-emotional und geistig-mental. Krankheiten, Mangelerscheinungen, Süchte und Unerfülltheit sind in diesen drei Ebenen anwesend, also muss die Behandlung auch alle Bereiche einbeziehen.

Ich sage fast nie *Heilung*, das Wort ist so groß, so absolut, erweckt so viele Hoffnungen. Ich sage erkennen/verstehen/mildern und, wenn alle Aspekte in allen Ebenen erlöst sind, geschieht Heilung von selber.

Zusammenfassend gilt es zu erforschen: Wodurch sind Körper, Seele und Geist krank geworden? Und da dies geschehen ist, wird die nächste Frage gestellt: Was braucht der Körper, was entlastet die Seele, was richtet den Geist auf?

Schließlich können wir noch den spirituellen Aspekt hinzunehmen, indem wir untersuchen: Worin besteht der übergeordnete Sinn? Wozu war/ist das Ganze gut? Was hat sich mir dadurch erschlossen? Und: Möchte ich die höheren Wesen um Hilfe und Beistand bitten für mich und meine Angelegenheiten?

Haben Sie jetzt noch Angst?

Entscheidet der Mensch während seines Sterbens, ob er zurückkommt auf die Erde, oder ist der Weg unumkehrbar? Ich habe einige Berichte gehört, dass Menschen, die schon fast drüben waren, von ihren Geistführern sozusagen wieder zurückgeschickt wurden. Kann man im Sterbeprozess auch selber entscheiden, ob man wieder zur Erde, zum Erdenleben zurück will oder nicht?

Ich denke, dass dies manchmal passiert. Hierzu habe ich ein Beispiel. Es handelt sich um die Erwägungen eines 44-jährigen Mannes nach einem Autounfall.

Er befindet sich in einem Zwiespalt. Er hat Schmerzen am Kopf, fühlt sich elendig. Sein Leben hängt buchstäblich am seidenen Faden. Mehrmals geht er in seinen Körper hinein und mehrmals wieder heraus. Er merkt, dass er ihn nicht mehr richtig bewohnen kann. Etwas fehlt, etwas ist verschoben. Die Form seines unsichtbaren Körpers stimmt nicht (mehr) überein mit dem physischen Körper; er kann die beiden nicht mehr richtig zusammenbringen.

„Nein", denkt er nun, „so einen Körper will ich nicht haben. Entweder ich habe einen ordentlich funktionierenden der gar keinen. Mit halben Sachen gebe ich mich nicht ab, nicht mit Unvollkommenheiten. Dafür habe ich nicht gelebt, alles aufgebaut, mich gepflegt und alles. Ich kann mich nicht bereit erklären, in einem derart verunstalteten, missformten (in der Bedeutung von *miesen*) Körper zu leben. Nein, nicht mit mir. Ich zerbreche mir hier den Kopf… ach, nein, der ist ja schon zerbrochen… Mein Herz bäumt sich jetzt nicht mehr so auf. Ich werde ruhiger. Ich glaube, ich falle ins Koma und wache nicht mehr auf."

In diesem Moment hat der Mann offenbar entschieden, nicht in das Erdenleben zurückzukehren, nicht mehr am Erdenleben teilhaben zu wollen. Und in der Tat fällt er nun in tiefe Bewusstlosigkeit… und wacht daraus auf… auf einer Frühlingswiese, unbeschreiblich schön. Aber er ist noch so getrieben wie vorher und hat keine Zeit, bzw. stellt keine Zeit zur Verfügung, um die Schönheiten zu betrachten, geschweige denn zu genießen...

Wenn doch alle Sterbenden im Tode das gleiche erleben, wieso berichten dann einige von Farben, andere vom Tunnel, von der Rückschau auf ihr vergangenes Leben, wieder andere von der Begrüßung durch Familienangehörige, Engelerscheinungen, Schwerelosigkeit, während eine andere Gruppe scheinbar überhaupt nichts erlebt hat.

Tatsächlich erlebt jeder, der seinen Körper für immer verlässt, das gleiche, nur in unterschiedlicher Intensität. Wir können uns das so vorstellen, wenn 500 Menschen den gleichen Film sehen, so wird fast jeder etwas anderes berichten, der eine oder andere hat vielleicht sogar den ganzen Film verschlafen. Was bei der betreffenden Person als Erinnerung hängen bleibt und was nicht, hängt jeweils von ihr selber ab. Wie wir bei einem Kinobesuch die eine Szene besonders stark erleben, eine andere fast oder völlig vergessen, so ist es auch hier. Was der Sterbende am intensivsten erlebt hat, davon wird er berichten. So kommt es, dass wir von Reanimierten sehr unterschiedliche Berichte erhalten, was nicht bedeutet, dass das nicht Erzählte nicht stattgefunden hätte.

Bei Beinahe-Tod-Erlebnissen wird am häufigsten das Tunnelerlebnis beschrieben, bei den Ganz-Tod-Erfahrungen, wie sie mir geschildert werden, ist das nicht so. Möglich, dass Erfahrungen, die später gemacht wurden, also nach der Reise durch den Tunnel, die Erinnerung daran überdeckten.

Ist Ihre Frage damit beantwortet?

Inzwischen denke ich, dass es für die meisten Menschen zwei Mal den Rückblick auf das letzte Leben gibt. Das erste Mal rasendschnell in der Sterbephase und als neutraler Betrachter desselben. Das zweite Mal nach Ankunft in der anderen Welt, dann aber unter Betreuung des Geistführers und verbunden mit starken Gefühlen. Die zweite Rückschau ist eher ein Wiedererleben, kann irdisch-zeitlich gesehen „lange nach dem Tod" stattfinden und „lange" dauern.

Ich bin 68 Jahre alt. Ich habe drei Kinder groß gezogen, meine Schwiegereltern gepflegt. Ich habe einen kleinen Enkel von 14 Monaten, er ist unser ganzes Glück.

Seit seiner Pensionierung tut mein Mann wohl Staubsaugen, aber alles andere mache ich alleine. Dabei habe ich etwas an der Lunge. Wir haben ein großes Haus. Mein Mann will auf keinen Fall, dass eine Putzhilfe ins Haus kommt.

Nun ist meine Schwiegertochter wieder schwanger mit Zwillingen. Sie ist im sechsten Monat mit verfrühten Wehen ins Krankenhaus gekommen. Ich habe Angst, dass die Babys nicht durchkommen, aber ich habe auch Angst, dass sie zur Welt kommen, denn dann werde ich die Kinder häufig nehmen müssen, und dann habe ich noch mehr Arbeit. Ich kann das nicht mehr schaffen. Nun habe ich mich bei diesen Gedanken ertappt und fühle mich schuldig.

Ihr Brief klingt traurig.

Sie sind ein Mensch, der immer helfen möchte und haben das auch Ihr ganzes Leben lang getan. Nun sind Sie selber älter und Ihre Kräfte lassen nach. Nun denken Sie Dinge, die Sie eigentlich nicht denken möchten, denn es war immer Ihr Bestreben, Menschen Freude zu bereiten und Leben zu erhalten. Aber das Leben bringt Sie jetzt an diesen Punkt, damit Sie sich (endlich) für Ihr eigenes Recht einsetzen. Damit Sie (endlich) für sich selber einstehen.

Sie können überlegen, wie viel Hilfe Sie Ihrem Sohn und Ihrer Schwiegertochter anbieten wollen, Ihr Angebot, in der Woche so und so viel Stunden auf ein Kind aufzupassen, ein Kind zu versorgen, ist ein Geschenk von Ihnen an Ihre Lieben. Bieten Sie nur das an, was Sie wirklich können und gerne wollen, definieren Sie ganz genau die Stundenzahl und Ihre Bedingungen und halten Sie sich daran.

Was ist der Unterschied zwischen einem Geistheiler und einem Medium?

Meine Antwort ist subjektiv und begrenzt und berücksichtigt nicht alle Aspekte. Ich hoffe, dass Medien-Geistheiler sich hierin wieder finden, falls nicht, dann mögen sie meine Betrachtungsweise einzig als meine persönliche Sichtweise ansehen.

Bei Hilfe und Heilung suchenden Menschen gibt es drei verschiedene Ansätze: Heilung suchen durch die Medizin, durch den Geistheiler / die Geistheilerin, durch das Medium. Natürlich werden die drei Wege häufig kombiniert.

Auf eine einfache Formel gebracht, wird der Arzt gebeten, den Kranken körperlich zu heilen, vorwiegend durch medizinische Behandlung. Der Geistheiler wird gebeten, dem Leidenden zu helfen durch eine spirituelle Behandlung, und das Medium wird gebeten, auf mediale Weise herauszufinden, wo die Ursachen für die Beschwerden liegen könnten, und welche Maßnahmen man ergreifen könnte, um eine Besserung herbeizuführen. Im ersten Fall nennen wir die Rollen Arzt-Patient. Der Erkrankte übergibt sein Leiden praktisch dem Arzt. Im zweiten Falle dem Heiler, der sich dann seinerseits an seinen jeweiligen Hilfsbrunnen wendet, im dritten Fall geht zunächst das Medium auf Suche, um Einsichten zu bekommen in die Lebensgeschichte des Leidenden, evtl. in seine früheren Inkarnationen, es versucht, sein Lebensthema, den Sinn und die Aufgabe zu ergründen.

Es ist nicht die Frage, welcher der drei Ansätze der bessere ist, jede Methode ist richtig zu ihrer Zeit. Es hängt ab von der Einstellung der Betroffenen, welcher sie sich zuwenden wollen/können.

Im Grunde ergänzen, überlappen, durchdringen sie einander. Ich glaube, es gibt keine Heilung, wenn nicht auch in der Seele des Erkrankten etwas passiert, bewusst oder unbewusst, das die Heilung erlaubt, vorbereitet, durchführt, annimmt und weiterführt. Ist es anders zu erklären, dass manche bei einem

Geistheiler geheilten Menschen Rückfälle erleiden? Ist es anders zu erklären, dass der eine operierte Krebspatient die Klinik verlässt und nie mehr zurückkehren muss, der andere bei gleichem Befund, gleichem Gesundheitszustand und unter gleichen Umständen erneut erkrankt?

Eine medizinische Behandlung kann im Unterbewusstsein Gesundungsprozesse in Gang setzen. Ebenso kann das eine Behandlung durch den Geistheiler. Die Tätigkeit des Mediums würde ich nicht als Behandlung bezeichnen, sondern als eine Bewusstmachung in gegenseitigem Austausch.

Kurz ausgedrückt: Heilung kann den Menschen oder vom Menschen Besitz ergreifen auf unterschiedlichen Wegen.

Die Bitte an den Geistheiler lautet: Es geht mir schlecht, ich brauche Hilfe, ich suche Heilung. Ich kann mir vorstellen, dass großer Druck auf ihm lastet, denn die Menschen in ihrer Not überhören manches Mal seine Erklärung: Nicht ich heile. Ich bin (nur) Kanal. Sie heften dann alle Hoffnungen auf die Person des Heilers. Wenn sie aber seine Erklärung gut aufgenommen haben, dann können sie in ihrer Verzweiflung denken: Was ist verkehrt an mir, liebt Gott mich denn weniger als andere, die geheilt worden sind?

Auch für diese Fälle und gerade in dieser Phase ist Begleitung und Stütze für den Erkrankten absolut nötig. Darin darf niemand alleine gelassen werden.

Die Bitte an das Medium lautet: Es geht mir schlecht, ich brauche Hilfe. Wieso und weshalb bin ich in diese Position geraten, was ist die Ursache und was kann ich tun, das der Heilung dienlich ist?

Die Geistheilung kümmert sich meines Wissens nicht in erster Linie um das Wieso und Warum, sondern um Heilung hier und nun, während die Beratung durch ein Medium (m.E.) mehr auf die Hintergründe und einen im Bewusstsein zu vollziehenden Entwicklungsprozess abzielt.

Wie gesagt, es geht hier nicht um den Vergleich „Was ist besser?", sondern um die Beantwortung der Frage: Was ist der Unterschied zwischen einem Geistheiler und einem Medium.

Mein Neffe ist vor Jahren gefoltert worden. Er leidet immer noch entsetzlich, zuckt zusammen, wenn man ihm nahe kommt, dann bricht ihm auch der Schweiß aus. Wie kann man ihm helfen? Ist eine Traumatherapie das Richtige?

Es ist natürlich für jeden etwas anderes das Allerschlimmste, aber ich denke, von der Intention und der Durchführung ist Folter das schlimmste, das auf Erden jemand angetan werden kann. Sie ist ein bewusst und gezielt eingesetztes Zufügen von Qualen auf drei Ebenen und hat als Ziel, körperlich zu verletzen, doch nicht zu töten, damit die Folter fortgesetzt werden kann, seelisch zu zerbrechen, geistig zu vernichten. Mord will „nur" das Leben nehmen, Totschlag will „nur" Veränderungen, Befreiung aus der misslichen Situation.

Je nach Art und Stärke der Folter, je nach Stabilität des Gefolterten können Spuren davon noch in vielen nachfolgenden Inkarnationen im Seelenkörper anwesend und sichtbar sein. So können Verletzungen im Laufe der Inkarnationsfolge milder werden, Beschwerden von Leben zu Leben nachlassen, bis der Betreffende ganz wiederhergestellt ist, bis die Spuren gelöscht sind, im Geist, in der Seele und im Körper.

Auf Ihre Frage: „Kann Traumatherapie helfen?" kann man so generell nicht antworten. Früher hat man gemeint, alles Furchtbare müsse therapiert werden, inzwischen ist man davon abgekommen.. Das muss im Einzelfall ganz sorgfältig und behutsam mit Ärzten und Therapeuten geprüft werden. Bei ganz dramatischen Ereignissen wird es besser sein, eine sanfte Therapie anzubieten, eine, die nicht wieder mit den entstandenen Verletzungen und dem damaligen Horror konfrontiert, sondern „nur" das Zuhören anbietet und/oder Unterstützung im alltäglichen Leben.

Sie können Ihrem Neffen bedeuten, dass er mit Ihnen über alles reden kann, wenn er das möchte. Seien Sie einfach so normal wie möglich. Falls er beginnt, über das Unbeschreibliche zu reden, so hören Sie einfach nur teilnehmend zu, stellen Sie keine weiterführenden Fragen. Verharmlosen Sie nicht, aber zeigen Sie sich auch nicht total erschüttert, dann denkt er, dass er Ihnen zuviel zugemutet hat und besser schweigt.

Eine Frau aus Egal-Welchem-Land beschrieb ihre Gotteserfahrung in einem Folterkeller. Sie begriff in einem Moment: „Dies hier ist die andere Seite von Gott. Nicht von *ihm* inszeniert, nicht von *ihm* gewollt, doch als Erfahrung offenbar unumgänglich für mich und meine Peiniger." Das half ihr, die Torturen zu überstehen.

Vor einigen Wochen war ich bei Ihnen zum Gespräch. Sicher erinnern Sie sich an mich. Wir haben darüber gesprochen, dass ich mit Geistern in meiner Wohnung zusammenlebe, dass die mir einmal Hervorragendes sagen, ein anderes Mal mir unsinnige Aufträge geben und mich sogar beschimpfen. Ich hatte Ihnen gesagt, dass ich so enttäuscht vom Leben und von den Menschen sei und dass ich allemal lieber mit solchen Geistern zusammenleben möchte, als ganz allein sein in der „leeren" Wohnung.

Was Sie mir damals ganz vorsichtig beizubiegen versuchten, nämlich dass ich doch mehr teilnehmen möchte am Leben in dieser Welt, hat mir damals nicht gefallen. Inzwischen habe ich darüber nachgedacht und auch schon einiges umgesetzt. Ich will den Menschen nicht mehr von vornherein mit soviel Misstrauen begegnen. Ich will nicht mehr die ganze Zeit in meiner Wohnung verbringen und habe mich bei einem VHS-Kurs angemeldet. Was meine „Mitbewohner" betrifft, so habe ich Ihnen freundlich gesagt, dass ich nun meine Zeit und meine Wohnung für mich alleine brauche, dass ich ihnen gute Zeit und guten Weg wünsche und – oh Wunder – sie halten sich daran.

Haben Sie gemerkt, wie unzufrieden ich Sie damals nach unserem Gespräch verlassen habe? Es war, wie Sie sagten, oftmals bekommt man „Äpfel statt Birnen" und es dauert eine Weile, bis man sich an den Geschmack gewöhnt hat, bis man damit zurecht kommt.

Als ich bei Ihnen war, wollte ich unbedingt, dass Sie selber direkt mit meinen Geistern in Verbindung treten sollten. Ich wollte nämlich herausfinden, ob Sie dasselbe sagen würden wie ein anderes Medium, das ich vorher aufgesucht hatte. Das kann ich jetzt wohl alles vergessen. Ich wollte Ihnen dies hier mitteilen, damit Sie wissen, wie es mit mir weitergegangen ist und damit Sie sich keine Sorgen machen.

Danke von Herzen.

Was ist von Tonbandstimmen-Forschung zu halten?

Auf einem esoterischen Kongress machte ein Tonbandstimmen-Forscher (das sind Menschen, die versuchen, die Stimmen von Jenseitigen auf Tonband zu bannen) eine Präsentation. Am Tag vor seiner Veranstaltung sagte ich zu ihm: „Die Geister, die Sie rufen, habe ich nachher am Hals." Aber er verstand mich nicht. Ob es Einbildung war oder nicht, jedenfalls glaubte ich in der Nacht darauf, Horden von Wesen durch die Flure des Hotels hasten zu sehen, ich spürte eine unglaubliche Unruhe auf den Gängen, während ich bewegungslos in meinem Hotelbett lag. Es war mir, als ob "diese Leute" wild und verzweifelt etwas suchen würden. Glücklicherweise waren sie noch sehr in irdischem Denken und Handeln verwurzelt, so dass sie nicht auf die Idee kamen (was bei cleveren Geistern normal ist), durch die geschlossenen Türen und Wände einzudringen. Ich verstärkte also die Zimmerwand zum Flur hin und bat meinen Notschutzengel, dort Wache zu halten. Ich konnte auch wieder einschlafen, aber ich schlief schlecht.

Beim Aufrufen von Geistern per Tonband ist zu bedenken, dass dabei eine unbekannte Anzahl ungekannter Seelen angerufen werden. Nur wenige von ihnen gelangen bis zum Mikrophon. Wie ergeht es all den Anderen, die nicht „durchkommen"? Bleiben sie weiterhin in Warteposition, ob und wann ihnen der Durchbruch zum Erdenmenschen gelingt? Hindert sie das nicht, sich an ihre eigenen Engel zu richten und sich dort im Jenseits zu integrieren, wo sie sich doch befinden? Hiesige Menschen möchten von ihnen Auskünfte, wer aber hilft ihnen? Wer oder was garantiert, dass kein Schaden verursacht wird? Der häufig genannte Kontrollgeist, für wen oder was arbeitet der? Meines Erachtens melden sich erdverhaftete Seelen bei solchen Veranstaltungen, nicht die höheren Geistwesen.

Auf dem gleichen Kongress äußerte ein Medium, dass die beste Waffe gegen Geister sei, diese auszulachen. Als ich das hörte, war ich ganz erschrocken. Was passiert denn mit Wesen, die verhöhnt werden? Sie werden noch aggressiver und lehren uns nun erst recht das Fürchten, denn sie suchen sich andere, Schwächere, um an denen ihr Mütchen zu kühlen.

Es ist unerlässlich, auch Geister mit Respekt zu behandeln (Respekt ist etwas anderes als Angst). Das wird ihnen auch den Weg erleichtern, wenn sie nach Ewigkeiten in Geisterexistenzen heimkehren möchten in harmonischere Sphären. Sonst könnten sie sagen: „Die (Menschen) sind auch nicht besser als wir. Warum sollten wir uns ändern? Da können wir gleich hier bleiben."

Sind eigentlich Seele und/oder Geist noch im oder beim Körper anwesend, wenn die Körper mumifiziert bzw. präpariert sind? Sollte man solche Ausstellungsstücke nicht lieber beerdigen?

Ich ging zufällig über den Heumarkt in Köln. Plötzlich wurde mir totschlecht, meine Zähne klapperten und Tränen liefen aus meinen Augen. Ich wusste nicht, warum. Hinter und neben mir hörte ich klagen, schreien und flehen. Verstört drehte ich mich um und sah niemanden. Da bemerkte ich eine Art Halle, die ich vorher noch nie gesehen hatte.. Ich fragte meine Begleiterin, was das für ein Gebäude sei. Sie sagte, dass sich darin die Ausstellung „Körperwelten" befände. In der U-Bahn hatte ich wohl ein Plakat gesehen, das auf die Ausstellung hinwies, doch niemals hätte ich für möglich gehalten, dass es sich bei den Exponaten um Plastinate von echten Menschen handelte.

Ich hatte mich für die Ausstellung interessiert, weil ich etwas lernen wollte über die Anatomie und die Funktionen des menschlichen Körpers. Ich hatte geglaubt, es handele sich um Plastiknachbildungen. Nun nahm ich medial die Stimmen und Gefühle der Verstorbenen wahr, die dort ausgestellt waren.

In zahlreichen Presseberichten wurde gesagt, dass die Personen, die in der Ausstellung zu sehen seien, freiwillig ihre Körper zur Verfügung gestellt hätten. Was ist freiwillig? Meines Erachtens sind Menschen, die ihre Körper zu derartigem Präparieren zur Verfügung stellen, alles andere als im Vollbesitz ihrer geistigen Freiheit.

Wenn ich von der Reinkarnationsidee ausgehe, so könnte ich den Schluss ziehen, dass all diese Menschen, die heute zu Exponaten geworden sind, belastet, unglücklich und im Trauma von Ereignissen aus früheren Leben „hängen geblieben" sind. Genauer gesagt, im Todestrauma. Ich bin sicher, dass eine Anzahl von ihnen, wenn nicht alle, Erfahrungen aus früheren Leben (verborgen im Unterbewusstsein) in dieses Leben mit hinein genommen hat und auf diesem Weg ihr Trauma aufzulösen versucht.

Ist nicht gerade das Verlangen nach Plastifizierung ein Beweis dafür, dass sie nicht in Gelassenheit von ihrem irdischen Körper Abschied nehmen konnten?

Wird nicht gerade durch das Zur-Schau-Stellen und durch die Interaktion mit dem Zuschauer das „Objekt" gegen Gebühr und über Gebühr lange im Leben gehalten?

Wir wissen inzwischen (wieder), dass im Universum alles miteinander kommuniziert, auch „tote" Gegenstände, um wie viel mehr müssen diese Figuren mit dem Betrachter kommunizieren, da in ihnen menschliche Zellen, Gene und alle Informationen des vergangenen Lebens enthalten sind.

Sicher gibt es auch reife Seelen, die sich schon im Sterben oder ganz kurz danach vollständig von ihrem irdischen Körper lösen. Die Mehrheit von uns aber dürfte einen längeren Ablösungsprozess vor sich haben. Der Anthroposoph Rudolf Steiner meint, dass dieser ein Drittel der Lebensdauer des vergangenen Lebens ausmacht. Diese Phase in Jahreszahlen auszudrücken ist irdisch gedacht, Fakt ist, dass das Gelingen der Ablösung vom Reifegrad der Person abhängt, wie sehr sie am/im Irdischen verhaftet ist und inwieweit sie das Irdische loslassen und als Geist-Seele aufsteigen kann.

Wenn ein Mensch die Plastifizierung und Zur-Schau-Stellung seines Körpers aus traumatischen Ursachen heraus „nötig" hatte, wenn er danach mental eine Entwicklung gemacht hat, wird es dann seiner Seele und seinem Geist nicht schwerer fallen, seinen nunmehr in Plastik gefangenen, eigentlich in Materie gebannten Körper zu verlassen?

Ich habe die Wahrnehmung, dass ein Teil der Personen in den Exponaten Hilfe sucht. Diese Hilfe kann auf mentalem Wege gegeben werden.

Wie Sie bin ich dafür, dass ausnahmslos *alle* Körper und Körperteile beerdigt, also zur letzten Ruhe gebettet bzw. würdevoll dem Feuer übergeben werden sollten.

Es gibt ein positives Beispiel aus Amerika, in einem Museum waren die Leichen von indianischen Stammesangehörigen präpariert und gegen Eintrittsgebühr zu betrachten. Auf Proteste der Nachfahren wurden die Körper vom Staat freigegeben und konnten dann endlich *richtig* beerdigt werden.

Nun mag man sagen, dass die oben beschriebenen Exponate freiwillig zur Verfügung gestellt wurden. Ich meine, diese Individuen, die schon zu Lebzeiten ihren Körper zur Präparierung angemeldet haben, hätten eine andere Art von Hilfe gebraucht. Im Grunde wollten sie doch „nur" bedeutungsvoll sein und auch nach ihrem Tode „gesehen" werden.

Dieses könnte man anders bewerkstelligen.

Ich bin 55 Jahre alt und arbeitslos. Meine Mutter ist vor einem halben Jahr gestorben. Früher haben wir immer „Mensch ärgere Dich nicht" miteinander gespielt. Ich habe das nach ihrem Tod beibehalten. Einmal würfele ich für sie, dann für mich. Wenn ich für sie würfele, kommen immer bemerkenswerte Zahlenkombinationen heraus, die kein Zufall sein können und die mir geheime Botschaften geben.

Aber darum geht es mir heute nicht, sondern um Folgendes: Vor zwei Wochen träumte ich, eine frühere Freundin von meiner Mutter, die auch schon in der anderen Welt lebt, holte mich mit einem Auto ab. Ich sah das Auto ganz deutlich und konnte die Marke erkennen. Später fragte ich eine Bekannte, die bestätigte mir, dass diese Dame vor 50 Jahren so ein Auto gefahren hätte. Kurz und gut, sie sagte zu mir: „Steig ein, ich bringe Dich zu deiner Mutter." Sie fuhr mit mir zu einem Strand. Bevor ich im Traum aus dem Auto steigen konnte, wurde ich wach. Meine Freundin und eine Ärztin, die sie alarmiert hatte, standen an meinem Bett. Die Ärztin sagte später, mit mir habe es auf Messers Schneide gestanden, meine Freundin hätte gemerkt, dass ich in Lebensgefahr war und sie alarmiert, so hätte sie mich reanimieren können.

Meine Frage an Sie ist, ob meine Mutter wollte – oder will, dass ich ihr folge.

Diese existenzielle Frage kann ich nicht so einfach am Telefon beantworten. Wenn wir Ihre Mutter in der anderen Welt fragen, wie es ihr geht, was sie macht, denkt und möchte, bekommen wir wahrscheinlich eine Antwort. Unabhängig davon möchte ich ganz deutlich sagen, dass wir uns nicht im Einklang mit den kosmischen Gesetzen befinden, wenn einer den anderen aus der jeweils anderen Welt zu sich holen möchte. Das ist nicht im Sinne des Erfinders. Es ist ein Unterschied, wenn etwa im Traum an etwas Gemeinsames erinnert wird als gelegentliche Fortsetzung des Kontaktes nun unter veränderten Umständen.

Holen wollen bedeutet Abhängigkeit. Liebe ist, einander freizulassen für dasjenige Leben, in dem der andere sich gerade befindet.

Es ist sehr wünschenswert, dass der Diesseitige nach einer Zeit des Abschieds sich auf sein Leben hier konzentriert, und dass die Jenseitigen sich dort integrieren.

…sehr verbunden bin ich mit den höheren Welten, zum Beispiel, wenn ich einen Parkplatz nötig habe und darum bitte, immer steht dann einer zur Verfügung für mich, oder es wird gerade einer frei.

…bin ich nicht so sicher, dass dieses Phänomen aus den höheren Welten gesteuert wird. Mir klingt es eher nach magischen Einflüssen… womit ich Ihnen die Parkplatzsuche nicht erschweren möchte. Aber ich weiß wirklich nicht, ob „die da oben" sich kümmern möchten, dass Mensch sein Auto bequem parkt. Auch weiß ich nicht, welche Einstellung die Höheren bezüglich unserer teilweise selbst verursachten Umweltprobleme haben. Hierbei möchte ich es belassen.

Worum geht es eigentlich im Leben?

Für Sie kann und darf ich das so definitiv nicht sagen, aber neben den individuellen Lebensaufgaben oder Lebensabschnittsaufgaben (denn die ändern sich ja) geht es übergeordnet wohl darum, dass man, wenn man diese Erde wieder verlässt, ein kleines bisschen besser geworden ist und damit die ganze Erde (zumindest nicht schlechter).

Wie kann man sich selber finden?

Jede Kanne schüttet das aus, was zuvor in sie hineingefüllt wurde. Das ist ein Gesetz.

Ein anderes Beispiel: Eine Kassette spielt ab, was zuvor aufgenommen wurde.

Was wollen diese Beispiele sagen? Wir können uns dann kennen lernen, wenn wir prüfen, wer welche Projektionen, Erwartungen, Meinungen in uns hineingepflanzt hat. Um im Beispiel zu bleiben – was das Band aufgenommen hat. Also prüfen Sie: Was stammt von anderen, was von mir? Was kann ich gut gebrauchen für mein Leben, was bedingt und was überhaupt nicht?

Sie können in der Folge das, was Sie nicht konstruktiv gebrauchen können, für Ihr Leben auf der (mentalen) Kassette löschen. Diese nun leeren Teile bespielen Sie dann mit Ihrer Lieblingsmusik bzw. besprechen Sie mit Ihren eigenen Texten.

Zu Weihnachten hatte ich meiner Mutter einen Gutschein für eine Beratung bei Ihnen geschenkt. Diese Beratung hat auch stattgefunden. Aber Sie haben völlig danebengelegen; die Schwierigkeiten, die meine Mutter mit ihrer ältesten Tochter, also meiner Schwester hat, sind nicht auf Erbangelegenheiten zurückzuführen, sondern auf ein Ereignis in der frühen Kindheit meiner Schwester. Davon haben Sie nichts berichtet, weil Sie das nicht herausgefunden haben. Ich sah deshalb nicht ein, dass ich Ihnen das Honorar überweisen soll. Aber dann habe ich mich mental mit meinem Guru in Indien beraten, und der sagte, ich soll Ihnen die Hälfte überweisen. Das werde ich dann am Montag tun. Jetzt habe ich keine Zeit mehr, ich muss zur Arbeit.

Danke, auch an Ihren Guru.

Viele Prophezeiungen besagen, dass im Jahre 2012 das Ende dieses Planeten gekommen ist. Sehen Sie das auch?

Ich sehe das nicht.

Ich behaupte bei solchen Fragen niemals, dass etwas absolut nicht stimmen würde, ich sage lediglich, dass ich es nicht gesehen habe.

Viele Male habe ich den Lichtschutz eingesetzt, also die Sätze, die Sie mir auf einem Blatt Papier gegeben haben, gelesen und nachvollzogen. Die Sätze nämlich:
Ich befinde mich in einer Kugel aus Gotteslicht.
Der Rand ist dicht.
Nur Gutes erreicht mich.
Nun sagte mein geistiger Führer, ein anderes Medium, mir, diese Sätze würden beinhalten, dass man Angst hat und sich deshalb schützen möchte. Es sei nicht gut, Angst zu zeigen.

Das kann man so sehen. Die andere Sichtweise ist, dass es hier auf dieser Erde (und wahrscheinlich auch in einigen anderen Universen) genug Anlass zu Angst gibt, und dass wir auch ruhig zugeben können, dass wir empfindlich und schutzbedürftig sind. Für Menschen in diesem Stadium kann darum der Lichtschutz recht hilfreich sein.

Seitdem Sie mir Ihren Lichtschutz geschickt haben, habe ich mich damit beschäftigt. Manchmal habe ich auch den Eindruck, dass er hilft. Gegen eines aber hilft er ganz bestimmt nicht, nämlich gegen den Lärm, den meine Nachbarn Tag und Nacht veranstalten und an dem ich fast zugrunde gehe. Gibt es denn noch etwas Wirksameres für mich, um aus diesem Konflikt herauszukommen?

Also, eigentlich ist es nicht mein Lichtschutz. Ich habe die Sätze von jemand anders bekommen und nur in diese Kurzform gebracht.

Im Grunde ist es eines jeden Lichtschutz, der ihn anwenden möchte, also Gemeineigentum. Dass er in Ihrem Fall nicht gegen laute Geräusche hilft, scheint mir logisch. Offenbar durchdringt Schall das Licht. Es darf nicht sein, dass Sie dermaßen unter Lärmbelästigung leiden. Vielleicht versuchen Sie es mit einem Gespräch mit Ihren Nachbarn und mit der Formel: „Außengeräusche sind unwichtig."

Wenn alles nicht hilft, melden Sie sich noch mal. Dann möchten wir die tieferen Hintergründe „Warum haben Sie einander als Nachbarn" ergründen und die Frage stellen, was Sie tun können, heute, morgen, übermorgen, um in Ruhe leben zu können.

Mir ist immer wieder von Medien gesagt worden, dass ich noch in diesem Jahr mit bloßen Händen Menschen heilen werde. Können Sie das bestätigen?

Sie sind – wie wir alle als eine riesige Menschengemeinde – auf dem Weg, paranormale und heilerische Fähigkeiten wieder zu entdecken und auszuüben. Dass dies geschehen wird, ist keine Frage. Die Frage ist nur, wann.

In den geistigen Welten spielt sich nichts nach Zeitplan, Tagen, Wochen, Monaten, Jahren ab, sondern nach Entwicklung. Alles ist Prozess.

Allgemein können wir sagen, wenn alle störenden Faktoren erkannt und aus dem Weg geräumt sind, werden die paranormalen Fähigkeiten von selber wieder fließen und die Heilkräfte „von oben" strömen durch die Hände und kommen dem leidenden Menschen zugute.

Wenn dann im gleichen Atemzug die Seele des Erkrankten heilungsbereit ist, dann kann auch sichtbar und fühlbar (nachweisbar) Linderung, Besserung, Heilung stattfinden. Schon Ihr Wunsch, mithelfen zu wollen bei Heilung, ist die richtige Ausrichtung. Und um die geht es. Entwicklung in den unsichtbaren Welten kann man nicht bemessen in irdischen Zeiteinheiten.

Von mir gibt es fast nie Ja-/Nein-Antworten, ich kann nur sagen: Wenn es soweit ist, wird es geschehen.

Viele Bücher und Publikationen über den Begriff *Karma* habe ich gelesen. Irgendwie fasziniert mich das Thema. Ich glaube, ich habe so einigermaßen begriffen, worum es dabei geht, aber eines ist mir schleierhaft, darauf bezieht sich meine Frage: Wenn das Karma aufgelöst ist, ist man dann direkt „beschwerdefrei"?

Der Karmabegriff soll nicht Vergehen und Strafe bedeuten, sondern Erkenntnis und Neubeginn. Die Gegenwart ist bereinigt. Das entlastet.

Nun zu Ihrer Frage: Es ist schwer, dies mit Worten zu erklären, vielleicht am besten mit einem Beispiel. Wenn wir das Karma mit einem Schuldenberg vergleichen, so ist nach der Auflösung niemand mehr dem Schuldner böse, der Schuldenberg wird auch nicht mehr höher, gleichwohl muss man die alten Schulden, falls sie nicht total durch einen Gnadenakt erlassen werden, noch abbezahlen. Das ist doch auch fair, denn das willige Ausgleichen dient der Wiedergutmachung und damit dem eigenen Seelenfrieden und der Entschädigung (schönes Wort, nicht wahr?) des Geschädigten.

Ich denke, dass wir nach Auflösung aller karmischen Verstrickungen aus allen Inkarnationen sehr glücklich und dennoch den Gesetzen des Erdenlebens unterworfen sind, die da sind: Schwäche, Krankheit, irdischer Tod. *Dies sind dann nicht mehr karmische Folgen, sondern Gegebenheiten des Erdenlebens. Ich nehme an, dass wir damit dann einverstanden sind.*

Ich muss mir das Rauchen abgewöhnen, wie soll ich das machen?

Viele Menschen stellen diese Frage, gerade auch solche, die sich bewusst auf dem esoterischen Weg befinden. Sie möchten das Rauchen lassen, können es nicht und leiden darunter. Das Problem Rauchen ist vielschichtig und benötigt eine ausführliche Behandlung.

Wenn wir über das Thema Rauchen sprechen wollen, so müssen wir zuerst über das Atmen reden, denn ohne Einatmen kein Rauchen. Dies Gebiet ist weiter und tiefer, als wir im ersten Moment annehmen; es geht dabei um körperliche, seelische und geistige Vorgänge. Auf körperlicher Ebene bestimmt die Sauerstoffzufuhr alle biochemischen Vorgänge. Die Art und Weise unseres Atmens hat sehr viel mit unserer seelischen Gestimmtheit zu tun und schließlich ist Atmen Leben schlechthin. Es ist das erste, was wir tun, wenn wir auf dieser Welt erscheinen und das letzte, wenn wir wieder gehen. Der erste Atemzug nach der Geburt ist prägend für das ganze Leben. Er ist der Beweis, dass das Leben „gerettet" ist, er wird als Erlösung erfahren nach der Enge des Geburtskanals.

Was hat das mit dem Rauchen zu tun, werden Sie fragen. Sehr viel, denn in diesem Moment prägt sich unbewusst das Muster: Eine schwierige Situation wurde beendet durch... einen tiefen Lungenzug. Wenn später im Leben Laut-Äußerungen nicht erwünscht sind, gleich, ob es sich um Töne von Spaß, Schmerz der Wut handelt, wenn Situationen von Schmerz und Angst chronisch werden, verändert sich das Atemmuster von tief und lang nach flach und kurz. Alle unsere Gefühle äußern sich darin, bei Freude und Liebe atmen wir stärker, bei Zorn, Angst und Schmerz vermindern wir unser Atemvolumen, jeder Konflikt kann uns buchstäblich den Atem rauben.

Was können wir, was können Sie tun? „Hilfe" ist nah. Innerhalb von Minuten können Sie Ihr Ohnmachtsgefühl überwinden und die Kontrolle zurückgewinnen... wenn Sie zur Zigarette greifen. Die „erlaubt" Ihnen nicht nur nach all der Anspannung tief zu atmen, Sie müssen sogar tiefe Lungenzüge nehmen, um die ersehnte Entspannung zu erfahren.

Was wollen, was können Sie also tun? Als erstes machen Sie sich bewusst, dass Ihr Rauchen eine wichtige Ursache hat. Sagen Sie niemals, ich muss mir das abgewöhnen, denn damit erschaffen Sie einen neuen Konflikt, falls Sie Ihren Anspruch an sich selber nicht erfüllen können. Das Wort *muss* beinhaltet einen Zwang von außen, darauf könnte Ihr Unterbewusstsein sauer reagieren, etwa so: Wer will mir da etwas verbieten, ich bin ein mündiger Mensch, der freie Entscheidungen trifft, und wenn 1000 Gesundheitsminister unter die Tabakreklame schreiben lassen „fügt der Gesundheit Schaden zu", ich will frohen Herzens genießen, und die rauchen doch selber auch. Außerdem sparen die Raucher dem Staat viel Geld an Renten und Pensionen, denn statistisch gesehen, sterben sie nun mal früher als die Nichtraucher. Also, das Ganze ist doch scheinheilig. Wenn man schon auf der Tabakreklame warnt, dann müsste die ganze Werbung verboten werden. Aber auf die Steuern verzichten will der Staat doch auch nicht. Also sagen Sie höchstens zu sich oder zu andern: Ich möchte mir das Rauchen abgewöhnen. Doch das Wort abgewöhnen assoziiert, dass Ihnen etwas entzogen werden soll, und dies wiederum tut weh. Sagen Sie sich also: Wenn ich in meinem Bewusstwerdungsprozess fortgeschritten bin, dann muss ich nicht mehr zwanghaft rauchen, dann atme ich befreiter und freier.

Dann beginnen Sie mit der Erforschung, welches sind die auslösenden Situationen (wenn nötig, notieren)? Welchen Zustand möchten Sie durch das Rauchen erreichen, welchen verhindern? Bebachten Sie sich freundlich und minutiös vom ersten Moment des Bedürfnisses an über den Griff zur Zigarette, dem Anzünden, dem ersten, zweiten, dritten Zug und weiterhin bis zum Löschen. Was denken Sie dabei, was fühlen Sie, was tun Sie? Worum geht es Ihnen wirklich?

Wenn Sie genau die Chronologie und die Choreografie Ihres Rauchens kennen, dann denken Sie darüber nach, welche schönen und angenehmen Dinge Sie stattdessen tun könnten. Wie können Sie mit Konflikten umgehen, Stress abbauen? Erlauben Sie sich, Ihre Gedanken und Gefühle mehr und mehr zu „äußern", Ihre Konflikte „zur Sprache" zu bringen. Atmen Sie tief, besonders in aufreibenden Situationen. Atmen Sie aus, wenn möglich mit offenem Mund, damit Sie den Überdruck entlassen, damit Sie ein Ventil finden. Bilden Sie eine Gruppe von Gleichgesinnten, rufen Sie einander an bei Rückfall oder Rückfallgefahr. Unternehmen Sie Dinge gemeinsam, zum Beispiel gehen Sie lecker essen in einem Nichtraucherlokal. Tun Sie Dinge mit den Händen (backen, bauen, töpfern, sticken, malen, trommeln, massieren, modellieren), was Sie wollen und was Ihnen gut tut.

Finden Sie etwas, was Ihrer Seele Entspannung verschafft. Und dasselbe für Ihren Geist. Begeistern Sie sich für etwas. Rufen Sie alle guten Geister, Ihnen zu helfen. Vergessen Sie nicht: Ein Lungenzug verändert das emotionale Empfinden eines Menschen für Stunden; das bedeutet, je weniger Sie rauchen, umso dichter kommen Sie zu sich selber, umso wahrhaftiger leben Sie. Wenn Sie Unterstützung möchten, suchen Sie sich Begleiter, das kann ein Arzt sein (westliche, östliche der alternative Heilweisen), das kann eine kreative Tätigkeit sein, das kann ein Mensch sein, bei dem Sie Ihre Sorgen und Spannungen loswerden können.

Ich wünsche Ihnen GLÜCK auf diesem Weg.

Nachsatz: Einer meiner ersten Patienten vor 22 Jahren litt an Lungenkrebs. Er rauchte stark und litt unter großen Schuldgefühlen. Ich sagte zu ihm: „Wenn Sie schon rauchen, dann rauchen Sie die nächste Zigarette wenigstens mit Genuss, denn sonst schadet sie doppelt." Eine Woche später kam er wieder, als Nichtraucher. Seit langem betreibt er ein Lokal mit Nichtraucherabteilung. Sicher kann nicht jedem mit diesem Satz geholfen werden, aber ich bin sicher, wenn Sie den Code, den Schlüssel zu Ihrem Rauchen finden, und wenn Sie die emotionale Ladung, die in Ihrem Rauchen liegt, löschen können, dann müssen Sie es nicht mehr tun.

Nachdem vor Jahren meine liebe Mutter rüber gegangen ist, habe ich nun auch meine beste Freundin verloren. Es ist hart. Wenigstens weiß ich sicher aus meinem Glauben heraus, dass wir uns alle wieder sehen werden. Darauf freue ich mich. Dafür nehme ich mein Leben, meine Beschwerden und Krankheiten an, weil ich darauf hoffe. Ich wohne hier ja allein in meinem Hause, und die Stadt will die Straße verbreitern, so dass ich als Anlieger meinen Vorgarten fast ganz einbüßen soll. Zudem sollen die Anlieger auch noch zu den Kosten beitragen. Mein Haus ist auch renovierungsbedürftig. Letzte Woche fiel die Elektrizität aus und ich musste Kerzen anzünden.
Na, fragen Sie mal meine Freundin, wie es ihr geht und was sie meint. Ich danke Ihnen im Voraus.

Das erste, was ich wahrnehme, ist: Ihre Freundin möchte gern etwas Gelbes, gelbe Blumen vielleicht oder eine gelbe Kerze, etwas, das helles, freundlich-warmes Licht ausstrahlt. Sie faltet die Hände, legt sie an die Stirn, eine Art Gebets-Meditation und wird/ist dabei ganz ruhig. Dann sagt sie: „Meine Nervosität ‚vorher' war gar nicht nötig. Ich habe mich ja viel zu sehr beunruhigt, weil ich nicht glauben konnte, dass der Übergang für mich so leicht sein würde, und vor allem konnte ich nicht glauben, mit wie offenen Armen ich ‚dort drüben' erwartet und empfangen würde. Mit meinem letzten Aushauchen hatte ich es endlich geschafft; ich hatte die alte, bekannte Welt losgelassen und war in die neue eingetreten.

Aufgrund *meiner* Erfahrung, möchte ich der lieben Person, die meiner gedenkt – also dir – so gerne zurufen: ‚Ängstige dich nicht! Sei nicht kleinmütig. Stell dir vor, dir wachsen Flügel, und auf diesen Schwingen erhebst du dich über diese Welt. Du lässt sie zurück dort ‚unten' und erhebst dich wie ein lebendiges Flugzeug über die Wolken und immer höher und höher ins Licht hinein. Das

Licht wird immer heller, immer strahlender, dass wir es mit irdischen Augen nicht aushalten könnten. Gleichzeitig wird ein Glücksgefühl in dir erweckt, das unbeschreiblich ist.

Ich teile dir dies mit, meine Liebe, damit du Dein besorgtes Gesicht erheben kannst zu dem, was Dich dann erwartet."

An dieser Stelle frage ich die Freundin nach ihren auf der Erde zurückgelassenen Katzen. Sie sagt: „Zuerst hat es mir was ausgemacht, dann war ich dankbar für das, was ich mit ihnen durchgemacht habe, und dann dachte ich mir, die werden es schon überleben, wenn ich nicht mehr da bin, und so geschah es dann ja auch. Auch Tiere haben ein eigenes Lebensbuch, auch sie müssen/dürfen eigene Erfahrungen machen, vor denen wir sie nicht bewahren können und dürfen. Später, nach getaner Arbeit, ich meine, bestandener Prüfung, Erprobung, kommen wir ja sowieso alle wieder zusammen. Ist das nicht herrlich?"

Nun spricht sie wieder zu Ihnen: „Ich freue mich, wenn du soweit bist, wenn es für dich soweit ist, dass du auch hierher kommst. Wieso ich so sicher bin, dass wir uns wieder sehen? Ich bin es eben. Ich werde dafür sorgen. Soweit reicht mein Einfluss schon! Das kann ich durchaus mit beeinflussen und bewirken. Ich habe eine tiefe Zuversicht und ein tiefes Gefühl von Vorfreude in meinem Herzen.

Nun ist es nicht so, dass ich schon alle Erdenschatten – ich meine damit belastende Erinnerungen – hinter mir gelassen hätte, das nicht, aber ich bin tüchtig dabei, die abzubauen, so dass ich am Schluss nur noch gute Erinnerungen über habe. Nicht, dass die anderen einfach ausgelöscht wären, das nicht, aber sie werden mit uns, die wir hier in der gleichen ‚Abteilung' sind, durchgesprochen, verstanden, erklärt, immer weiter abgemildert, bis die Schwere da raus ist. Dann gehen wir zum nächsten Thema über. Aber die ganze Zeit ist die Grundstimmung Zuversicht und sogar Heiterkeit.

Du wunderst dich vielleicht, warum ich nicht Einzelheiten erwähne, warum ich nicht bestimmte Vorkommnisse benenne. Gerade das wäre nicht gut für den Fortgang. Ich meine den Vorgang der endgültigen Lösung von der Erdenschwere. Ich merke, du verstehst mich gut. Du bist ja klug, kannst zwischen den Zeilen lesen.

Was ich dir raten möchte, was ich dir raten könnte: mit einem guten, zuverlässigen, aufrichtigen Berater Deine finanziellen Angelegenheiten zu besprechen. Behalte dir aber immer und bei allem Deine eigene Entscheidung vor! Lass dich lediglich beraten, und dann entscheide *du*. Dafür bist du auch keinem Rechenschaft schuldig. Verstehst du mich?

Was Deine inneren seelischen Angelegenheiten betrifft, so kann, könnte es dich sehr entlasten, wenn du mit einer Person Deines Vertrauens die Dinge in Deinem Leben durchsprechen könntest, an denen du so schwer getragen hast. Du musst nur sichergehen, dass diese Vertrauensperson auch wirklich wert und würdig ist, Deine so lang gehüteten Lebensgeheimnisse vor ihr auszubreiten. Absolute Vertraulichkeit muss garantiert sein. Ich meine nur, dass dich das entlasten könnte. Trotzdem sage ich auch hier, dass einzig du entscheidest, z.b. wann, wem, wie viel und was Du erzählst. Es geht um dich, dass du dich besser fühlen sollst. Nur darum geht es. Falls du darauf eingehen willst, so achte darauf, dass es eine liebevolle, verständnisvolle Person ist, die ihre eigenen Interessen dabei beiseite lässt, ich meine ganz einfach, die dir nicht dreinredet oder mit ‚hättest du doch besser' oder ‚ich hätte aber' kommt.

Du verstehst mich.

Ich habe dich immer gern gemocht, da brauchte ich mich gar nicht für anzustrengen. Ich sehe auch, dass du es nicht leicht hast, auch jetzt nicht. Ich bin bei dir mit Licht und Liebe, soweit ich das vermag. Du bist nicht allein, auch wenn das so scheint. Du kannst dich immer auf mich verlassen! Den Satz schreib dir mal hinter die Ohren!!! Jeden Tag 3-mal wiederholen und nachts noch eine Extra-Lektion davon auswendig lernen.

Ich hoffe, mein Zuspruch kann dir ein bisschen weiterhelfen! Von Tag zu Tag. Dann also bis zum nächsten Kaffeetrinken unter ‚veränderten Umständen'."

Hatte Adolf Hitler zu tun mit Okkultismus, mit schwarzer Magie oder Besessenheit?

In den Jahren und Jahrzehnten nach dem zweiten Weltkrieg ist kaum versucht worden, das „Phänomen Hitler" umfassend zu ergründen. Das letzte Wort über diesen Menschen ist noch lange nicht gesprochen, das letzte Wort über ihn noch lange nicht geschrieben. Hitler wurde erklärt

1. aus geschichtlicher Sicht
2. vor dem politischen Hintergrund seiner Zeit und allenfalls noch
3. aus seiner familiären und sozialen Herkunft.

Beinahe außer Acht gelassen wurde bisher Hitlers Verbundenheit mit dem Okkultismus. Trevor Ravenscroft hat darüber geforscht und geschrieben.

Nachweislich hat Hitler sich in den Jahren vor 1933 in Wien intensiv mit dem Paranormalen beschäftigt, zu Anfang durch Lesen, später durch den Genuss von Peyote, einem bewusstseinserweiternden Pilz und weiterhin durch das Ausüben okkulter Praktiken und Riten. Gibt es eine bessere logische Erklärung für seinen Aufstieg und Fall als die, dass er mit übernatürlichen Kräften zusammen gearbeitet hat? Wie sonst hätte sich ein Mann, unvermögend, unbekannt, nicht wirklich ausgebildet, als kontaktgestört geltend, in wenigen Jahren an die Spitze eines ganzen Volkes katapultieren können mit dem Endziel, die ganze Welt zu regieren!?

Es ist erwiesen, dass Hitler in seiner Wiener Zeit bei einem Buchhändler namens Pretzsche Literatur zu okkulten und mystischen Themen gekauft und mit ihm darüber diskutiert hat. Wollte Hitler sich geheimes Wissen zunutze machen? Wollte er durch den Genuss von Peyote, das ein Begriff geworden ist durch das Buch von Castaneda „Die Lehren des Don Juan", sein Bewusstsein erweitern, um mehr Macht zu erlangen und den politischen Aufstieg zu beschleunigen?

Durch den Buchhändler Pretzsche kam Hitler zu dem Geheimbund „Die Thule". Hier wurden germanische Mythologie, Rassismus und magische Rituale miteinander verbunden, verknüpft. Aus dieser Periode gibt es Aussagen von Menschen, die Hitler kannten. Ihnen schien es, als sei er von Geistern besessen.

Nach dem missglückten Staatsstreich suchte Hitler einen Mann auf, der Bücher über Okkultismus schrieb und der auch Zukunftsaussagen machte, Hanussen. Dieser sagte ihm voraus, dass er 1933 an die Macht kommen werde und dass im gleichen Jahr ein wichtiges Gebäude abbrennen werde. 1933 wurde Hitler Reichskanzler und der Reichstag in Berlin wurde angezündet.

Auch in den Jahren seiner „Regierung" beschäftigte Hitler sich fortwährend mit Magie, basierte doch seine Regentschaft auf folgenden Grundpfeilern:

– auf dem Glauben an seine eigene Auserwähltheit,
– auf dem Glauben an die Auserwähltheit seines Volkes, seiner „Rasse",
– auf der Erniedrigung und Ausrottung „anderer" und
– auf der Vergöttlichung des Germanentums.

Die Alliierten hatten sehr wohl Kenntnis von der Verflechtung von Nazitum und Magie, doch hielten sie ihre Informationen darüber nach dem Zusammenbruch, nach dem Kriege, geheim. Auch von deutscher Seite ist kaum Ursachenforschung diesbezüglich betrieben worden. Wieso eigentlich nicht? Was alles ist in diesem Zusammenhang bisher nicht „zur Sprache gekommen"? Wie viel Verborgenes ist noch nicht ans Licht gekommen! In der Evolution der Seelen muss alles Geheime offenbar werden, damit es erkannt, verstanden, verarbeitet und letztlich transformiert werden kann.

(Erst) dann kann sich eine neue Dimension eröffnen.

(Erst) dann kann neues Unheil vermieden werden.

(Erst) dann wird Wiederholung unmöglich.

Vor einigen Monaten hat mein Sohn Michi sich das Leben genommen, ein Arzt hat ihm dabei „geholfen". Ich möchte diesen Mann am liebsten anzeigen. Michi hatte die falschen Freunde, so ist alles gekommen. Ich bin 52 Jahre alt, aber ich kann noch Kinder bekommen. Glauben Sie, wenn ich mich künstlich befruchten lasse, dass dann mein Junge bei mir inkarnieren wird? Wenn das sicher wäre, dann würde ich eine Schwangerschaft auch in meinem Alter noch auf mich nehmen. Bitte, fragen Sie doch meinen Sohn, ob er das machen würde. Wir haben ja selber auch Schuld, mein Exmann und ich. Zuerst die Scheidung und dann mussten wir das Kind wegen des Geschäftes so oft alleine lassen. Vielleicht kriegen Sie ja etwas raus.

Bitte, lassen Sie bis zu unserem Gesprächstermin die Angelegenheit mit Ihrem Sohn zur Ruhe kommen. Sie müssen nun auch an sich denken und ein wenig entspannen. Soviel ist in diesem Augenblick schon spürbar, Ihrem Sohn geht es ganz gut und er macht Ihnen keine Vorwürfe, das steht schon mal fest. Also machen Sie sich bitte selber auch keine. Er hat aber eine Bitte, er möchte gern, dass Sie ihn bei seinem vollen Namen nennen, Michael. Ich werde ihn fragen und aufzeichnen, was er antwortet.

Michael: „Sterben, sterben, das gibt es gar nicht. Da irren doch etliche meiner Schulgenossen, die so lauthals verkündet haben, dass dann alles aus ist. Nun stehen sie da mit ihren Aussagen und verfangen sich in ihren eigenen Behauptungen.

Ob ich gelitten habe, will meine Mutter sicher fragen. Beruhigen Sie sie: nein, so gut wie nicht. Etwas Leiden gehört ja dazu, sonst kriegt man die Kurve nicht. Und gerade in dem Moment, wenn man glaubt, jetzt wird's zuviel, jetzt langt es, jetzt macht es keinen Spaß mehr, dann… wird man zum Schmetterling, der die Schale – wie sagt man – Hülle hinter sich lässt. Und dann ist da nur noch Licht, herrliches, buntes Licht, grandios, echt beeindruckend. Und man sieht alles von oben. Alles ist schwerelos und du siehst es kleiner werden.. Nicht unbedeutend, nicht nichtig, ganz einfach kleiner. Es ist der Blick wie von einem Berg ins Tal.

Ich merke, ich erzähle ein bisschen hin und her, von diesem und jenem, aber ich weiß, es geht um mehr, es geht um ein Gespräch mit meiner Mutter."

Er seufzt. „Einerseits bin ich erleichtert, dass dies möglich ist, andererseits fällt es mir auch schwer. Aber es ist notwendig und wichtig. Aber natürlich werde ich davon – etwas- traurig wegen dem, was ich jetzt vermisse. Ich liebe sie doch so sehr, da ist nichts dran verändert, nicht mehr wie damals, irgendwie anders, irgendwie pur."

Ich sehe nun ein kleines Tier bei ihm. Auch ich sehe eine jenseitige Großvaterfigur dort öfter um ihn herum, während die ebenfalls verstorbene Oma noch mit sich und ihrem vermeintlichen Haushalt zu tun hat. Freunde sind da, Jugendliche, die alle in Michaels Alter gestorben sind und die gleiche Entwicklungsstufe haben. Und Mentoren, gütige ältere Herren, die mehr durch ihre Anwesenheit beraten und Richtung geben als durch Worte.

Zwischendurch muss Michael ein bisschen zur Ablenkung und Kurzweil am/mit dem Fernseher zappen, den er dort zu seiner Ablenkung hat.

„Nein", sagt er, „ich beschäftige mich nicht so gern mit Problemen, schon gar nicht mit meinen eigenen, da müsste ich doch blöd sein.

Trotzdem, ich werde reden, auch zu meiner Mutter. Ich habe viel Achtung vor ihr, wie sie das Leben gemanagt hat, ohne Hilfe, ohne Führung, ohne eine Hand zum halten. Da hat sie eben die meine festgehalten. Das war auch gut so. Ich muss mir ja auch noch Gedanken machen, warum ich so früh…so jung… - obwohl: Alter zählt hier nicht. Hier zählt nur, ob man etwas begriffen hat und ob man okay ist. Da hat meine Mutter, aber auch mein Stiefvater mir eine Menge beigebracht, wie man sein soll. Ehrlich, anständig, höflich, hilfsbereit, alles Normen, die mir hier nun zugute kommen. Wenn sie mir das nicht beigebracht hätten," er lacht, „wenn ich mal im Fußballjargon reden will, dann hätte ich keinen Punktvorteil. Ja, ja, einen Schiedsrichter gibt es hier auch, aber eigentlich weiß jeder selbst genau, wie die Regeln sind und was man verkehrt gemacht hat. Der Schiedsrichter von hier, der guckt einen nur freundlich an und dann weiß man schon genug.

Es gibt auch niedrigere Klassen von Jugendlichen. Die hatten eben nicht so gute Anleitung wie ich. Die lernen die Spielregeln, die sozialen, hier von der Pike an. Eigentlich bin ich ganz froh, ohne überheblich sein zu wollen, dass ich nicht fortwährend mit denen zusammen bin. Das grobe, ungehobelte Verhalten hat mich immer – ich will nicht sagen, abgestoßen, aber bestimmt nicht angezogen." (Dies bestätigt die Mutter. Obwohl ihr Sohn in kriminellen Kreisen verkehrte, bestand er immer auf höflichen Umgangsformen.)

„Ich lerne zur Zeit sehr, nicht zu urteilen und noch mehr die Beweggründe von anderen Menschen zu verstehen. Das ist sozusagen ein Lernfach. Wenn ich jetzt den Lebensfilm zurückrollen lasse, liebe Mutsch, dann bleibt der Film stehen in der Zeit, als ich so sieben bis acht Jahre alt bin. Es war Sommer, und ich hatte kurze Hosen an. Ich stand zwischen euch Eltern und blickte von einem zum anderen. Ich wusste nicht, was zu tun, wie mich zu verhalten. Ich wollte gerne, dass alles wieder gut würde, aber ich fühlte, dass das nicht ging. Heute würde ich euer Dilemma verstehen. Ihr wart ja selbst so betroffen, so beteiligt, so verletzt."

Nun macht Michael einen Sprung und äußert sich über mich, indem er zu seiner Mutter sagt: „Es ärgert mich, dass du der Frau so viel Geld zahlen willst/sollst. So etwas sollte man nicht für Geld machen. Nicht die Not eines Menschen und seine Sehnsucht nach Kontakt ausnutzen. Ich finde das unfair, unedel. Dies denke ich nun so stark, dass es die Frau in ihr Gehirn aufnimmt..."

Michaels Mutter lacht und sagt zu mir: „Das sieht ihm ähnlich, er hat sich immer aufgeregt, wenn ich Geld für esoterische Dinge ausgab." (Offenbar nahm sie sich die Äußerung ihres Sohnes zu Herzen, denn in der Folge bezahlte sie das vereinbarte Honorar nicht. Um für mich selber damit ins Reine zu kommen, schenkte ich es ihr nachträglich mental.)

„Auf jeden Fall musste ich das loswerden, das von eben. Nun geht es weiter: ich bin ja froh, dass du, dass wir reden können." (Hier meint er seine Mutter). Nun setzt er sich auf einen Stein im Gebirge an einem Weg. Er guckt vor sich hin, möchte gerne weinen, kann es aber noch nicht. „Mitgenommen hat mich das Ganze schon. Aber ich hatte es ja auch schön, ich hatte es ja gut bei euch und auf der Erde überhaupt. Ich hatte nichts zu klagen, poh…" An dieser Stelle unterbricht seine Mutter meinen Bericht und fragt, ob es noch etwas Wichtiges gäbe.

Ich antworte: „Alles ist wichtig." „Wird er wieder inkarnieren bei mir?" „Er hat zur Zeit viel anderes zu (be)denken." „Eigentlich sieht es doch gar nicht schlecht aus für ihn." „Nein, überhaupt nicht." „Ich habe nun keine Zeit mehr. Ich habe ja auch ein Geschäft. In der Zwischenzeit sind schon zwei Anrufe für mich gekommen. Sie haben sicher auch keine Zeit mehr."

Ich komme nicht mehr dazu, zu sagen, dass ich reichlich Zeit habe. So schnell bricht sie den Telefonkontakt ab.

Ich bleibe zurück mit Michael. Er sagt: „Wieder hat sie keine Zeit. Es ist wie immer. Darf ich ein paar Tage hier bei Ihnen bleiben? Ich kann in der Küche schlafen. Ich will gerne eine kleine Zeit hier sein dürfen, ich störe nicht, ich möchte gerne hören, was für Arbeit Sie tun, wenn Sie telefonieren und wenn Sie schreiben."

„Okay, aber bleiben Sie gleichzeitig in Kontakt mit Ihrer himmlischen Gruppe, um dann, wenn Sie genug von hier aufgenommen haben, wieder ganz dorthin zu gehen."

So einigen wir uns. Was seine Mutter nicht mehr angehört hat, sind seine folgenden Worte: „Ich kann und darf mich noch nicht beschäftigen mit den tiefen inneren Gründen meines Weggehens, meines ‚Anders-Werdens'. Es ist nicht der richtige Moment, das zu ergründen, das zu erörtern. Das braucht noch Zeit. Ich muss mich erst noch gewöhnen, einleben und allerlei erzählen, einfach quatschen dürfen. Noch ist nicht die Zeit für tiefgründige Gespräche.

Nun sehe ich meinen Mentor, er kommt gerade um die Wegbiegung. Ich weiß, mit seiner Gegenwart will er mich bewahren vor zu viel Schmerz, vor zu plötzlicher Einsicht. Alles muss wachsen, alles muss reifen. Man muss sein Leben nicht beschleunigen (schneller machen), sondern verlangsamen. Das habe ich hier und nun gelernt. Ich bin nicht mehr der ungeduldige ‚Nikkel'. Mutti, meinen Wagen vermisse ich überhaupt nicht. Hier ist alles mehr geistiger Natur. Auch natürliche Natur ist da, wenn man die braucht. Alles ist nicht mehr so getrieben; obwohl, damals habe ich die Geschwindigkeit doch sehr geliebt.

Es geht mir gut. Wirklich gut. Ich bin hier – du dort. Ab und zu schicke ich dir einen kleinen Gruß aus dieser Welt. Man hat uns gesagt, also man hat meiner Gruppe gesagt, wir seien noch zu etwas Besonderem berufen, wenn wir diese Zeit hier hinter uns haben. Wenn man das hier sagt, so bedeutet das nicht Hochmut. Es bedeutet, dass etwas große Wichtigkeit hat, dass wir später etwas Besonders ausführen sollen/dürfen. Wir werden geschult für eine spezielle Aufgabe, wir sollen irgendwie Wegbereiter sein/werden. Mehr wissen wir noch nicht. Das ist auch richtig so. Zuerst erfahren wir rückblickend über unsere Qualitäten und gleichzeitig über unsere Unzulänglichkeiten, die werden erforscht, aber, wie gesagt, immer in Liebe und Respekt. Dann erfahren wir über den Sinn unseres vergangenen Lebens, das heißt, alles fällt uns selber ein, es fällt uns einfach zu.

Wir (werden) bedauern und bereuen, was wir falsch gemacht haben. Die Erkenntnisse werden wir einprogrammieren in unsere Seele, so dass wir den

Fehler beim nächsten Mal nicht mehr begehen wollen, nicht auf dieser Seite und nicht in einer nächsten Inkarnation. Soweit bin ich unterrichtet, was danach kommt, weiß ich selber nicht. Aber ich fühle mich so geborgen, so geschützt, dass da gar nichts schief gehen kann. Ich vertrau mich ganz der Führung an, weil die gut ist, und ich bitte Dich auch, leg all deinen Kummer, all deinen Schmerz in die Hände dessen, an den Du glaubst, an das Du glaubst. Ich war ja nicht religiös auf Erden, darauf kommt es (hier) auch nicht an.

Trotzdem bitte ich dich: Leg Dein Herz in die Hände des Höheren."

Stören Sie die Verstorbenen nicht in ihrer Seelenruhe und haben Sie auch manchmal schwierige „Gäste"?

Es ist nicht erlaubt, jemandes Seelenruhe zu stören, aber wenn ich mich sanft annähere, ist das nicht der Fall. Wenn eine Seele schläft, ziehe ich mich zurück. Alle Seelen, die ich bisher besuchte, waren bis auf ein schlafendes Baby wach. Manches Mal wurde mir gesagt: „Auf diesen Moment habe ich lange gewartet. Jetzt kann ich endlich sagen, was ich schon lange loswerden wollte." Dies möge ich dann meinerseits den Hinterbliebenen mitteilen. Auf diese weise kann doch noch Kontakt geschlossen werden und darauf hin Entspannung eintreten.

Andere Gäste, wie Sie sie bezeichnen, kommen auch schon mal mit Donner und Blitz, das heißt, dass sie sich in gewaltiger Spannung befinden. Hier muss ich sagen: „Warten Sie mal eben, werden Sie ruhiger, so dass wir dann geregelt miteinander kommunizieren können." Dies ist selten und hier gelang es meist, die Sache in ruhige(re) Bahnen zu lenken.

Einige Male geschah es, dass während meines Gespräches mit der jenseitigen Person, die Höheren, die Geistführer kamen und diese Person mit sich nahmen. Sie bedeuteten mir, dass sie selber sich kümmern würden und ich mich in diesem Fall raushalten möchte. Einmal legten sie (m)einen Klienten in einen mentalen Schlaf, weil er drohte, mich anzufallen (zu besetzen). Ich hatte nicht genügend acht gegeben auf seine Befindlichkeit und meine Sicherheit.

Bisher hat keine einzige jenseitige Person, denn Personen sind sie auch, den Kontakt verweigert. Ich nehme an, dass dies daher kommt, dass dort drüben nicht so viele Gesprächspartner vorbeikommen, bzw. dass die von mir Aufgesuchten sich noch mit Erdendingen befassten und nicht auf die Idee gekommen waren, sich ihrem jenseitigen Führer anzuvertrauen.

Darum weise ich nach jedem Beratungsgespräch die Dortigen auf diese Möglichkeit hin.

Meine Tochter ist sehr spirituell, aber sie kleidet und schminkt sich als Grufti. Das macht mir Sorgen.

„Gruftis" versuchen, ihre (Todes)Angst durch ein entsprechendes Outfit und durch entsprechende Rituale zu überwinden nach dem Motto: Huhu, schaut her, wie ich mit den morbiden und makabren Dingen umgehe, ich habe keine Angst, im Gegenteil! Gruftis haben für gewöhnlich ein Sterbe-, ein Todestrauma, in dem sie steckengeblieben sind. Sie versuchen nun permanent, dieses Problem zu lösen, indem sie einen Kult daraus machen. Es ist der Versuch der Seele, das Trauma zu überwinden und heil zu werden. Dies kann geschehen, wenn das ehemals auslösende Ereignis gefühlsmäßig wieder erlebt und mit der Gegenwart verknüpft wird. Dann wird Wiederholung unnötig.

Warum sehen wir auf Engelabbildungen so häufig Instrumente?

Harfen und andere Instrumente, die auf sanfte Weise im Körper Vibrationen erzeugen, wirken natürlich heilend. Darum sehen wir die (Musik)Engel auf den Bildern auch mit Harfen, Schalmeien, Flöten und Zimbeln ausgestattet. Nicht nur kann ein Instrument spielen, öffnen, harmonisieren, heilen, sondern auch Gesang; bestimmte Arten von Gesang, bestimmte Tonfolgen, Vokalgesänge, Rhythmen, welche die Chakren harmonisieren und für das Wunderbare zugänglich machen. Die gregorianischen Gesänge sind ein Beispiel hierfür. Nicht umsonst wird gesagt, dass in den höheren Ebenen die Engel singen. Also: Egal, ob Sie in der Schule in Singen eine Eins, eine Drei oder eine Fünf hatten, tun Sie's! Singen Sie, summen Sie oder brummen Sie einfach vor sich hin. Sie bringen damit Ihren ganzen Körper in eine andere „Stimmung" und – geben Sie sich jedes Mal eine Eins dafür!

Es passieren so viele schreckliche Dinge auf Erden, und es wird immer schlimmer. Ich finde nichts Schönes mehr.

Schauen Sie nicht auf die ganze Erde, schauen Sie auf Ihren Lebensbereich. Sie sind nicht verantwortlich für alles, was da draußen passiert. Menschen, die so reden und empfinden wie Sie, haben ein starkes Mitgefühl, sind sensibel. Aber, Sie sind nicht in Afrika, Asien oder Lateinamerika. Sie sind noch nicht einmal 20 km von Ihrem Wohnort entfernt. Ich will damit sagen, wenn Sie dort eine Verantwortung, eine Aufgabe hätten, dann wären Sie dort.

Also, konzentrieren Sie sich auf Ihr Zimmer, Ihre Wohnung, Ihren Alltag. Was könnten Sie da für sich besser, heller, schöner machen? Kaufen Sie sich ein Heftchen und schreiben Sie an jedem Tag des Jahres eine gute, schöne oder angenehme Sache auf, und wenn es die Tasse Kaffee ist, die Ihnen geschmeckt hat. Dies ist Ihr Schatzkalender und am Ende des Jahres haben Sie eine Truhe mit 365 Schätzen darin.

Stimmt es, dass „Selbstmörder" immer in dunkle Gebiete kommen?
Wie lang dauert es, bis sie aufsteigen? Inkarnieren sie schnell wieder?
Sind sie für die Zeit, die sie normalerweise auf der Erde gelebt hätten, in Unruhe? Können wir etwas für sie tun oder dürfen wir das nicht?
Mein verstorbener Sohn ist mir im Traum erschienen. Ich hatte das Gefühl, dass er etwas sagen wollte, weiß aber nicht, was er meinte. (Wie) kann ich das noch erfahren?

Ich möchte im Folgenden auf Ihre Fragen eingehen. Ich möchte auch die Hintergründe, auslösende Faktoren, die Phasen, die spirituelle Sichtweise erläutern, Anregungen zur Vorbeugung geben und Berichte von Betroffenen aus der jenseitigen Welt weitergeben.

Das Thema Suizid berührt fast alle Menschen tief. Fast jeder ist damit schon einmal in Berührung gekommen, sei es durch eigene Gedanken, sei es in der Verwandtschaft oder im Bekanntenkreis. Der Suizid wird deshalb als so schockierend erfahren, weil er so endgültig ist; er kann nicht mehr rückgängig gemacht werden, und keiner kann den anderen mehr auf „normalem" Wege erreichen.

Als Erstes und Wichtigstes möchte ich sagen, dass auf jeden „Selbstmörder" Hilfe von oben wartet, dass die höheren Hilfskräfte geradezu bereitstehen, einen, der diese Tat ausgeführt hat, aufzufangen und ihm zur Seite zu stehen. Immer und in jedem Falle ist also Hilfe möglich.

Als Zweites und genauso Wichtiges möchte ich sagen, dass die Hinterbliebenen, Familie, Freunde, Bekannte, Kollegen schwer getroffen sind durch so einen Vorfall und dass sie genauso Hilfe, Trost, Unterstützung und Begleitung nötig haben und die auch von irdischer sowie von überirdischer Seite erhalten (sollten).

Die Hinterbliebenen verdienen genauso viel Mitgefühl wie die Weggegangenen. Sie brauchen eine Person, einen Ort, an dem sie alle ihre Gefühle äußern dürfen ohne Kritik. Im Gegenteil, sie brauchen Verstehen und Mitgefühl.

Es ist statistisch erwiesen, dass, wenn ein „Selbstmordfall" in der Familie war, in den Jahren danach diese um ein Vielfaches gefährdeter ist (was Unfälle und Erkrankungen betrifft) als eine Familie, in der das nicht passiert ist.

Schuldgefühle und Schuldzuweisungen spielen dabei die verhängnisvollste Rolle. Begleitende, klärende und unterstützende Gespräche können helfen. Ebenso Trauergruppen. In diesen Gruppen finden sich ähnlich Betroffene zusammen, tragen gemeinsames Leid, können sich austauschen und evtl. kommt dann nach der Trauerzeit der Neubeginn.

Ein vollendeter Suizid setzt sich aus vielen Faktoren zusammen. Er ist immer eine Verkettung von Ursachen und häufig ist es nicht die, welche wir dafür halten. Menschen wählen die Todesart, die zu ihrer seelischen Verfassung passt. Eigentlich möchten sie die äußeren Umstände den inneren anpassen. Im Grunde wollen sie Befreiung und Einheit, im Grunde wollen sie Harmonie. Dies ist ein spiritueller Wunsch, nur wird das untaugliche Mittel gewählt. Der Versuch, auf diesem Wege Einheit zu erzielen, ist ein Irrtum, denn er wird bezahlt mit dem (irdischen) Leben. Sich betäuben, ersticken, zerschmettern oder verbrennen zerstört den irdischen Körper und vertieft das Trauma; spirituelle Erlösung kann nur mit und durch Selbstliebe und Wertschätzung auch des materiellen Körpers stattfinden.

Darüber werden die Seelen, die auf diese Weise ihren Körper verlassen haben, auf der anderen Seite in liebevollster Weise unterrichtet. so dass auch hier das Wort gilt: Es gibt immer Hilfe, im Diesseits der im Jenseits. Und es ist nie zu spät.

Die Frage: „Was geschieht mit einem Selbstmörder nach seinem Tod?" ist nicht generell zu beantworten.

Bei dem „Tod durch eigenen Willen" ist die Erfahrung des Todes und des nachtodlichen Zustandes jedes Mal anders, also ganz individuell. Das hängt von dem Reifegrad der Seele ab. Wir wissen nicht, ob noch im letzten Moment die Tat bedauert wurde, aber nicht mehr rückgängig gemacht werden konnte. Eigentlich wissen wir nur eines: Wenn die Person anders gekonnt hätte, hätte sie nicht diese Todesart gewählt. Also kann gar nicht von gewählt gesprochen werden. Ein solcher Akt ist niemals ein Freitod, denn das Wesen des Lebens ist leben und leben wollen. Wie gesagt, spirituell gesehen, ist der Suizid ein (untauglicher) Erlösungsversuch.

Wie bald zeitlich gesehen nach einer solchen Tat eine Seele sich in glücklicheren Sphären befinden kann, zeigt das Beispiel einer jungen Frau, die ich selbst gekannt habe. Während an ihrem Beerdigungstage ihre Familie, Freunde, Arbeitgeber sich mit heftigen Schuldgefühlen und Selbstvorwürfen quälten, weilte sie bereits in Seligkeit und versuchte, die Hinterbliebenen zu beruhigen und aufzuheitern. Sie erschien nicht nur mir im Wachzustand, sondern auch ihrem Vater im Traum, um ihm zu sagen, dass sich niemand beunruhigen möchte. Andere Seelen brauchen länger; aber immer, immer ist Fortschritt, Harmonisierung möglich.

Im Laufe der vergangenen Jahre erhielt ich die verschiedensten Bilder, Eindrücke und Mitteilungen von Menschen, die sich das Lehen genommen hatten, und kein Bericht gleicht dem anderen.

Ein Junge, E., dessen Mutter mich vor wenigen Wochen um einen Kontakt mit ihrem Sohn gebeten hatte. begann folgendermaßen:

Ich frage: Hallo wie geht es dir?

„Erträglich, erträglich, könnte schlimmer sein, nein, was ich gemacht habe, was ich da fabriziert habe. Das geht doch auf keine Kuhhaut, meine Güte. Was war ich ein Rindvieh. Alles hätte noch glatt laufen können, so unüberwindlich waren die Probleme doch gar nicht, aber ich denke, ich hatte einen riesigen Fehler, ich war einfach zu halsstarrig, zu borniert auch. Ich wollte mir von keinem was sagen lassen, war auch zu stolz. Das war der Knackpunkt, alles andere hätte man noch hindeichseln können. Warum habe ich bloß..."

Er sackt in sich zusammen. Wir gehen zu dem Moment nach seinem Tod. Als es zu Ende ist, sieht er als Erstes wie in einem großen hellen Bilderrahmen einen Opa. Der steigt aus dem Rahmen heraus und hilft ihm beim Einsteigen. Er nimmt ihn an der Hand mit nach „oben". Dort wird er in ein Steingebäude geführt, während der Opa wartet. War es der leibliche Opa oder eine großväterliche Figur? Zu dem jungen Mann sagte er: „Ich bin die Instanz, die dich hierher leitet und von nun an durch verschiedene Instanzen begleitet, wie in einem großen Krankenhausgelände zu verschiedenen Untersuchungsgebäuden. Ich selber soll nicht hineingehen, nicht wissen, was du dort erlebst und mitmachst, durchmachst. Es ist nicht meine Sache, das zu erfahren. Es sind „Einsichtsgebäude", jedes bestimmt, um dort eine bestimmte Einsicht zu erlangen, besser gesagt, erwerben."

In einem Gebäude hat es zu tun mit Geld, in einem anderen mit Geduld, einem weiteren mit Liebe, Demut, Ausharrungsvermögen – mit verschiedenen Tugenden also und in anderen werden Zusammenkünfte mit Personen des ehemaligen Lebens organisiert, eine Art *Traumparties*.

Dem E. ist etwas bang, aber da der gute alte Mann ihn immer zuverlässig und fürsorglich erwartet und durch all diese Stadien begleitet, fühlt er sich doch behütet und geleitet, darum wird er nicht verzagt oder unwillig.

Er sagt: „Was ich früher an Unwillen hatte, verwandle ich nun Stückchen für Stückchen in Willen. Dabei werde ich lichter von Art und irgendwie blauer. Nein, ich soll nichts berichten von meinen Erfahrungen hier, inhaltlich, doch wohl, dass ich gut geleitet, gut geführt und wohlauf bin. Zuerst war ich in großer Scham über meine Tat, dann habe ich viele getroffen, die so gehandelt haben, wie ich. Wir haben miteinander über Sinn und Unsinn diskutiert, es waren auch

Mädchen dabei. Das hat mich beeindruckt, ich dachte, Mädchen sind da weiter weg von, weil sie doch biologisch gesehen das Leben erhalten sollen. Na das war dann wohl ein Irrtum meinerseits…"

E. verabschiedet sich schnell von mir, weil er nicht will, dass ich sehe, was er fühlt – denn er selber ist Vater – und geht in eines der Einsichtshäuser. Sie sind einfach gebaut, ebenerdig, eine breite Tür ist da und wenige Fenster, alles ganz funktional. Ums Haus herum Gras, ein paar Büsche, die nicht immer blühen, die eher selten blühen, und dann nur für einen, der da herauskommt. Der sieht die Blüten, wenn eine Einsicht erfolgt ist, wer reingeht, sieht die Blüten nicht, obwohl sie da sind.

Ich setze mich jetzt zu dem Begleiter von E., diesem freundlichen Opa, auf eine Bank, weiß angestrichen, Farbe abgeblättert, mit verschnörkelten, schmiedeeisernen Seiten.

Dort sitzen wir einfach so. Ich frage den Mann, ob ich noch bleiben soll, er sagt: „Nein, das geht schon in Ordnung, es braucht halt die gleiche Zeit, der Weg zurück dauert halt genauso lang wie der Weg in die Verstrickung hinein. Das wird hier nun alles schön zurück gedreht, bis der Junge noch einmal ganz von vorne anfangen kann, sozusagen dann als unbeschriebenes Blatt. Dann kriegt er einen neuen Lebensfüller, Stift und er darf beginnen, seine Lebensgeschichte neu zu schreiben.

Wenn es so weit ist, sind wir alle hier herzlich glücklich, dann ist auch er wieder eingereiht in die Schar der Erlösten, die einer besonderen Zukunft entgegen gehen, denn sie sind ja durch alles, was sie mitgemacht haben, reif und erwachsen geworden.

Er, dieser E. hier, könnte einmal ein Wissenschaftler werden, einer, der die Menschen etwas lehren könnte über Gesundheit, Ernährung, Medizin im weiteren Sinne, dann aber zur Vorbeugung von Krankheiten." Dies sagte der alte Mann, während E. in einem der Einsichtshäuser weilte.

Ursache für einen Suizid (Versuch) ist immer eine Eingrenzung. Es ist der Versuch, eine als unerträglich erlebte Situation zu beenden.

Der Versuch ist eine Antwort auf eine Krise bei nicht – mehr – genügend Verarbeitungsmechanismen. Fast jeder Mensch denkt schon mal daran, erst, wenn der Gedanke immer wiederkehrt, droht Gefahr. Eine Ankündigung ist immer ein positives Zeichen, der Betreffende hat noch Hoffnung, er nimmt noch Initiative. Die Meinung, dass derjenige, der davon spricht, es nicht tut, stimmt nicht.

Die Phasen:

Der Gedanke kommt erstmals als mögliche Lösung für ein Problem. Das gibt sich wieder, oder aber der Gedanke wird häufiger, die Person tritt in die Phase der Erwägung ein. Sie prüft „Vorteile" und „Nachteile", ist ambivalent. Die Gedanken werden häufiger, Lösungsversuche in der Realität schwächer.

Während der Planung kann es Ankündigungen geben, Hilferufe und Drohungen können ineinander übergehen.

Der Entschluss ist nicht mehr umkehrbar bzw. die Realität wird so erlebt, als ob er das nicht wäre.

Nach einem Versuch besteht fast immer Gesprächsbereitschaft, Professionelle und Angehörige sollten die nutzen. Niemals dürfen sie die Ernsthaftigkeit in Frage stellen, die betreffende Person hat eh Angst, man könne den Versuch als Manöver oder nicht ernst zu nehmende Eskapade abtun und damit würde zu ihrer Not noch die Blamage hinzu kommen.

Eine Person begleitete ich seit ca. 20 Jahren. Immer mal wieder bin ich in Kontakt mit ihr und sehe, ob es etwas für mich zu tun gibt. Zuerst war der junge Mann gefangen im Automatismus seiner eigenen Tat, das heißt, er wiederholte sie pausenlos: Sich erheben, die unsichtbare Waffe an den Kopf richten, hinstürzen und sich wieder erheben. In der nächsten Phase unruhiges

Herumstreifen, dann als etwa Vierjähriger weinend auf einer Wiese stehend und nach seiner Mutter rufend, dann wütend und tobend, dann als der von seiner eigenen Tat Verletzte im Krankenhaus, mit seinen damaligen Eltern spielend und Spaß machend... Dieses Bild war der Beginn seiner Genesung.

So kann der Entwicklungsweg einer Seele von Stufe zu Stufe über Jahre und auch Jahrzehnte gehen. Bis zur Erlösung, bis zur Einsicht: So etwas möchte, werde ich nicht wiederholen.

Jeder von uns hat sicher schon einmal davon gehört, dass in Schlössern Geister spuken oder in einem Hotelzimmer von mehreren Gästen das „aus dem Fenster springen" eines früheren Gastes wahrgenommen wurde. Diese Seelen können aus dem Wiederholungszwang herausgeholt werden durch unsere Gebete.

Auf meiner Reisestrecke Köln-Amsterdam hörte ich sechs Mal innerhalb eines Jahres die Durchsage aus dem Lautsprecher: Wir haben eine Reise–unterbrechung wegen Personenschadens auf dem Gleis. Fast jeder weiß, was das bedeutet. In drei Fällen nahm ich den Ätherkörper der Person an der Unglücksstelle wahr, grau, schockiert, bewegungslos die „Aufräumungs-arbeiten" und polizeilichen Untersuchungen betrachtend. Beim letzten Mal sah ich zwei riesige Engel an den Gleisen stehen. Sie trugen schwarze Kleider. Es war das Symbol: Auch Engel tragen Trauer, wenn...

Aber wir, die wir in der Nähe sind, die etwas Derartiges am Fernsehen sehen der in der Zeitung lesen, wir können unverzüglich tätig werden, auch ohne uns äußerlich zu rühren; wir können die Schutzengel der Verunglückten bitten um Hilfe und auch die der Angehörigen, damit der Schock auf allen Seiten gemildert werde.

Die Kirchen hatten lange Zeit ein herbes Urteil über die so genannten Selbstmörder, um so tröstlicher, dass vor Jahren ein Pfarrer von Ars, anlässlich des Todes einer Frau, die von einer Brücke ins Wasser gesprungen war, auf der Kanzel sagte: ZWISCHEN DER BRÜCKE UND DEM WASSER LIEGT DIE

BARMHERZIGKEIT GOTTES. Anders ausgedrückt: DU KANNST NICHT TIEFER FALLEN ALS IN GOTTES HÄNDE.

Dies gilt sowohl für den Ausführenden als auch für die Hinterbliebenen.

Zu allen Zeiten hat es ihn gegeben, den Suizid, in allen Religionen, in allen Ländern.

Keine Altersgruppe, politische Gruppierung, soziale Schicht ist verschont. In Deutschland ist er häufiger im Alter und in großen Städten. In sogenannten Friedenszeiten wird er öfter als im Krieg verübt. Im Islam auffallend selten.

In Amerika ist er unter der schwarzen Bevölkerung selten, Mord dagegen zehnmal häufiger als unter der weißen Bevölkerung.

In Westafrika kommt der Selbstmord ebenfalls selten vor, Totschlag häufiger, während es in Ostafrika umgekehrt ist. Dort gibt es noch einen Ritus, eine Frau, die sterben will, wirft ein wertvolles Gefäß auf den Boden und ruft die Beschwörungsformel: „So wie dieser Krug –so werde ich zugrunde gehen." Sie stirbt nach wenigen Stunden.

In Indien gibt es offiziell 10.000 Selbstmorde pro Jahr, in Wirklichkeit ist es das Zehnfache. Oft sind es junge Mädchen, die den Problemen als Ehefrau in fremder Umgebung, bei der Familie des Mannes nicht gewachsen sind – wobei ihnen die „Schuld" gegeben wird. Wir müssten sagen: Man konfrontiert sie mit so großen Schwierigkeiten, dass sie zerbrechen. Schlafmittel sind für sie zu teuer – Desinfektionsmittel werden getrunken und tun ihre schreckliche Wirkung.

In Japan kommt der Selbstmord aus Ehre noch viel vor in Form von Harakiri oder auch in den Vulkan springen. Auslöser sind meistens beruflicher Abstieg und Verlust von Familienehre.

Selbstverbrennung ist in einigen Kulturen der schnellste Weg ins Nirwana.

Asiatische Mönche kennen eine Meditationsform, die zum Tode führt – nach und nach gehen sie alle Körperteile durch – „Mein Haar gehört nicht zu mir, meine linke Hand gehört nicht zu mir", bis zum Schluss das Herz drankommt. Die Blutversorgung stoppt durch diese hypnotischen Suggestionen.

In zwei Ländern der Erde wird der Suizidversuch noch strafrechtlich verfolgt, in Indien und in Ghana. Er wird mit ca. einem Jahr Gefängnis bestraft.

Auslösende Faktoren können sein im emotionalen Bereich: Angst, Trauer, Schmerzen, politische Verfolgung, Besessenheit durch Geister und Einflüsterungen, übertriebene Angst vor Gott und Strafe, Trauma, Karma, Depression, Stoffwechselstörungen, Suchtkrankheit, Schuld- und Minderwertigkeitsgefühle.

Im Zwischenmenschlichen: Probleme in Liebe, Ehe, Sexualität, erfolglose Partnersuche, Partnerprobleme, Partnerverlust, Eifersucht, Untreue, Sexualnöte, Frigidität, Impotenz, unerwünschte Schwangerschaft.

Im Beruflichen und Materiellen: Berufskonflikte, Mobbing, Geldsorgen, Konkurs, Armut, Arbeitslosigkeit, Schulprobleme, soziale Isolation.

Es gibt niemals nur eine einzige Ursache: Wenn ein Mensch in einer Hinsicht belastet ist, es aber ausgleichende Faktoren gibt, so muss das Problem absolut nicht zu einem Selbstmordversuch führen, im Gegenteil, Menschen können gestärkt aus Krisen hervorgehen. Es gilt zu lernen, mit Gegebenheiten und Krisen umzugehen.

Anleitung zur Verhütung

(In Stichworten)

Die Zeugung eines Kindes gewissenhaft planen, die Geburt sorgfältig vorbereiten, das Kind willkommen heißen, ihm ein natürliches, selbstverständliches Lebensrecht geben, im Sinne von: Du bist wichtig, du bist richtig, wir brauchen dich, du gehörst zu uns – auch die Gesellschaft muss das immer wieder unter Beweis stellen, ein Netz knüpfen von Familienangehörigen, Freunden, Bekannten.

Die Ursachen für einen Suizidversuch sind komplex und für gewöhnlich liegen sie auf körperlicher, seelischer und geistiger Ebene. Somit muss auch die Behandlung diese Bereiche berücksichtigen; auch wieder in Stichworten: Evtl. Schmerzbekämpfung einsetzen, körperliches Wohlbefinden verschaffen, reden, ausreden lassen, Gefühle zulassen, erweitern statt beengen, mentale und spirituelle Hilfe auch „von oben" erbitten.

Telefonseelsorge, Arzt des Vertrauens, Selbsthilfegruppen können beistehen und beraten. Seien Sie nicht grundsätzlich gegen beruhigende Medikamente, sie können lebensrettend sein, durch sie kann Zeit gewonnen werden, bis andere Lösungen gefunden werden.

Neben dem „Kandidaten" sind die Angehörigen am unmittelbarsten und am härtesten betroffen. Sie sind durch Gefühle und Konflikte mit ihm verbunden und darum besonders hilflos. Sie sollen sich klarmachen: Ich bin überfordert. Ich habe Angst vor dem Unberechenbaren. Ich lehne die Verantwortung, die XY mir auflastet, ab. Ich bin empört und enttäuscht, dass XY sich von mir abgewandt hat, mir das antut, antun will usw. Ich habe Schuldgefühle wegen eventueller Fehler und Versäumnisse.

Falls bei früheren Auseinandersetzungen Sätze gefallen sind, wie: Hau ab, Ich will dich nie mehr wieder sehen, du sollst verfl… sein, du bringst mich noch ins Grab, in die Irrenanstalt..., so nehmen Sie – wenn Sie das aufbringen können – diese Aussagen zurück, zuerst mental und wenn möglich auch real.

In Stress oder Streit gemachte Äußerungen können, ernst genommen, verheerende Wirkungen zeigen.

Gedanken- und Wortkontrolle sind unerlässlich auf dem spirituellen Weg, bei der Lösung von Trauma und Karma. Ein Suizidversuch ist immer ein traumatisch-karmisches Ereignis für die Gruppe, für alle Beteiligten.

Versuchen Sie, in schwierigen Situationen Sätze zu finden, wie zum Beispiel: Dies ist unser gemeinsames Problem, eine gemeinsame Aufgabe, die es zu lösen gilt. Es soll kein Urteil, keine Schuldzuweisungen geben zwischen uns. Es gibt immer eine Lösung. Was könnte dir im Moment helfen - und was mir. Auch wenn wir einander nicht verstehen, wir lassen immer eine Brücke zwischen uns bestehen.

Es kann erleichtern, wenn der Angehörige sich seine Gefühle klar macht und mit geeigneter Person darüber ausspricht.

Was ist in akuten Situationen zu tun:

1. Gefahr abwenden, sich nicht scheuen, Polizei, Ambulanz und andere Hilfe zu holen.
2. Die Situation für die nächsten 2, 3, 5, 24, 48 Stunden klären, Zeit gewinnen, Situation entschärfen, mildern,
3. Das eigene, und das Gleichgewicht des Gefährdeten versuchen wiederherzustellen, besonders auch mit Hilfe von neutralen Personen und Institutionen. ALLE brauchen Hilfe.

Angestaute Aggressionen des Gefährdeten zunächst einmal akzeptieren. Ebenso seine große Abhängigkeit und Hilflosigkeit. Gefühlsäußerungen, gleich ob „negativ" der „positiv", koppeln ihn wieder an das Leben an. Und darum geht es zunächst einmal.

Ich denke, dass wir bei den Hunderten von Leben, die wir hier auf dieser Erde verbringen, das eine oder andere auf eben diese Art und Weise beenden.

Bezogen auf das Rad der Wiedergeburt ist es wahrscheinlich, dass wir in Leben einmal der/die Ausführende sind, um die diesbezüglichen Erfahrungen zu machen, ein anderes Mal der/die Hinterbliebene, um dann zu fühlen, was man damit bei Familienangehörigen auslöst.

Während meiner Erfahrungen als Besucherin und Begleiterin in der anderen Welt, habe ich nicht festgestellt, dass Menschen, die sich das Leben nahmen, deshalb ärgere nachtodliche Zustände erlebten als „Normal Gestorbene". Ich will damit sagen, dass die „Tat" nicht notwendigerweise einen schlimmen Seelenzustand zur Folge hat.

Jede/r Weggegangene hat ein gutes Gedenken, hat Gebärden der Liebe, hat ein würdiges Requiem verdient. *Jeder.*

Meine Mutter wohnt allein in ihrem Haus. Das Haus ist 30 Jahre alt und sie hat es damals mit meinem Vater gebaut und bezogen. Später hat sie noch mit zwei anderen Männern dort gewohnt.

Nun leidet meine Mutter seit einigen Jahren unter Spukerscheinungen, sie hört fremde Geräusche im Haus, sieht Lichtblitze, und was das ärgste ist, wenn sie abends schon mal in ihrem Sessel eindöst, kommt „einer" von hinten, der legt seine Hände auf ihre Brust, sie erschrickt dann zu Tode und hat das Gefühl, die betreffende Person wolle ihr das Herz herausreißen…

…meine Mutter glaubt nicht so recht an etwas Höheres. Sie ist auch krank, nimmt Medikamente, trinkt aber keinen Alkohol. Wenn ich da bin, passiert nichts von dem, was ich beschrieben habe. Können Sie helfen?

Ich spreche nun die Person an, die gemeint ist, den Besucher also und frage ihn: „Wer sind Sie?" „Das geht Sie nichts an." „Da haben Sie Recht. Warum machen Sie das?" „Ich will mich rächen für erlittenes Unrecht." „Was Sie erlitten haben, das interessiert mich." „Sie hat mich abgewiesen und nicht nur das. Sie hat mich behandelt wie den letzten Dreck." „Poh, das ist schwerwiegend, das verkraftet man nicht so einfach." „Nein, und deshalb bin ich auch hier." „Wie oft kommen Sie?" „Immer, wenn ich Lust habe, körperlich Lust, dann bin ich zur Stelle." „Was wollen Sie eigentlich im Tiefsten von ihr?" „Ich will, dass sie mir ihr Herz gibt, aus Liebe." „…und?" „Das ist es ja, das tut sie nicht, das tut niemand. Ich komme nicht zum Ziel. Darum komme ich aber trotzdem immer wieder, dann habe ich wenigstens Genugtuung. Wenn ich sie schon nicht bekomme, dann will ich wenigstens stören, mich bemerkbar machen." „Und Sie kriegen eine Abweisung nach der anderen, wie fühlen Sie sich damit?" „Blöd. Schlecht. Blöd. Mies." „Immer wieder der abgewiesene Liebhaber. Leben Sie noch auf dieser Erde, was glauben Sie?" „Ich verstehe Ihre Frage nicht." „Lassen Sie mich nachdenken, wie kann ich das am besten ausdrücken? Haben Sie diese Frau persönlich gekannt?" „Und ob, ich kenne sie ja immer noch. Ich war nie richtig weg, auch wenn sie das gedacht hat. Sie hat sich das eingebildet. Ich bin zwar weggegangen, aber nur scheinbar. In Wirklichkeit bin ich dort hängen geblieben und warte auf meine Gelegenheit, wann ich sie quälen kann." „Eigentlich quälen Sie sich ja auch selber, weil Sie sich immer wieder eine neue Abfuhr holen." „Ja, wir quälen uns gegenseitig. Ich glaube schon, dass ich nicht in der…" (er sucht nach dem richtigen Wort) „Wirklichkeit lebe." „Waren Sie verheiratet mit ihr?" „Fragen Sie das nicht!" Nun stinkt es nach Urin. Er fährt fort: „Ich war ja das Schwein für sie. Besonders, wenn ich getrunken hatte, dabei musste ich soviel trinken, weil ich sonst verrückt geworden wäre." „Ja, das ist so. Entweder man wird verrückt – oder man muss sich trennen." Er sagt: „Ich werd es nun müde. Ich möchte auch gern mal versorgt werden. Etwas verwöhnt werden, auch ein Mann braucht das mal." „Das ist sicher. Bitten Sie die höheren Wesen um Verwöhnung und um Pflege, Wärme, Weichheit, sanfte Berührungen… Das brauchen Sie, das passt zu Ihnen."

Er ist gerührt. Dies dürfte der Beginn einer Wandlung sein. Er ist nun nicht mehr fixiert auf seine bisherige Tätigkeit. Er ist in seinem Sessel eingenickt. Die Hilfsgeister sind leise gekommen, legen eine Decke zurecht über seinen Knien. Ich sehe einen Holzfußboden, einen Ohrensessel aus den Siebzigern. Auf dem Tisch steht eine leer getrunkene Kaffeetasse, darauf steht ein kurzer Name. Als ich den entziffern will, verschwindet die Schrift. „T'schuldigung" sage ich, „Ich sollte nicht neugierig sein und nichts beweisen und nichts nachweisen wollen. Lassen wir's erst mal so. Ich danke Ihnen für Ihre Geduld und die Geständnisse." „Man ist ja kein Unmensch," antwortet er und grinst. „Sie bestimmt nicht," antworte ich und grinse auch. „Ich kann das aber wohl sein…" meint er. „Kann wohl." gebe ich zurück, „Ich aber auch." Abschließend sagt er: „Nein, mehr erfahren Sie nicht von mir. Mehr nicht. Sie haben das ganz schlau angestellt, ein cleveres Weibchen sind Sie, aber so was mag ich. Ich denke jetzt nicht mehr an meine… ist auch schon egal. Meine Güte, man soll auch mal Ruhe geben." Er gähnt. „Genug ist genug, es hat doch keinen Nährwert, da noch weiterzumachen, das bringt doch keinem was. Ich bin müde, müde, müde." Ich denke, dass er nun lange, lange, lange schläft. Sind die Hilfshelfer da? Ja, das sind sie. Dann kann ich ja nun gehen. Später geht's weiter mit ihm, aber nicht mehr wie das Gewesene. Dann geht es weiter auf einer neuen Stufe. Was wir beide hier besprochen haben, ist nun soweit abgerundet. Es hat ihm gut getan, dass ich ihm Aufmerksamkeit und Respekt erwies. Nun wird er sich von seiner Fixierung an die Mutter des Anrufers lösen. Dem Anrufer, also dem Sohn dieser Frau sagte ich, dass er durch seinen Anruf (bei mir) den Weg bereitet hätte für eine Menschenseele, sich aus ihrem Automatismus zu lösen. Er hätte dieser und gleichzeitig seiner Mutter geholfen. Ich nähme an, dass nun Ruhe einkehren würde im Hause der Mutter und die Phänomene verschwänden. Doch fände ich richtig, dass seine Mutter sich nicht nur befreien ließe, sondern auch selber etwas zum (Er)lösungsprozess beitragen würde. Das formulierte ich so:

Sagen Sie Ihrer Mutter einen schönen Gruß von mir. Sagen Sie ihr, ich hätte mich gekümmert um die bewusste Angelegenheit. Ich würde vermuten, dass nun alles in Ordnung sei. Sie selber könne ihren Teil dazu beitragen, indem sie sich selber täglich gedanklich in eine goldene Lichtkugel einhüllen und auch dem ehemaligen Besucher gute (Licht)wünsche senden würde.

...ich habe einen Partner im Jenseits. Er hat vor 200 Jahren auf dieser Erde gelebt, er war Komponist und ist ermordet worden. Ich habe ihm ins Licht verholfen, wir sind wie ein echtes Liebespaar. Ich bin total glücklich mit ihm und mit seiner Musik. Alle zwei Monate gehe ich zu einem Medium, über diese Frau kann ich mit ihm kommunizieren. Mein Medium sagt, wir wären Zwillingsseelen. Ich will ihn nicht verlassen, das wäre idiotisch. Trotzdem sehne ich mich nach einer „echten" Beziehung, ich möchte auch mal tanzen gehen und echt vögeln. Verstehen Sie mich? Aber alle meine Männerbeziehungen gehen den Bach runter. Dann war ich noch bei anderen Medien, die sagten, ich würde meinen Traummann bald kennen lernen, aber bisher ist nichts passiert. Was meinen Sie, warum ich keinen Partner finde?

Es gibt eine Kombination von Gründen, weshalb Sie keinen Partner finden können. Wenn ich das richtig sehe, so haben Sie aus früheren Inkarnationen „Mann-Frau-Beziehungen ungelöst" in dieses Leben mit hinein genommen. Es gab Schwüre, die bis heute nicht aufgehoben wurden von Ihnen, die noch in Ihrem Unterbewusstsein gültig sind und fortbestehen, Schwüre, die mit „Nie wieder...", „Immer..." der „Ewig soll..." beginnen. Ein anderer Grund: durch die vielen Männerbeziehungen, die Sie in diesem Leben gehabt haben – Sie berichteten davon – hat ein potentieller Freund schnell das Gefühl, er könne Ihnen nichts bedeuten...

All diese Gründe können Teilursachen dafür sein, dass Sie keinen bleibenden Freund finden. Falls Sie sich auf die Suche machen möchten nach Ihrer Vergangenheit, will ich Sie dabei wohl begleiten. Ich weiß nicht, ob es Ihnen überhaupt nutzt, wenn ich die Aspekte nenne, die meines Erachtens zu dem von Ihnen genannten Problem führen. Mit einigen Erklärungen ist es nicht getan. Behutsame, aber gründliche Spurensuche wäre angesagt.

Aus Ihren wenigen Zeilen entnehme ich, dass Sie geneigt sind, dem Wort anderer viel Gewicht zu geben, selbst, wenn es sich um Dinge handelt, die nur Sie etwas angehen. Sie holen sich ein Versprechen in die Zukunft, einen Trost, und dann sind Sie allein mit der Enttäuschung. Auch hier wäre es wichtig zu fragen: Warum ist das bei mir so? Wieso mache ich das? Wie gesagt, was Sie in Ihrem Brief anschneiden, hat tiefste Hintergründe und Ursachen. Diese aufzuspüren wäre ein längerer und tiefgreifender Prozess.

Sie sagten mir, dass Sie Ihren jenseitigen Partner vor 12 Jahren beim Tischrücken kennen und lieben gelernt haben. Sie haben ihm zum Licht verholfen. Was ich in dieser Angelegenheit tun kann, ist, ihn in den Sphären aufsuchen und um ein Gespräch bitten. Ihn einfach zu bitten, mitzuteilen, wie es ihm geht und wie er seine Beziehung zu Ihnen sieht. Möchten Sie das?

Nachdem ich nun von Ihnen grünes Licht erhalten habe, besuche ich diesen Mann in der anderen Welt. Er sitzt an seinem Komponierpult, er ist schon älter, zusammengesunken, eigentlich müde und alt.

Ich beginne: „Ihr wisst, von wem ich Hinweise auf Euer Ehren habe?" „Ja, ja, das weiß ich gut, wir sind ja ständig in Kontakt." „Möchten Sie das?" „Ja und nein, es ist so unglaublich faszinierend, dieser Kontakt mit einer jungen Frau, dadurch bekomme ich viele Lebensgeister, es ist wie ein Elixier, aber es hält nie lange. Ich bin ausgetrocknet, ausgedurstet, ledern. Ich bin nicht mehr frisch, nicht dynamisch, nicht mehr elegant. Ich sitze und sitze und erschaffe nichts mehr. Ich warte nur auf die Ansprache von ihr und nichts weiter. Ich verdorre, ich verkümmere. Zuerst war es ja richtig und gut. Nun gibt es keine Entwicklung mehr. Ich müsste etwas anderes... etwas ganz anderes, sonst sitze ich noch viel zu lange hierin fest.

Ich liebe *sie*, ich bin an sie gebunden, das wird doch nicht zunichte oder verschwinden, wenn ich mich hier wegbegebe. Im Gegenteil, das käme doch auch ihr zugute, damit sie sich in der sichtbaren Welt verwirklichen kann. Die

Erinnerungen sind schön, sie sind wertvoll, ich möchte sie nicht missen, niemals. Aber sie können in dieser Form als einzig möglicher Kontakt zwischen uns nicht ewig so weitergeführt werden, das gibt keine Entwicklung. Ich möchte sie auch freigeben für ihre Lebenszeit auf Erden. Sie hat großartige Gaben, sie hat innere verborgene Schätze, sie könnte Menschen wirklich und tatsächlich helfen und heilen.

Das könnte nun in Bewegung kommen, das könnte nun in Gang kommen. Sicher wird sie nun fragen... wie, wie, wie das? Das wird sich zeigen, das wird sich geben. Ich sage nicht, dass ich mich trennen will, niemals. Ich sage nur, dass es heilsam ist, wenn nach der Zeit unserer innigen Kontakte über die Grenzen der verschiedenen Welten hinweg, sich nun ein jeder von uns in *der* Welt zurechtfindet, in der er tatsächlich ist!

Geben Sie das weiter an sie, ich bin immer mit ihr verbunden. Durch diese meine Idee habe ich in keiner Weise eine Trennung vollzogen. Ich würde das auch nicht plötzlich und einseitig tun, niemals. Wir sind schon so verlassen gewesen, so verlassen worden. So einen Vorgang der Ablösung muss man in gegenseitiger Hochachtung, Behutsamkeit, Noblesse geraume Zeit vorbereiten und in die Wege leiten. Nochmals sage ich, dass dadurch nicht unsere Seelenbindung geändert der gelockert wird, im Gegenteil, sie kann in der Welt, ich in dieser besser operieren – bis, ja bis zu dem überglücklichen Tage, an dem wir uns beide unter gleichen Bedingungen in derselben Welt wieder sehen. Gott zum Gruße. Sei gegrüßt und gesegnet."

Was bedeutet *Medium*?

Medium bedeutet, zwischen zwei Dingen, Welten oder Positionen zu stehen und gleichzeitig zwischen ihnen zu vermitteln: Alle Wesen sind Medien.

Nützen Gebete in jedem Fall?

Ja, zumindest dem Betenden selber, denn er zeigt damit, dass er sein Herz zu einer höheren Instanz erhebt.

Nützen Gebete für einen Kranken auch dann, wenn sich nichts ändert oder bessert an seinem Zustand?

Ja, auch dann, denn Sie können ja nicht wissen, um wie viel schlimmer oder schmerzhafter eine Krankheit sonst abgelaufen wäre. Selbst wenn sich der körperliche Zustand nicht bessert oder gar verschlimmert, so kann sich doch in der Seele Entscheidendes zum Positiven ändern (zum Beispiel sagte meine Schwester drei Tage vor ihrem Tod zu mir: ‚Es klingt vielleicht komisch, aber es geht mir richtig gut.').

Heilungsvorgänge in der Seele sind wenig spektakulär. Es wird in der Öffentlichkeit kein Aufhebens davon gemacht, und sie stehen in keiner Zeitung vermeldet.

Wenn jemand spirituelle Hilfsbemühungen nicht an sich rankommen läßt, sich dagegen verschließt oder sogar abwehrt, sollte man die dann nicht besser ganz lassen?

Das kommt darauf an. Wenn die guten Wünsche und Fürbitten von einem bestimmten Menschen als Einmischung, sogar als Belästigung empfunden werden, dann war vorher in der Beziehung schon einiges nicht in Balance. Dieses Phänomen kann besonders dann auftreten, wenn die Personen einander persönlich kennen und eventuell Macht-Streitigkeiten miteinander hatten. Dieser Kampf kann nun auf der spirituellen Ebene fortgesetzt werden. Aber auch bei Menschen, die einander nicht kennen, kann das passieren. Der/die Bittende kann absolut davon überzeugt sein, gute Gaben zu verteilen, und doch kann es sein, das es dem Adressaten nicht gelegen kommt. In diesem Falle ist der Einsichtsweg des Absenders von „Ich möchte dir helfen; Ich will, dass du gesund wirst." Über: „Ich bitte darum, dass du gesund wirst." Hin zu „Ich bitte, dass dasjenige geschieht, was gut und richtig für uns alle ist."

Seit Jahren ist meine Tochter drogensüchtig und mein Mann hat Blutkrebs. Kein Bitten und Flehen zu Gott hat geholfen. Soll ich es nun ganz lassen?

Entweder Sie hören auf mit dem aktiven Beten und geben alles restlos ab nach oben oder Sie fahren fort in dem Sinne, dass Sie sich vorstellen, jedes Ihrer Gebete wäre ein Geschenk, das Sie in einen Korb legen; Esswaren, Getränke, eine Blume, ein Buch, eine Musikkassette. Symbolisch legen Sie Ihre Gaben in den Korb und lassen ihn bei dem Kranken stehen. Ob und wann der in der Lage ist, sie an- und aufzunehmen, ist nicht mehr Ihre Angelegenheit. Er wird es dann tun, wenn der richtige Moment dafür gekommen ist, vielleicht unbemerkt.

Ein anderes Symbol für dieselbe Sache: Mit jedem Genesungswunsch zahlen Sie eine Summe auf das Konto des Erkrankten ein. Dies gilt als ein Guthaben, das so lange bestehen bleibt, bis es genutzt wird.

Wenn aber jemand so karmabelastet ist, dass er von außen gar keine Hilfe bekommen darf, dann ist doch jede Mühe umsonst?

Auch dann ist Gebet nicht sinnlos; dann können Sie bitten für die Karmaerkennung und Auflösung durch den betreffenden Menschen selber.

Ist Krankheit und Unglück denn immer ein Zeichen für Karmabelastung?

Um Gottes Willen, nein. Viel Leid wird von hilfsbereiten Seelen freiwillig übernommen und ausgetragen. Es ist aber gut, wenn auch diese Menschen ergründen, 1. ob das zutrifft, 2. ob und inwieweit es freiwillig ist und ob sie sich nicht besser anderer Hilfs- und Beistandsmethoden bedienen wollen. Leiden übernehmen kann eine Weile seine Berechtigung haben, die letztendliche Lösung kann es nicht sein.

Bei allen Gebets-, Hilfs- und Heilungsaktionen ist eines wichtig: Tun Sie es niemals selber, nicht aus eigener Kraft, sondern erbitten Sie Hilfe für...

Wir sollten niemals urteilen über eigenes oder fremdes Karma, dazu sind wir nicht befugt. Krankheiten, Unglücke, Unfälle dürfen nicht einfach bestimmten Verfehlungen in früheren Leben zugeordnet werden nach dem Motto: selber schuld. Etwas ganz anderes ist es, wenn jemand von sich selber sagt: Ich habe herausgefunden oder ich habe die Vermutung, dass ich in einem früheren Leben...

Karmaangelegenheiten sind immer mit den Augen der Liebe zu betrachten, es geht nicht an, darüber zu werten.

Wir haben ein Sorgenkind in der Familie, meinen Bruder. Alles dreht sich um ihn und seine Krankheit. Ständig hat er etwas, um das man sich kümmern muss. Kann man sich davon befreien, um endlich wieder ein normales Leben zu führen?

Krankheiten, eingeschlossen Sucht- und Zwangserkrankungen, auch psychische Beschwerden sind ein Gruppengeschehen. Die eine Person trägt sichtbar (aus), was für alle Thema war und ist. Sie können sich am besten helfen, indem Sie Gespräche mit einer neutralen Person führen, bei der Sie über alles reden können. Die Krankenkassen übernehmen die Kosten für eine Anzahl solcher Gespräche. Der Vorteil davon ist, dass Sie herausgelöst aus der Familiensituation Ihre Gedanken, Gefühle, Überlegungen ausdrücken können. Hierbei geht es um Sie in erster Linie. Wenn Sie in sich selber etwas klären und sich stärken können, gehen Sie anders um mit der Situation zu Hause. Das kommt dann letztendlich auch der erkrankten Person zugute. Sie brauchen sich nicht zu scheuen, Ihren Hausarzt um eine begleitende Therapie zu bitten. Wenn Ihnen der erste Therapeut/die erste Therapeutin nicht passt, erbitten Sie einen Wechsel. Sie müssen sich ganz verstanden und angenommen fühlen.

Durch die Gespräche können Sie erfahren, welche Rolle Sie in der ganzen Angelegenheit einnehmen. Sie sind nicht mehr nur ein Rädchen, das gedreht wird durch das Krankheitsgeschehen eines Familienmitgliedes. Sie werden nun auch ein selbständiger Teil, der eigene Identität hat.

Wie gesagt, Unglücke, Krankheit und Unfälle sind ein Gruppenereignis, eigentlich ein Gruppenprozess, der eine bestimmte Dynamik hat, solange wir uns nicht darüber bewusst sind.

Geistige Fürbitten gelten deshalb allen Beteiligten und Betroffenen, denn alle sind in Not.

Wird eigentlich jedem geholfen?

Im Prinzip ja. Kein guter Gedanke geht je verloren. Es ist nur eine Frage der Zeit, wann sich das Prinzip verwirklicht, ob noch auf dieser Erde oder in der anderen Realität.

Welche Kraft Gedanken haben, zeigte ein Versuch in einer englischen Stadt. An einem bestimmten Rondell passierten ständig Unfälle. Eine Gruppe von Menschen meditierte daraufhin zweimal die Woche auf eben dieser Gefahrenzone im Verkehr. Die Anzahl der Unfälle verminderte sich um ein Drittel.

Sind bei Unfällen immer Schutzengel bzw. höhere Wesen zur Stelle?

Ja. Aber Unfallverhütung beginnt, **bevor** Sie in den Wagen steigen und den Motor anlassen. Kommen Sie einen Moment lang zur Ruhe. Besinnen Sie sich einen Augenblick. Sie bringen damit Ihre Gehirnwellen in ein anderes Muster. Danken Sie beim Aussteigen kurz für die gelungene Fahrt.

Ja, die Schutzengel sind immer dabei, aber manches Mal können, ja dürfen sie nichts tun. Höchst überrascht war ich, als ich vor einigen Jahren bei einem Besuch in den Sphären auf den Großonkel eines meiner Klienten stieß. Der sagte mir, dass er zu Lebzeiten ein begeisterter Motorradfahrer gewesen sei – er sagte doch tatsächlich, dass er nun seit seinem Eintritt in die andere Welt die Oberaufsicht über das Autobahnkreuz Karlsruhe bekommen habe. Wie von einem Hubschrauber aus würden er und seine Gehilfen das Geschehen, den Verkehr dort unten, bebachten. Den nervösen Fahrern würden sie Beruhigungen in die Gehirne schicken, die Aufgebrachten und Aggressiven besänftigen und die Eiligen zu Besonnenheit anhalten.

Manches Mal könnten sie bei einem drohenden Unfall in letzter Sekunde eingreifen und diesen verhüten. Dabei müssten Sie auch schon mal die physikalischen Gesetze außer Kraft setzen; etwa einen Bremsweg verkürzen, ein Auto schwerer machen als es sei, um die Bodenhaftung zu gewährleisten, selbst Fahrzeuge versetzen sei gelegentlich möglich. Auf meinen Gedanken: Aber es passieren doch Unfälle, antwortete er: „Das ist richtig. Wir dürfen bei jeder Person dreimal eingreifen, dreimal verhindern und verhüten. Wir handeln in drei Abschnitten: Beruhigen/warnen, eingreifen und schließlich geschehen lassen. Ihr werdet zugeben, dass einem Unfall fast immer eine private oder berufliche Spannung vorausgeht, Gereiztheit, Frustration, Schwäche, Disharmonie. Wenn Ihr also eine Unternehmung, gleich welcher Art, beginnt und Ihr seid in einer solchen Stimmung, beruhigt, bereinigt, befriedet sie vorher. Verlasst niemals einen Menschen im Streit. Bevor ihr weggeht, deutet wenigstens noch kurz an: Wir werden schon noch eine Lösung finden, das kommt schon in Ordnung, ich mag dich trotz unserer Meinungsverschiedenheit. Jeder Unfall hat eine unheilvolle Vorgeschichte. Verlangsamt Euer Lebenstempo. Achtet auf euch selber und Eure Umgebung. Wenn die Fahrer nichts erkennen und einsehen, können wir nichts mehr tun. Wir müssen sozusagen tatenlos zusehen, was sich dort unten abspielt und die Verunfallten den irdischen Instanzen, Polizei, Ambulanz, Feuerwehr, Leichenwagen überlassen.

Wir sind dann praktisch der unsichtbare Hubschrauber über dem Polizeihubschrauber. Wenn dann die Komaseelen und die schon von ihrem Körper Getrennten bei uns ankommen, so werden sie von einem speziell dafür bereitstehenden Team empfangen. Hilfe ist also immer, auch wenn es ‚zu spät' ist."

Wie sollen wir unsere Angelegenheiten, unsere Nöte denn nun vortragen?

Ich hörte kürzlich ein Wesen aus den höheren Welten den Menschen erklären: „Warum betet ihr nicht einfach so, wie die Wesen, die ihr nennt alte Mütterchen und Opas, still, leise, ohne Aufhebens, selbstverständlich? Ich kann euch versichern, es sähe düster aus hier, wenn wir diese Menschen nicht hätten, die uns zuarbeiten. Jede Form von Fürbitte, Gebet, Heilung ist gut, wenn sie nur dem Allerhöchsten das letzte Wort überlässt."

Ich habe häufig sexuelle Fantasien, die mit Schmerzen erleiden zu tun haben. Wie ist das zu verstehen, woher kommt das? Das geht doch nicht jedem so.

Es bedeutet, dass ein tiefer seelischer Schmerz im Unterbewusstsein vorhanden ist. Je extremer Sado-Maso fantasiert und ausgeübt wird, umso mehr Urschmerz ist vorhanden. Durch die Vorstellungen und Praktiken werden im Gehirn schmerzhemmende Hormone erzeugt, sogenannte Endorphine. Durch sie wird für gewöhnlich kurzfristig Entspannung erfahren, gerade solange, bis sich seelischer Schmerz wieder ansammelt. Es wird symbolisch agiert, wiederholt, fortgesetzt. Die Ursache wird auf diese Weise nicht aufgedeckt.

Wenn Sie die tiefen Ursachen Ihrer SM-Neigung verstehen und auflösen wollen, mögen Sie dafür Situationen Ihrer verschiedenen Leben erinnern, um den damaligen Schmerz zu fühlen, jedoch ohne jegliche Gewaltanwendung gegenüber sich selbst oder anderen. Dann werden Sie erleben, dass die sexuelle Erregung (und Lust) lediglich dazu dient, tiefes Leid zu betäuben – von Lindern kann nicht einmal die Rede sein, denn echte dauerhafte Befriedigung wird auf diese Weise nicht erfahren.

Die Utensilien, die jemand beim Ausüben von SM benutzt, lassen Rückschlüsse zu, wo in etwa das zugrunde liegende Trauma angesiedelt ist, ob es in diesem oder einem früheren Leben durch Fesseln, Knebeln, Strangulieren, Schneiden, Brennen, Augen verbinden, Schlagen oder in Verbindung mit Blut oder Fäkalien entstanden ist. Interessant ist in diesem Zusammenhang, dass in SM-Shops Gasmasken in den Ländern keinen Absatz finden, die nicht vom 2. Weltkrieg betroffen waren.

Ich möchte nochmals sagen, dass Erlösung nicht erfahren werden kann in der Wiederholung des alten Szenarios. Befreiung kann dann stattfinden, wenn die betreffende Person ohne Anwendung von SM, also ohne auszuagieren, die alten zugrunde liegenden Szenen erinnert, versteht und integriert.

Wenn Sie mentale Kontakte zu Menschen aus anderen Kulturkreisen oder Religionen haben, gestalten die sich genauso wie die mit Europäern oder gibt es hier tatsächlich Unterschiede?

Häufige Kontakte mit „Andersgläubigen" hatte ich nicht. Die wenigen waren aber doch recht anders. Es gab/gibt da sehr wohl Unterschiede. Folgendes ist sicher nicht repräsentativ, doch will ich einzelne Erlebnisse mitteilen. Bei Schwarzafrikanern und deren Abkömmlingen auch aus anderen Kontinenten erschien meist nicht die Person allein, sondern die Person als Gruppe; Familien-, Stammesmitglieder, Ahnen kamen gleich mit. Sie bewegten oder tanzten um den Probanden herum, so dass ich gar nicht ausmachen konnte, wer wer war. Es gab viele Interaktionen untereinander, doch keine mit mir. (Wahrscheinlich dachten sie in ihrem Gruppenbewusstsein, dass bei mir nun eine Art Geisterbeschwörung stattfinden würde und sie kamen deshalb in entsprechendem Outfit.) Das „Datum" Ihres Auftrittes lag Hunderte von Jahren zurück, bewegte sich wieder auf die Jetztzeit zu und wieder zurück in Urzeiten hinein.

Ich konnte weder ein Individuum ausmachen, noch einen Zeitpunkt fixieren noch mental eine Botschaft an die ganze Gruppe richten. Die Gruppe hatte keine Aufmerksamkeit für mich. So verabschiedete ich mich als jemand, der nicht dazugehört, weil er nicht „dasselbe" ist. Die Farbigen, die ich im Laufe meiner Berufstätigkeit als Individuum ausmachen und ansprechen konnte, waren „europäisiert". Ich sprach sie mental an als Einzelperson, doch dann wechselten auch sie meistens ihre Erscheinungsform hin zum Gruppenmitglied und so hin und her. Auch in diesen Kontakten konnte ich keinen Anhaltspunkt finden, denn sobald ich einen Gedanken rüber sandte, erschien der Clan und äußerte deutlich seine Meinung darüber. Offenbar befürchtete man Beeinflussungen auf den oder das, was zu ihnen und damit ihnen gehörte. Als einziger Ansatzpunkt für mich blieb nur das normale, ganz auf die Realität bezogene, Beratungsgespräch. Aber auch dieses gestaltete sich anstrengend für mich, denn die Menschen saßen da und warteten förmlich darauf, dass ich sie von einem unangenehmen/unbefriedigenden Zustand in einen angenehmen versetzen sollte, auf alle Fälle in den von ihnen gewünschten. Schließlich bezahlten sie mich ja dafür.

Außerdem suchten sie mich auf, weil sie felsenfest dann überzeugt waren, dass sie verhext, verzaubert, oder auch besessen waren, und dass so jemand wie ich in der Lage wäre, den Bann zu lösen, den Fluch zurückzusenden und die ganze Sache durch Gegenzauber in Ordnung zu bringen. An dem Punkt tauchten dann auch wieder die tanzenden Stammesgenossen vor meinen inneren Augen auf. Diese Erfahrungen stammen aus meiner Amsterdamer Zeit, wo die Hälfte der Einwohner nicht niederländischer Abkunft ist. Mir dämmerte erst nach und nach, worum es diesen meinen Klienten ging. In der asiatischen, afrikanischen, schwarz-amerikanischen (gleich, ob Nord- der Südamerika) Tradition wird ein Heiler aufgesucht, weil er etwas bewirken soll, Gesundheit, Wohlstand, Kindersegen zum Beispiel... Man ist davon überzeugt, dass böse Menschen oder Geister Glück und Erfolg verhindern. Diese soll der Heiler identifizieren, mit einem Gegenzauber belegen und so unschädlich machen. Logisch, dass durch diese Einstellungen und Praktiken immer mehr Unheil angerichtet wird bis schließlich ein Netzwerk von gegenseitigen Verdächtigungen und Beschuldigungen geschaffen ist, woraus es kaum noch ein Entrinnen gibt. Jeder lacht den anderen breit an und jeder ist gleichzeitig auf der Hut. Eine Schwangerschaft im Gespräch zu erwähnen, wird als hochgradig gefährlich angesehen und ein kleines Kind im Kinderwagen zu bewundern, kann zu großen Problemen führen, wenn die Mutter anschließend sagt, das Kind sei mit dem bösen Blick belegt worden, es würde nun krank oder gar sterben. Nun muss sie schnell zum Voodoopriester, um Gegenmagie anwenden zu lassen. Ich brauchte Monate, bis ich begriff, dass fast alle Farbigen, die mich konsultierten, sich verzaubert glaubten und von mir erwarteten, dass ich sie befreite. Es wurde weitschweifig von allem Möglichen berichtet und ich blickte überhaupt nicht durch, fand auch keinen roten Faden, keinen Ansatzpunkt, denn sobald ich etwas mit Worten fixierte, wurde es mir wieder entzogen oder das Thema gewechselt. Später begriff ich auch, dass diese Klienten gar nicht deutlich sagen durften, worum es ihnen ging, denn das auszusprechen, war tabu und hätte sofort einen neuen mentalen Angriff von der (vermeintlichen der echten) Feindesseite ausgelöst.

Nachdem ich dies verstanden hatte, wurde es einfacher für mich. Ich konnte direkt am Telefon reagieren, indem ich sagte, dass ich nicht Magie und Zauberei anwenden würde. Erstaunlicherweise kamen die Anrufer/innen trotzdem. Dann wusste ich, dass sie bereit waren, ein anderes Denkmuster auszuprobieren und mancher/manche nahm meinen fotokopierten Zettel mit dem Lichtschutz mit nach Hause, den Zettel, auf dem steht:

„Ich befinde mich in einer Kugel aus Gotteslicht. Der Rand ist dicht. Nur Gutes erreicht mich und ich erreiche das Gute."

Einmal kam eine ganze Familie zu mir: Vater, Mutter, deren Schwester und zwei wunderbare Kinder. Diese Menschen waren so einfach, wie man früher sagte, rechtschaffen, so liebenswert. Ich ließ sie in einer Reihe Platz nehmen. Alle fünf sahen mich mit angsterfüllten Augen an. Ich flehte zum Himmel, mir doch die richtigen Eingebungen zukommen zulassen. Die bekam ich auch. Die Mutter erklärte, weshalb sie zu mir kämen. Bei dem Flugzeugabsturz 1990 in einem Vorort von Amsterdam sei eines ihrer Kinder ums leben gekommen. Sie möchte nun nach vier Jahren gerne wieder ein neues Kind. Ihre Nachbarin würde immer so komisch gucken und früher habe sie immer kleine Beträge im Lotto gewonnen, und nun seit zwei Jahren gar nicht mehr. Ob vielleicht die Nachbarin…?

Ich vertiefte mich einen Moment und sagte dann, dass ich nicht sehen könne, dass die Nachbarin ihr Böses wolle. Nun strahlten alle auf. Alle waren erleichtert. Ich sagte zu jedem noch etwas Persönliches und hob die Qualitäten und Werte dieser Familie hervor, wie der Vater für alle sorgte, die Tante einen wichtigen Beitrag leisten würde, die Mutter sich nun langsam von dem Schmerz über ihr verlorenes Kind erholen würde und dies zwei ganz besondere, entzückende Kinder seien. Dann baten wir miteinander den Himmel um alles, was gut und schön wäre für sie und wir baten auch um Frieden und (Völker-)Verständigung.

Selten habe ich Menschen so still-glücklich von mit fortgehen sehen.

Nur zwei Mal hatte ich aufgrund meiner Arbeit mit Moslems zu tun. Die Schwester eines jungen Mannes fragte mich nach seinem Zustand, ihr Bruder sei tödlich verunglückt, sie habe ihn sehr geliebt. Als ich alleine war, suchte ich ihn mental auf. Fortwährend hörte ich ihn mit lauter Stimme rufen: „Das habe ich für (meinen) Gott getan! Das habe ich für meinen Gott getan!" Ein Gespräch war nicht möglich. Ich begriff überhaupt nicht, was das bedeutete. Erst Jahre später, als mir bekannt wurde, dass der Moslem glaubt, durch seinen Tod, durch sein Sterben ins Paradies zu kommen, konnte ich die Rufe des jungen Mannes einordnen. Ich glaube, er hatte sich (halb) absichtlich totgefahren.

Ein anderer Mann aus dem Diesseits kam indirekt zu mir als Ehemann einer Rat suchenden Klientin. Als er meiner ansichtig wurde, hob er abwehrend die Hände, das war ein deutliches Zeichen, dass er keinen Kontakt möchte. Ich zog mich leise zurück. Moslems sind gehalten, sich in schwierigen Lebensphasen an ihren Mullah zu wenden.

Aus meinen Erfahrungen zog ich den Schluss, dass es in Anbetracht unseres derzeitigen Bewusstseinsstandes nicht ratsam ist, die Religionen zu mixen. Kennen lernen, verstehen, sich informieren und einander sein lassen, das wohl, doch Riten, Gewohnheiten, Rituale miteinander zu koppeln, erscheint mir zum einen unmöglich, zum anderen verwirrend und ungesund. Dass man sich gemeinsam an eine übergeordnete, eine allerhöchste Kraft/Instanz wenden kann, ist etwas anderes.

Asiaten buddhistischen und hinduistischen Glaubens, vor allem bei den Älteren und schon Verstorbenen, gaben eine ganz bestimmte, besondere Stimmung wieder, alles war ruhig, würde- und weihevoll. Es gab viele Räucherstäbchen, viel Rot und Gold, Kerzen und Opfergaben. Sie teilten mir nichts Privates, nichts Persönliches mit. Es war, als ob sie das Berichten über ihre eigenen Angelegenheiten weit hinter sich gelassen hätten. Aus dem „ich" war das „man" geworden. Man legte Wert auf Haltung und Heiligung. Einige dieser Seelen hielten sich fortwährend im Andachtstempel auf, andere betrachteten als Individuum im Gruppenverband ihr Dörfchen oder den Landstrich, ihre Heimat, „von oben", hielten ihn im Auge, betrachteten und behüteten ihn vor Eindringlingen, vor Dürre, Brand und Wasserflut. Sie waren ständig in heiligendem und beschützendem Bewusstsein. Allein traf ich nur dann Seelen dieser Religionen an, wenn sie sich (noch) in irdisch bedingten Nöten befanden, so traf ich einmal auf einer geistigen Reise einen Reisbauern auf seinem Felde in Vietnam an. Er stand schon fast dreißig Jahre dort, seitdem eine Granate ihn getötet hatte. Ich sprach mit ihm und wünschte ihm Frieden. Das verstand er. Auf dieses Wort hin drehte er sich um und ging in einen Tempel. Das bedeutet, dass der Mann meinen Friedenswunsch aufnahm und auf seine Weise, gemäß seiner Kultur und Religion verwirklichte, nämlich im Tempel.

Die Verstorbenen buddhistischen und hinduistischen Glaubens können nur dann jenseitigen Frieden finden, wenn jemand für sie einen Altar errichtet. Wenn keine Hinterbliebenen, keine trauernden Angehörigen mehr da sind, wie das häufig im Krieg der Fall ist, müssen sie irdisch verharren, bis ihnen jemand Erlösung gibt. Das kann ein Altar mit Kerzen und Rauchwerk, aber auch ein ehrender Gedanke (als ein mentaler Altar) sein. Dann geht die Person heim zu den Vorfahren und verbleibt dort (immer noch als Individuum) in der Gruppe. Diese Gruppe widmet sich in Andacht ihrer eigenen Heiligung oder stellt ihre meditative Aufmerksamkeit in den Dienst der Angehörigen. Dabei mischt sie sich nicht in deren Belange ein und mischt sich auch nicht unter sie. Wie die jüngeren, nicht religions- und traditionsgebundenen Asiaten sich befinden, darüber habe ich keine Einsichten.

Eine einzige junge Asiatin, in der ersten Generation in Deutschland lebend, hatte sich bei mir angemeldet. Während wir am Telefon den Termin vereinbarten, spürte ich schon ihren Gewissenskonflikt. Sie lebte noch zu Hause und ihre Eltern durften nichts davon wissen. Sie kam dann wirklich auch nicht, was für sie und darum auch für mich sicher besser war.

Danke, dass Sie mir diese Frage gestellt haben, so gaben Sie mir Gelegenheit für diesen Exkurs.

Würden Sie eine Schwangerschaftsberatung bei mir durchführen? Ich weiß nicht, ob ich mein Kind behalten soll/will.

Am besten, ich sage Ihnen von vornherein schon am Telefon, dass ich parteiisch bin. Ich bin nicht neutral, darum rate ich Ihnen, gut zu überlegen, ob Sie wirklich zu mir kommen möchten.

Sie sind doch weiter als ich, weil Sie sehen können.

Einspruch! Wenn wir die Menschen in zwei Kategorien einteilen wollen, so können wir sagen, dass die einen eher das Lehren, die anderen eher das Lieben verkörpern. Lehren meint das Weitergeben und Übermitteln von Inhalten. Lieben meint, einfach gut und freundlich zu sein, ohne das zu erklären oder darüber nachzudenken. Für das letztere müssen wir nicht einmal die Begriffe Humanität, Esoterik, Seele kennen. Wer liebt, der liebt ganz einfach.

Lieben ist mehr, ist größer als Lehren.

Eine Freundin von mir, die auch Hellseherin ist, hat mir vor drei Jahren gesagt, sie sehe mich als Leiterin eines spirituellen Zentrums, das sei meine Lebensaufgabe. Sie sehe mich in einem weißen Gebäude mit mediterraner Architektur. Ich habe dann Bauzeichnungen anfertigen lassen und einen Makler mit der Beschaffung eines passenden Grundstücks betraut. Dies alles hat mich 60.000 DM vorab gekostet. Dann bin ich zur Bank, aber die hat mir keinen Kredit mehr für das Bauwerk gegeben, weil ich kein festes Einkommen nachweisen kann.

Hat meine Freundin nun was Falsches gesehen, oder wird die Vision doch noch in Erfüllung gehen? Ich bin nun völlig verschuldet, und die Zinsen fressen mein Gehalt als Psychologin auf. Was soll ich nur tun?

Also, zunächst möchte ich Ihnen einen Rat geben, der die Realität betrifft, es gibt kostenlose Schuldnerberatungsstellen. Da können Sie mit Experten/innen sprechen. Manches Mal übernehmen diese die Kontakte zu den Banken oder zu Privatpersonen und handeln eine faire Lösung aus, erstellen also einen Plan für das allmähliche Abtragen des Schuldenberges. Das kann Ihnen erst einmal Erleichterung verschaffen, weil Sie sich dann nicht mehr fürchten müssen vor Mahnbescheiden und Gerichtsvollziehern.

Das zweite wäre, dass Sie mal ganz liebevoll und freundlich mit sich selber überlegen, was Sie veranlasst hat, Ihrer Freundin so bedingungs- und bedenkenlos zu glauben. Sie sind doch eine Frau, die im Leben steht, nicht weltfremd, so dass hier schon ein triftiger Grund vorliegen muss, dass Sie auf die Vision Ihrer Freundin hin alle realen Begrenzungen aus den Augen verloren und sich derart in Unkosten gestürzt haben. Da liegt sicher etwas an/in Ihnen, das dazu geführt hat, aber auch Ihr Verhältnis zu der Freundin wäre zu beleuchten.

Zum dritten, muss es wirklich ein Zentrum sein? Können Sie nicht auch gerade in Ihrem Beruf Ihre spirituellen Ansätze und Ihre Ausrichtung auf Tieferes, Wesentliches leicht einbringen? In dem Moment ist nicht das Gebäude, sondern Ihre Arbeit das Zentrum.

Leider bin ich lustlos, auch auf spirituellem Gebiet. Ich habe wirklich null Lust auf nothing. Dabei kann ich nicht einmal die Diagnose *chronisches Ermüdungssyndrom* als Entschuldigung anführen. Jetzt bin ich mal gespannt, ob Sie mich da rausholen können.

Also, mein lieber Leser, niemand ist von Natur aus lustlos und inaktiv. Jeder Vogel möchte gern fliegen, es sei denn, er wäre durch (zu lange) Gefangenschaft im Käfig so geschädigt, dass er freiwillig auch beim Öffnen der Türe darin hocken bleibt. Der Platz ist ihm dann der sicherste, alles andere birgt Risiken und Gefahren. Es kann auch sein, dass ihm die Flügel gestutzt worden sind, als er noch jung war, und er so niemals den Rausch des Fliegens erlebt hat. Verstehen Sie mein Gleichnis?

Flügelstutzer sind Sätze wie: Du bist zu dumm, das schaffst du nie, Nachbars Franz ist überaus intelligent/gescheit/kreativ/musikalisch usw. usw. Dies ist „Fähigkeitsdiskriminierung". „Schönheitsdiskriminierung" benutzt folgende Sätze: Guck mal, was hat der einen tollen Körper/Schau mal den kleinen Mann dort/Die hat aber Super-Beine, davon kannst du nur träumen usw. Diese Dinge werden nicht gedankenlos hingeplappert, nein, sie sollen treffen, diskriminieren, entmutigen. Dafür gibt es kein Pardon, es sei denn, der Kreator selber würde um Pardon für seine Angriffe bitten.

Erkennen Sie etwas wieder aus Ihrer eigenen Vergangenheit? Nochmals, keiner hat gerne Lust auf gar nichts. Es muss eine Menge ungutes Zeug passiert sein, bevor ein so lebendiger Kerl seine Aktivitäten aufgibt. Eine Menge Verletzung, Verleumdung, überviel, soviel, bis der Eigenantrieb im wahrsten Sinne des Wortes geopfert wurde. Schauen Sie mal, wem Sie wann was geopfert haben und was der Lohn ist dafür bzw. Was haben Sie dafür wiederbekommen?

Alles Beste, ich denke an Sie.

Von esoterischer Seite wurde mir immer wieder versichert, wenn du etwas wirklich möchtest, dann bekommst du es auch. Nur klappt das bei mir nicht.

Bei mir auch nicht. Mag ja sein, dass dies nach Ablauf von Äonen stimmt, wenn wir soweit fortgeschritten sind, dass Ober-, Unter- und kosmisches Bewusstsein nahtlos mit einander kommunizieren, für die Jetztzeit halte ich diese These doch für gewagt. Sie schafft zum Frust noch neues Unglück, man kriegt nämlich auch noch die Schuld dafür, wenn/dass man nicht tüchtig genug gewollt hat.

Die ungekehrte Version ist der Aufruf: Du musst nur loslassen, dann bekommst du alles, was du willst. Dies ist ein unmöglicher Akt, denn wenn ich loslasse, was ich haben/erreichen will, ist das Loslassen nicht echt, weil ich „es" dafür bekommen will. Bekommen als Belohnung für Es-nicht-bekommen-wollen, wie soll man das anstellen?

Warum vermeiden Sie so strikt, Ratschläge zu geben, ein guter Rat kann doch nicht schaden.

Mit dem Erteilen von Ratschlägen und Empfehlungen mache ich Menschen abhängig. Ich binde sie an das, was ich gesagt habe, also an mich. Meine Vorgehensweise erkläre ich so: Auf einen unsichtbaren Tisch zwischen uns lege ich Allerhand nieder, alles, was mir zugänglich ist betreffend Ihrer Person und Ihren Angelegenheiten. Was Sie davon aufgreifen und mitnehmen nach Hause, ob, wie und wann Sie es verwenden, liegt bei Ihnen. Meine Klienten sind keine Patienten, sondern mündige Erdenbürger, die unterwegs sind zu/in den höheren Welten.

Seit ich mich auf dem spirituellen Wege befinde, vertrage ich keinen Alkohol mehr. Dafür möchte ich den ganzen Tag Schokolade essen. Was bedeutet das?

Spirituell ausgerichtete Menschen werden meist empfindlicher, weil durchlässiger für alle Einflüsse. Wenn jemand Alkohol trinkt, so werden die einen davon etwas lockerer, der Weingeist, der Sprit erweicht ihre Hülle, sie kommen dichter an ihr Inneres. Menschen, die kaum reden, werden gesprächig, Menschen, die kaum lachen, brechen in Gelächter aus und solche, die niemals weinen, heulen Rotz und Wasser.

Dies gilt für den normalen Bürger, der eine einigermaßen dichte (Schutz)hülle als Aura um sich herum hat. Wenn aber Menschen, die eh schon recht offen sind, Alkohol trinken, so können sie dadurch den Rest ihrer sowieso dünnen und durchlässigen Hülle verlieren, unter Alkoholeinfluss kommen sie direkt in Verbindung mit ihrem inneren Kern. Sie vertragen keinen Alkohol mehr, weil der künstlich öffnet.

Der Mensch hat verschiedene Körper, und unter Einfluss lockern die sich, sind nicht mehr deckungsgleich. Das wird deutlich, wenn jemand lallt oder torkelt. Dann hat sich sein unsichtbarer Körper vom physischen gelöst und der sichtbare läuft dem anderen nach oder fällt ihm hinterher. Im nächsten Stadium schläft der Betrunkene dann, weil sein Äther- und Seelenkörper ausgetreten ist. Er muss seinen Rausch ausschlafen.

Schokolade erzeugt im Gehirn das Serotonin, welches beruhigt, besänftigt, zufrieden macht. Wenn also viel unterbewusster oder auch bewusster Schmerz vorhanden ist, möchte man/frau/kind diesen stillen… und greift zur Schokolade. Nicht umsonst tut eine Tasse Kakao in Krisenzeiten so gut.

Hiermit melde ich mich bei Ihnen wegen meiner Schwester. Ich bin 34, sie 36 Jahre alt, und wir haben immer noch keinen Lebenspartner gefunden. Es geht mit eigentlich nicht so sehr um mich, sondern um meine Schwester, denn sie leidet sehr, weil sie keinen Freund findet. Sie weint jeden Tag. Die ganze Familie ist schon ratlos deswegen.

Wir waren schon vor zwei Jahren bei einem Medium, welches sagte, dass unser verstorbener Vater dafür sorgen würde, dass meine Schwester einen Mann findet. Davon ist nichts in Erfüllung gegangen. Will mein Vater ihr nicht helfen oder kann er das nicht, und was sagen Sie voraus?

Zunächst einmal, ich mache grundsätzliche keine Zukunftsvorhersagen, die Zukunft ist eine Verlängerung der Gegenwart, und die Gegenwart ist eine Fortsetzung der Vergangenheit und zwar solange, bis wir verstehen.

Ich habe wahrgenommen, dass Sie und Ihre Schwester in einem früheren Leben auch Schwestern gewesen sind, die eine war verheiratet, und sie lebten zusammen zu dritt. Damals gab es Probleme. Ihre Schwester und Sie selber sind noch in Folgeerscheinungen befangen. Sie können mich gern aufsuchen und wir können gemeinsam die Angelegenheiten von damals (und damit auch von heute) freundlich betrachten und (er)klären, dadurch eventuell (er)lösen.

Können Sie die Aura eines Menschen sehen? Wann hat der Mensch eine „gesunde" Aura und wodurch wird sie geschädigt?

Ich bin nicht aurasichtig. Ich weiß wohl, dass die Qualität, dass Farbe, Intensität, Licht, Frequenz, Größe und Dichte beeinträchtigt wird durch den Gebrauch von Drogen, Alkohol, Geisterbeschwörungen, Meditation ohne Schutz, hohes Fieber, Schock oder auch bei Operationen. Dann gilt es, sie wieder aufzubauen durch gesunde Ernährung, genügend Schlaf, Bewegung an der frischen Luft, gute Gespräche und was sonst noch helfen kann.

Gesund ist die Aura, wenn sie nach allen Seiten hin strahlt, wenn sie eine feste Umrandung hat, nicht zerrissen, zerfasert ist und nicht herunter hängt. Sie soll wie eine Energie- und Lichtkabine sein. Schädliches soll von außen nicht eindringen, hungrige Menschen und Seelen mögen nicht eindringen, nicht Kraft abzapfen. Gleichzeitig hat die Kabinen- bzw. Eiform den Zweck, dass wir uns in unserem Eigenen befinden, das heißt, dass wir die Energie, die wir ausstrahlen, auch selber zur Verfügung haben.

Die Aura eines Menschen (und Tieres) verändert sich fortwährend, die Farben ändern sich, die Formen und Ströme bewegen sich pausenlos, während die Aura eines Berges oder Sees länger gleich bleibt. Auch Städte und Länder haben eine Aura. So ist es zu erklären, warum wir uns in einer Stadt wohl- und in einer anderen unwohl fühlen, ohne zu wissen, warum.

Die Beratung bei Ihnen war für mich eine große Enttäuschung. Ich hatte mir etwas ganz anderes vorgestellt. Sie machten zu meiner Person fast keine Angaben. Mit dem Lichtschutz kann ich nichts anfangen. Sie haben sich nicht positiv über den von mir praktizierten Schamanimus geäußert. Das hat mich verletzt. Wenn ich gewusst hätte, dass Ihre und meine Welt so weit auseinander liegen, hätte ich mich nicht bei Ihnen gemeldet. Das war das Geld nicht wert.

…es tut mir leid, dass Sie so enttäuscht sind. Wenn ich wenig über ihre Person sagte, so kommt das daher, dass Sie mir kaum etwas über sich mitteilen wollten/konnten. Ich erfahre ja nicht über die Menschen, sondern von Ihnen. Was – unterbewusst – Sie mir mitteilen möchten, das empfange ich und das kann in unserem Gespräch erörtert werden, womit es aus Ihrem Unter- ins Oberbewusstsein gehoben wird. Den Lichtschutz mögen die Menschen als eine Art Postwurfsendung betrachten, wie auch meine anderen Mitteilungen und Einstellungen. Wenn man etwas damit anfangen kann, gut, ansonsten als nicht brauchbar weglassen.

Sie hatten am Telefon erwähnt, dass der von Ihnen praktizierte Schamanimus Ihnen nicht geholfen hätte, im Gegenteil. Ich fragte Sie, ob Sie meine Stellungnahme dazu hören möchten, was Sie bejahten. Daraufhin sagte ich inhaltlich, dass der Schamanimus in der Evolution der Erde und damit auch in jeder einzelnen Seele eine Rolle spiele, dass es aber meines Erachtens Hilfs- und Heilwege gäbe, die daneben bestünden bzw. entwicklungsgeschichtlich danach kämen bzw. darüber hinaus reichen würden. Diese meine Stellungnahme beinhaltet Respekt vor allen Heilweisen die zum Guten für Mensch, Tier und andere Wesen eingesetzt werden. Wenn Sie mit Ihrem Brief zum Ausdruck bringen möchten, dass Sie kein Honorar zahlen möchten, so ist das in Ordnung. Ich sage damit nicht, dass ich kein Honorar verdient hätte. Ich sage nur, dass es mir ein ungutes Gefühl gibt, wenn ich Geld erhalte für etwas, dass Ihnen überhaupt nicht gefallen hat. Was mich betrifft, so sind Sie frei.

Ich werde in Zukunft noch vorsichtiger mit meinen Klienten umgehen, das heißt, mich noch mehr in sie hineinversetzen.

Gute Zeit und guten Weg.

Wenn jemand einem anderen Menschen Gutes wünscht, ihm eine Heilbehandlung gibt der für ihn betet und es nutzt nichts, war dann alles umsonst?

Nein, kein guter Gedanke, kein Genesungswunsch geht jemals verloren. Niemals ist etwas Gut gemeintes umsonst. Wenn die helfende Wirkung nicht sofort, dass heißt, zu dem Zeitpunkt, den wir für den richtigen halten, eintreten kann, dann wird sie gespeichert. Sie wartet wie in der Ernte eingebrachtes Gut in der Scheuer, auf dem Speicher oder im Keller, also in „mentalen Vorratsräumen".

Wenn die Person, der die Gaben zugedacht sind, dann in irgendeiner Zukunft „so weit" ist, dass sie die Güter abrufen möchte, dann wird ihr alles zugute kommen. Aber selbst, wenn dieses Gute niemals zu dieser bestimmten Person käme, so müsste es doch gedacht, doch getan werden, denn es ist unsterblich und unvergänglich und hat darum seinen Wert in sich selber.

Seien Sie nicht enttäuscht, nicht mutlos, nicht jedem kann in jedem Moment geholfen werden, es kann dann geholfen werden, wenn der richtige Moment gekommen ist. Außerdem wissen wir nie, ob nicht doch, verborgen für unsere Wahrnehmung, Veränderungen stattfinden.

Wodurch wird neues negatives Karma geschaffen?

Meiner Kenntnis nach schaffen Gedanken und Gefühle – noch – kein negatives Karma, denn jeder negative Gedanke kann jederzeit korrigiert werden. Wohl müssen wir uns klar darüber sein, dass lang gehegte Aggressionen die Hemmschwelle zu einer negativen Tat herabsetzen bzw. sie vorbereiten.

Deshalb sollten wir spätestens bei der Planung einer negativen Tat erforschen, welches das zugrunde liegende Motiv ist, welche Interaktion zwischen den Teilnehmern besteht (im Grunde könnte man sagen: Partnern, denn auf unbewusster Ebene sind die Gegenspieler Partner, die Erzfeinde arbeiten einander in die Hände, um so ihre unheilvollen, gemeinsamen Interessen zu verwirklichen).

Wir möchten heraus finden, welches das unbewusste Agreement zwischen den beiden Seiten ist. Damit kann neues Karma verhindert und altes aufgelöst werden.

Ich habe Ihren Namen ausgependelt, und es war okay. Aber warum blockieren Sie mich jetzt so? Wenn ich was frage, antworten Sie nur vage, Sie sind so unsympathisch. Wenn Sie an Gott glauben, müssen Sie mir helfen, aber Sie sind ein Scharlatan.

Ich bekam keine Gelegenheit zum antworten, aber ich habe wohl irgend etwas falsch gemacht, sonst wäre das Gespräch anders verlaufen.

Kann die Genforschung ein Segen für die Menschheit sein?

Bei der Genforschung und der Genmanipulation handelt es sich um geschäftliche und Machtinteressen. Mehr ist dazu nicht zu sagen. Wenn man an Wiedergeburt glaubt, wird Gentechnologie völlig absurd; wir mögen uns von Leben zu Leben weiterentwickeln und mögen die Umstände, die Gegebenheiten des jetzigen Lebens möglichst zum Guten verändern, aber doch nicht so. Geistig, seelisch, körperlich auf evolutionärem Wege fortschreiten, das ist ehrlich, das ist wahrhaftig, das ist in Einklang, Ein-Klang mit den kosmischen Gesetzen, mit der Evolution der Seelen. Die Beteuerungen der Wissenschaftler, alles diene der Menschheit, sind meines Erachtens Augenwischerei. Sie brauchen die Lobby der Mitläufer, der Unterstützer, damit sie ihre groß- und abartigen Experimente durchführen können, damit sie ihr Ego aufblähen können bis hin zu größer, mächtiger sein als Gott.

Kommen Tiere auch im Jenseits vor?

Aber sicher. Sie durchlaufen genau wie der Mensch zahllose Zyklen. Mehr darüber können Sie in meinem Buch *Tiere im Licht*, erschienen im spirit Rainbow Verlag (ISBN 3-929046-37-7), lesen.

Ich war bei einem Reinkarnationstherapeuten, aber die Rückführung hat nicht geklappt. Woran lag das wohl? Ich fühle mich ziemlich wie ein Versager, unter dem Motto: Nicht mal das kannst du bzw. das ist dir auch noch verwehrt.

Herzlichen Glückwunsch, dass Sie die Selbstbestimmung über sich behalten haben. Dass „nichts" gekommen ist, sagt, dass es nicht der gute Moment ist für das Erinnern früherer Leben und dass Sie sich bewahrt haben vor Ihren eigenen Erinnerungen. Es mag sein, dass die Bilder aus vergangenen Leben Sie so belastet hätten, dass Sie ein neues Trauma davon getragen hätten. Ich fand in einigen Fällen die Menschen nach so einer Reinkarnationstherapie deutlich verändert, verstimmt, einige äußerten sogar Suizidabsichten. Sie waren zu früh zu tief mit dem alten Material konfrontiert worden, so dass sie kaum damit zurecht kommen konnten. Ganz problematisch ist es, wenn so eine Therapie an einem Wochenende durchgeführt und keine weitere Betreuung angeboten wird, und zwar Betreuung am Ort, und dann, wenn sie benötigt wird. Man kann nicht mal so eben in unglaubliche Tiefen absteigen, um dann am Montag wieder vergnügt arbeiten zu gehen. Die Dinge wollen eingebettet sein in einen Zusammenhang, und es muss ein Auffangnetz da sein. Wenn nicht die Menschen so viel Selbstliebe entwickelt haben (und wer hat das schon?), dass es „Jacke" wie „Hose" ist, ob man sich an ein Täter- oder Opferleben erinnert, dann ist es eh kriminell, mit Reinkarnationstherapie zu beginnen. Wo ist dann der heilende, der therapeutische Effekt? Man vertut sich leicht bezüglich der eigenen Belastbarkeit. Niemand erinnert sich gerne, Henker gewesen zu sein oder Inquisitor. Schon gar nicht die esoterisch Orientierten. Für so jemanden könnte das der Untergang sein, Trauma, Karma würde fortgesetzt.

Wir müssen auch nicht frühere Leben erinnern. Wenn's nicht von selber kommt, mögen wir das schön ruhen lassen. Im Unterbewusstsein wissen wir sowieso alles. Es ist nicht nötig, es nacherzählen zu können. Wenn wir Dinge in diesem Leben ordnen, klären, harmonisieren, dann sind damit gleichzeitig Altlasten aus früheren Inkarnationen aufgehoben und erlöst.

Also, seien Sie froh, dass es bei Ihnen so gut geklappt hat.

Mein Vater war hellsichtig. Als er gegen Ende des zweiten Weltkrieges im Lazarett war, hat er um sein Bett herum Geister in Ritterrüstungen wahrgenommen. Von 1950 bis 1960 hat er an Seancen (Geisteraufrufungen) teil genommen, damals war ich acht Jahre alt und stand dabei. Es kamen Durchsagen, dass zwei der anwesenden Frauen in Kürze sterben würden, nämlich meine Tante und unsere Nachbarin. Alles ist eingetreten, sogar der Monat hat gestimmt. Dies ist doch ein großartiges Beispiel dafür, dass aus der Geisterwelt Botschaften kommen können, die eintreffen und sogar noch auf dem Monat genau. Warum können die Medien das heutzutage nicht mehr?

Vorsicht, Vorsicht, Vorsicht. Die Geister, die bei Seancen gerufen werden, sind astrale Wesen, die dicht an der Erde leben und sich noch nicht dem ewigen Licht zugewandt haben. Ihnen liegt sehr viel am Kontakt mit Menschen, da sie sich dann von deren Kraft „ernähren". Zumindest besteht diese Gefahr. Wenn sie sich bei den Menschen aufhalten, dann brauchen sie sich nicht auseinander zu setzen mit ihren vergangenen Leben, mit ihren eigenen Angelegenheiten und ihrer Fortentwicklung auf der anderen Seite. Von Teilnehmern der Seancen wird beteuert, dass ein/der Kontrollgeist alles Böse fernhalten würde. Aber wer weiß denn, aus welcher Ebene der Kontrollgeist stammt und welches seine Motivation ist? Meines Erachtens nutzt kein hohes Wesen diese Art Gelegenheit, um mit Menschen in Kontakt zu kommen. Manches, was durchgegeben wird, geht in Erfüllung, das stimmt. Darum denken die Teilnehmer, dies muss ja ein höheres Wesen sein und alles weitere müsste auch stimmen. Auch niedere "höhere" Wesen können Informationen haben, die der Mensch nicht hat. Nochmals: Vorsicht, Vorsicht, Vorsicht. Oder besser: Hände ganz weg vom Tischchen.

Zu ihrem Bericht über den Tod der beiden Frauen, was ist Ursache, was Wirkung? Sicher hat es die beiden tief berührt, wenn nicht geschockt, als der Geist ihnen ihren Sterbemonat voraussagte. Sicher wird diese Todesnachricht, denn als solche fassten sie die auf, ihr ganzes Unterbewusstsein ausgefüllt und bestimmt haben. Wenn sie daran glaubten, können sie ihren eigenen Tod programmiert haben, indem sie erfüllten, was ihnen der Geist vorausgesagt hatte.

Vielleicht haben die Geister auf der anderen Seite gewartet, bis die Frauen dann starben, um sie dort bei sich zu haben. Vielleicht probieren sie mit solchen Prophezeiungen aus, wie weit ihre Macht reicht. Ich könnte mir vorstellen, dass ein reiner Geist, der sich seiner/seinem Schutzbefohlenen auf Erden mitteilen möchte oder muss, ihm im Traum erscheint oder als innere Stimme, die da sagt: „Hör mal, mein liebes Kind. Du hast nun nicht mehr so viel Zeit auf der irdischen Ebene. Wir kommen, um dich sanft vorzubereiten, damit der Abschied von der Erde ruhig und friedlich vonstatten gehen kann. Richte Deine Angelegenheiten, sodass du leichter und frei bist, wenn wir wiederkommen und dir beim Übergang helfen. Fürchte dich nicht."

Das Erlebnis Ihres Vaters im Lazarett ist wirklich atemberaubend. Zeigt es uns doch, dass die in/an Kämpfen damals Gestorbenen die Kriegsverletzen von heute aufsuchten, um bei ihnen zu sein. Entweder, weil sie helfen, lindern, beistehen wollten, oder, weil sie ihr eigenes Unglück dort repräsentiert, also in die Gegenwart verlagert, wieder fanden.

Ihnen sehr lieben Dank für Ihre Mitteilungen.

Ich bin hoffnungslos. Mehr kann ich nicht schreiben.

Liebe Leserin bzw. lieber Leser. Es gibt einen Heiligen, er ist der Patron der Hoffnungslosen und heißt Sankt Jude. Wir möchten versuchen, mehr über ihn zu erfahren, besser noch, mehr *von* ihm zu erfahren. Möchten Sie?

Ich fühle mich schon, seit ich denken kann, wie ein Nichts, wie ein absoluter Versager.

Sie brauchen Mitgefühl. Durch Mitgefühl wird ein „Niemand" zu einem menschlichen Wesen. Sie sind aber selber auch fähig zu Mitgefühl und Fürsorge. Haben Sie schon einmal daran gedacht, für ein Tier zu sorgen der eines im Tierheim zu besuchen?
Für Pflanzen auf der Fensterbank sorgen, tut´s auch.

Ich habe nur eine einzige, ganz kurze Frage, wenn Sie wenig Zeit brauchen, um die zu beantworten, könnten wir dann das Honorar kürzen?

Das Honorar kürzen können wir schon, nicht aber die „Recherchen" beschleunigen und abkürzen. Meist ergeben sich aus einer einzigen Frage eine Summe von Zusammenhängen. Darf ich symbolisch antworten: „Du kannst nicht duschen, ohne nass zu werden." Und „Es hilft nicht viel, wenn Sie nur einen Arm duschen."

Das höchste Ideal ist doch vorbehaltlose Liebe. Es tut mir leid, aber ich bringe das nicht fertig, ich kann nur mit Vorbehalt lieben und vergeben kann ich meinen Widersachern schon gar nicht, ich will es auch nicht, nach dem, was die mir angetan haben. Bin ich nun für immer im Ausseits, oder wie sehe ich das?

Menschen haben mein Leben nachhaltig verwüstet, wenn ich denen vergeben würde, denken die, es sei nicht schlimm gewesen. Außerdem hat sich kein Mensch bei mir entschuldigt.

Vergebung, das ist nichts für mich.

Mit der vorbehaltlosen Liebe ist das so eine Sache, zumal Ihnen schlimme Dinge widerfahren sind. (Ehrlich gesagt, ich kann das auch nicht.) Lieben Sie zunächst einmal sich selber, und zwar vorbehaltlos. Lassen Sie sich viel Gutes angedeihen. Sich selber gut sein und gern haben schafft Weiträumigkeit.

Menschen denken häufig, dass, wenn sie anderen verzeihen, sie deren Taten damit rechtfertigen würden, und dass sie von da an überhaupt keine Klagen und Anklagen mehr äußern dürften. Das ist nicht so. Der Akt des Verzeihens bezieht sich auf den innersten Kern des Täters (den zu sehen zu der Zeit und unter den Umständen, unmöglich ist), nicht auf die Tat. Er rechtfertigt übles Verhalten in keiner Weise und muss dem Aggressor auch nicht ersparen, sich vor Gericht zu verantworten, eine eventuelle Gefängnisstrafe auf sich zu nehmen, sich mit seiner Tat auseinander zu setzen, und zwar umfassend bis zur Wiedergutmachung, so weit die möglich ist.

Wenn Sie die Fähigkeit haben, nach tieferen Ursachen zu fragen, so sind Sie ein gutes Stück weiter auf dem Weg zu Ihrer eigenen Entlastung.

Wie sieht es aus mit dem Wechsel von Tier- und Menschenleben? Gibt es dafür Beispiele? Wie empfinden Tiere den Wechsel?

Hier redet Benn, ein kleiner Junge von sieben bis acht Jahren, der noch deutliche Erinnerungen an sein früheres Leben als Kater hat. Er erinnert sich in Teilen dunkel an ein Leben in einer anderen, eben der Katzenwelt und sagt:

„Wie das damals bei mir weitergegangen ist? Ich weiß es nicht. Ich hab das nicht so registriert, nicht in Erinnerung, so dass ich darüber berichten könnte. Ich bin auch keine psychologisch, philosophisch gebildete Katze, wobei das nichts schlechtes, allein, wenn man prädestiniert ist für Gewalt und Gewalttätiges, dann ist ein Problem da. Aber das kommt in jeder Schicht vor. Ich habe auch keine Lust mehr auf dieses Tiefgeschürfe, ich bin halt eine normale Katze. Wenn ich ein Mensch/Mann wäre, dann würde ich gern Fußball gucken, vielleicht auch noch Tennis. Mein Bier trinken, zur Arbeit gehen, fleißig wäre ich sehr, sorgen für meine Familie würde ich auch, aber nur für die. Vielleicht wäre ich Bauarbeiter oder Schmied oder so was. Das mag ich, das fände ich gut. Vielleicht würde ich mich auch mal prügeln, wenn's sein müsste, aber dabei wäre ich auch fair und danach Schwamm drüber.

Vielleicht *bin* ich ja nun schon so was ähnliches wie ich beschrieben habe. Ich komme als Kind nicht gut mit in der Schule. Ich habe ja keine Erfahrung mit Menschenschulen. Meine Güte, was ist das alles komisch und kompliziert. Immer so viele Dinge gleichzeitig und dann alle hintereinander müssen beachtet und bearbeitet werden. Das sprengt meinen Rahmen. Ich mache am Liebsten eins gleichzeitig. Aber inzwischen habe ich das gelernt, in bestimmten Gebieten, da kenne ich mich nun aus, da finde ich mich zurecht. Gott sei Dank. Am leichtesten fällt es mir, von der Katzenliebe auf die Menschenliebe überzuwechseln. Da gibt es – für mich – die größte Ähnlichkeit und den geringsten Unterschied. Dürfte man das einem Menschen sagen? Oder wäre der dann beleidigt? Ich meine das ganz wertschätzend, in der Liebe macht man was mit dem Körper und mit dem Fell, und fast nichts mit dem Kopf, das finde ich angenehm. Da bin ich gut drin. Lach nicht! Sag meinen vergangenen Herren und Herrinnen, was damals passiert ist: Schwamm drüber, vergeben und vergessen, nicht mehr jammern über Vergangenes. Einmal muss Schluss sein damit, Verdorie!

Jetzt muss ich aufhören, meine Mutti kommt und ich muss Hausaufgaben machen. Auf Wiedersehen!"

Reiki, Yoga, Meditationen, Suggestionen, Trance, Hypnose, schamanistische Methoden, Rituale, bestimmte Musik, nämlich Sphärenklänge, lange schweigen, lange fasten, all diese Übungen und Methoden lassen uns glauben der hoffen, dass dadurch Gesundheit, Glück und Harmonie erreicht werden. In meinem Fall war das leider nicht so. Ich habe jahre- und jahrzehntelang solche Übungen ausgeführt und fühle mich immer noch nicht besser, im Gegenteil. Ich bin weiter entfernt von Wohlbefinden als jemals zuvor. Liegt das an mir, dass ich nicht geeignet bin dafür? Obwohl doch gesagt wird, dass jeder geeignet sei und bei ernsthaftem Üben Erfolg eintreten würde.

Es ist richtig, alle von Ihnen aufgeführten Methoden öffnen. Doch wem und was? Es ist, als ob Sie in Ihrem Haus alle Fenster und Türen öffnen und davon ausgehen, dass ausschließlich gute Energien hereinkommen und Einfluss nehmen. Einige dieser Methoden richten sich ausdrücklich an die universelle Energie. Was ist universell? Universell beinhaltet alles, alle Kräfte, Mächte, Energien können angerufen und aufgerufen werden. Das beinhaltet, dass sowohl positive als auch negative Energien einfließen können, wie immer wir positiv und negativ definieren wollen. Wenn den Praktizierenden, den Schülern gesagt wird, nur positive Energie würde aufgerufen, so halte ich diese Aussage wohl für gut gemeint der gut geglaubt, aber Garantien gibt es nicht. Wie wollen Sie Unerwünschtes fernhalten, wenn Sie Ihren Geist in einen anderen Bewusstseinszustand versetzt haben oder versetzen lassen?

Ich meine, wir als mündige Geistwesen möchten selber und vorab entscheiden, ob, wann, wo, in wie weit wir uns *welchen* Energien öffnen.

Sie sagten, dass es meinem Bruder im Jenseits gut geht. Trotzdem bin ich doch erstaunt, dass er sich in den drei Jahren seit seinem Tod nicht wirklich weiterentwickelt hat, eigentlich bin ich richtig enttäuscht. Das hatte ich mir anders vorgestellt. Ich dachte, Transformation drüben sei selbstverständlich.

Ich verstehe, was Sie meinen. Das Jenseits ist die Fortsetzung des Diesseits unter veränderten Umständen. Aber dort gibt es keine schlechten Noten, kein Sitzen bleiben. Es gibt nur gute Bewertungen und freundliche Ermutigung.

Nun spricht Ihr Bruder selbst: „Es geht mir gut, freu dich doch mal darüber. Nimm mich, wie ich bin und wo ich bin. Wenn nicht du aus der Familie – wer dann? Nimm dich auch selber, wie du bist und wo du bist. Nachdem, was auf „Eurer" Erde gelaufen ist, ist das Leben hier eine Wohltat, eine Offenbarung an Wahrheit. Du kannst entschlüsseln, was ich meine. Ich werde nichts Schmerzliches aus unserer Vergangenheit berühren, weil es in *der* Form nicht mehr besteht. Es geht um geistiges Wachstum, frei von Urteilen. Darum geht es (mir/hier).

Ich bin happy, dass ich dir dies mitteilen kann. Du verstehst es, weil auch du dem folgst, immer auf der Suche nach Wahrheit. Wahrheit verbunden mit Gerechtigkeit. So bist du auch. So long.

Dein Bruder."

Man hat ja so viel gehört und gelesen, dass man inzwischen so ziemlich alles für möglich hält. Deshalb bitte lachen Sie nicht über meine Frage. Gibt es auch eine Tierhölle und wenn ja, was machen die Tiere dort, und wie geht es dann weiter für sie?

In all den Jahren meiner medialen Tätigkeit sah ich einmal so etwas wie eine Katzenhölle. Die Tiere fetzten sich auf fürchterliche Weise. Und doch besteht ein gewaltiger Unterschied zur Menschenhölle. Die Tiere entwickeln die Lust erst in dem Augenblick, da sie ihre Widersacher sehen, während der Mensch sie die ganze Zeit in sich trägt, auch wenn der Feind nicht zu sehen ist. Beim Tier ist es also eine spontane, momentane Aggression, beim Menschen eine konservierte und kultivierte. Tiere benutzen Krallen und Beißwerkzeuge, Menschen planen lange und benutzen Waffen, die sie vorher eigens hierfür hergestellt haben. Insofern war die Katzenhölle doch sehr human, gut für diese Tiere, denn hier konnten sie einander nach Herzenslust bekämpfen.

Wie es danach weitergeht? Genau wie beim Menschen: wenn sie genug haben von ihrer selbst erschaffenen und in Gang gehaltenen Hölle, begeben sie sich an einen Ort, der weniger höllisch ist. Und von da an Stufe um Stufe weiter, bis sie an himmlische Orte gelangen – sofern sie das begehren. Kein Wesen „kommt" in Himmel der Hölle, es selber geht dorthin, wo es sich zugehörig, wo es sich zuhause fühlt und Seinesgleichen antrifft.

Mein Vater ist sehr schwer gestorben, drei Mal hatte er dazu angesetzt und drei Mal kam er zurück. Hatte das mit seinen Kriegserfahrungen zu tun? Zum Schluss ist er dann doch ruhig eingeschlafen.

Das ist der Fall. Im 2. Weltkrieg hatte er das Glück, nicht gegen Zivilpersonen kämpfen zu müssen, nicht Aug' in Auge mit dem „Feind". Nur einmal war das der Fall, als er nachts Streife ging, hinter sich ein Geräusch hörte und wusste: Nun ist es soweit: der oder ich. Er entschied sich für sich. Das hat ihn sein ganzes Leben lang verfolgt, und in der Todesstunde wurde die Angst mächtig, dass dieser Gegner von damals hinter der Tür auf der anderen Seite auf ihn warten, ja, ihm auflauern würde. Weshalb Ihr Vater dann doch ruhig werden konnte – beim vierten Versuch – ist mir nicht zugänglich, wichtig ist, *dass* es passiert ist.

Ich werde von einem ehemaligen Freund schwarzmagisch belästigt. Nun habe ich ein Engelmedium um Hilfe gebeten. Mir wurde gesagt, ich möge diesen Mann geistig in Freundschaft gehen lassen. Wenn das nicht hülfe und er die Belästigungen trotzdem fortsetzen würde, solle ich mich hinstellen und sagen: An den Absender geht alles zurück. Glauben Sie, dass diese Methode mir helfen kann?

Den Mann in Gedanken in Freundschaft zu entlassen, ist das Beste, was Sie machen können.

Wenn Sie von der Linie: „Ich schütze mich und wünsche ihm einen guten Weg" abweichen und die „Zurück an Absender"-Methode einsetzen, ist es wahrscheinlich, dass er spürt, dass Sie nun auch in den Kampf eingetreten sind und zurückschlagen.

Dann gibt es mehrere Möglichkeiten:

1. Er verstärkt seine Attacken gegen Sie.
2. Er lässt von Ihnen ab und sucht sich ein anderes Opfer.
3. Er gibt eine Weile Ruhe und richtet seine Aggressionen wieder gegen Sie, wenn Sie überhaupt nicht mehr an ihn denken.

Bleibende Erlösung bringt es keinem. Vielmehr sind dann beide gleich, agieren dann beide auf gleichem Niveau, voodoomäßig konsequent bzw. Alttestamentarisch. Was hat uns das bisher eingebracht außer Legionen von Blinden und Zahnlosen?

Wir hatten ja schon zwei Mal miteinander telefoniert, wegen meiner magersüchtigen Schwester. Heute morgen wollte sie Sie selber anrufen, aber dazu kam es nicht mehr. In der Nacht hatte sie einen Traum, dass Dämonen mit roten Augen sie bedrängten, um sie kämpften, aber dann schob sich etwas Lichtes zu ihrem Schutze dazwischen. Heute früh war meine Schwester bereit, sich von mir in die Klinik fahren zu lassen. Dort liegt sie nun am Tropf.
Soll sie, wenn sie wieder bei Kräften ist, zu einer medialen Beratung zu Ihnen kommen?

Das sind Good News! Dort in der Klinik ist sie zunächst einmal gut aufgehoben. Ihre Schwester hat noch einen langen Weg vor sich. Die Höheren sagen, sie kann es schaffen. Sie sagen, sie wird es schaffen. Letzteres mögen Sie ihr aber nicht sagen, denn dann meint sie, man wollte sie zwingen und manipulieren, und ihr Widerstand würde erwachen. Sagen Sie ihr also, es sei gesagt worden, sie könnte es schaffen. Das überlässt ihr die Entscheidung, die Verantwortung und jeden einzelnen Schritt.

Nach dem Klinikaufenthalt beginnt die Arbeit, eine sorgsame, langfristige Therapie ist angezeigt. Ihre Schwester kann sich gerne bei mir melden, aber eine mediale Beratung kann keine Therapie ersetzen.

Sie haben Ihre Schwester mit gerettet! Freuen Sie sich.

Vor einigen Jahren ist mein Mann gestorben. Wir hatten kein gutes Verhältnis miteinander. Er hat mich auch geschlagen. Nun habe ich Angst, dass er als Geist wieder kommt und mir schadet. Ich kann keine neue Beziehung anfangen, schlafe schlecht und zucke häufig zusammen. Mein Mann hat sich damals vor einen Zug geworfen.

Auf Ihren Wunsch hin habe ich geistig mit Ihrem Mann gesprochen. Er lässt Ihnen mitteilen, dass Sie von ihm nichts Böses zu befürchten haben.

Über den Verlust meines Mannes komme ich einfach nicht hinweg. Hat er mir noch etwas zu sagen? Das würde mir sehr helfen. Aber nur, wenn er möchte. Ich will nicht stören, nichts erzwingen.

Er ist im Licht, er ist selber Licht. Er macht nicht viele Worte. Hat Ihre Art, wie Sie reden, tun, machen, geliebt und findet, dass Sie gut für ihn gesorgt haben. Nun lächelt er, steht im Wohnzimmer und schaut aus dem Fenster. Da steht er manchmal; er mag den Blick. Er möchte Sie begleiten, beschützen, aber er weiß nicht recht, wie: „Da ist es schon ein Vorteil, dass sie so tüchtig ist, für das Tägliche sorgt sie, für sich selber… Und hilft auch noch anderen Leuten (aus). Sie ist so hilfsbereit, das ist ein großes Geschenk, eine große Gnade, wenn man wie sie sein kann. Ich mag nicht ihre Trauer aufwühlen, aber doch erinnern und danken. Ich bin hier gut angekommen. Na, ein bisschen anders ist es schon, als uns von der Kirche gesagt wurde. Wir singen nicht den ganzen Tag im Chor". Darüber muss er nun selber lachen. Er fährt fort: „Ach, der Tod ging nicht schwer. Entschuldige, dass ich so einfach auf und davon bin. Nimm es nicht gegen dich, nicht persönlich. …was sollte ich machen, mein irdisches Herz war verschlissen, da konnte man nichts mehr dran reparieren und du kennst mich ja, ich bin ein Mensch mit klaren Entschlüssen, entweder oder. Also war es entweder. Ich wollte nicht siechen, nicht mir und dir zur Last werden im Rollstuhl und in ständiger Angst, ob wieder was passiert. Das hätte unsere Liebe belastet, zu sehr. Ich bin sicher, du hättest mich liebevoll gepflegt, aber, ach, versteh' mich doch, wie soll ich es dir erklären… Ich bin kein Mensch für Siechtum. Ich bin zu stolz, mich hilflos zu fühlen. Das hat man mir hier gesagt, und das stimmt auch. Ich möchte von mir erzählen, aber ich möchte dir nicht wehtun. Ich fühle mich so wohlig, so weich an, so wie verliebt. Verliebt in diesen Zustand, alles ist wie Watte, wie Seide. Geräusche, schnelle Bewegungen, alle Hektik ist vergangen. Es sind andere da, die so ähnlich wie ich sind. Wir sehen auch ähnlich aus, eben weil wir das sind. Du hast auch diese

Ähnlichkeit. Eine Gruppe von Leuten, die das gleiche meinen und mögen und gut sind zueinander, das sind wir. Ich… es ist egal, was Du auf Erden noch treibst/anstellst. Alles ist (mir) recht, wenn du dabei nur nicht zu kurz kommst. Egal, was Du in der Zwischenzeit noch erlebst. Ich bin da, wenn du kommst, aber ich rufe und treibe dich nicht. Fülle deine Zeit gut aus mit Interessen, du hast genug zu tun… Ja, das stimmt, ich mache manchmal was im Haus, aber ich will auch nicht alles durcheinander bringen. Es ist gemeint als Spaß. Die eine Stelle, wo du mein Bild hast, wenn du dorthin gehst, bin ich auch da. Die andere Zeit mach was anderes, brauchst nicht immer an mich denken, nur wenn du willst, geh dorthin. Zu dem Bild. Damit kannst du selber bestimmen. Alles ist gut zwischen uns. Vergiss das, was einmal war wegen Geldausgaben. Und das wegen einer Reise (oder einem Reiseziel)… Wir hätten es anders lösen können, na ja, nun sind wir ja schlauer. Man sollte es so machen, dass jeder abwechselnd mal Recht bekommt (bzw. seinen Willen kriegt).

Keine Sorge wegen „Verdammung", hier ist ausschließlich Liebe und das für die, welche guten Willens sind. Ich muss weinen, weil uns die Liebe geschenkt war.

Hast du einmal gedacht, ich möchte eine andere? Niemals!!! Aber ich hätte dich nicht in Unsicherheit lassen dürfen. Das war gemein von mir. Hierin war ich bös' und bereue es. Gerade, weil du dort am Verwundbarsten warst, hätte ich das gar nicht aufkommen lassen dürfen. Aber ich war immer treu. Du bist die Schönste, die Beste, die Liebste.

Mach Dein Leben, mach, was du willst. Ich stehe zu dir, immer und überall, wenn du das willst.

Nochmals: Ängstige dich nicht. Alles, alles Liebe."

Im Jahr 2012 ist alles zu Ende, das heißt, diese Erde geht dann unter, und nur die sich spirituell entwickelt haben, werden gerettet. Für die anderen ist es dann für immer zu spät. Sie werden nie mehr den Aufstieg in die höheren Sphären schaffen, schlimmer noch, sie kehren zurück in das Nichts. Deshalb bitte ich Sie dringend, dafür zu sorgen, dass meine Angehörigen im Jenseits auch noch den Aufstieg schaffen und dann teilhaben dürfen an der Erleuchtung. Wie gesagt, wer es bis dahin nicht schafft, der bleibt für immer und ewig zurück.
Für Ihre Bemühungen, meine Angehörigen doch noch weiterzuführen, überweise ich Ihnen jeden Monat einen Betrag.

Zu allen Zeiten ist das Ende der Welt vorausgesagt worden. Die ersten Christen lagerten ihre Verstorbenen in den Katakomben, weil sie davon überzeugt waren, dass das Ende der Welt noch in ihrer Generation stattfinden würde.

Urknall, Expansion der Erde, Entstehung des Weltalls, all das haben wir miterlebt. Genauso denkbar ist es auch, dass das Weltall sich wieder zusammenzieht, die Zeit schneller und schneller rast, um schließlich einzugehen in Minus-Zeit und Minus-Raum. Vorstellbar ist, dass ein Teil der jetzt lebenden Menschheit ein individuelles Bewusstsein entwickelt hat und dieses auch nach der Implosion als solches bestehen bleibt. Ein anderer Teil mag zurückkehren in die gemeinschaftliche Urseele, die dann eben als Gemeinschaft weiter besteht, um sich später ihrerseits auf den Weg in die Individualität zu machen.

Wie auch immer. An eine Beschleunigung der geistigen Evolution glaube ich nicht. Wir sind immer dort, wo wir uns geistig befinden, wo wir zu Hause sind und zu der Zeit hingehören. Ich bin überzeugt, dass es im Kosmos kein zu früh und kein zu spät gibt, dass jeder erlebt, was er selber erschaffen hat, dass wir - zu Ende gedacht -, unsere eigenen Erschaffer (Schöpfer) sind. In den Universen gibt es kein Niemals und kein Immer. Es gibt ewiges Sein. Es kann nicht sein, dass die Seelen, welche bis zum Jahr 2012 den Sprung in die Spiritualität nicht „geschafft" haben, verloren sind. Wer das glaubt, hat sicher Gründe dafür, Gründe, die in ihm selber liegen, in seinen eigenen unbewussten Ebenen.

Nichts geht jemals verloren. Die Natur, das Universum, der Geist ist immer auf Fortschritt und Fortpflanzung bedacht. Selbst wenn die Menschheit sich teilt, so wird jeder Teil weiterhin an Evolution teilhaben, ein Teil der Evolution selber sein. Nichts und ein Nimmerwiedersehen gibt es nicht. Existenz ist Existenz.

Danke für Ihr Vertrauen.

Mein Mann ist alt, krank und unerträglich. Er macht mir und den Kindern das Leben zur Qual. Verlassen möchte ich ihn aber nicht. Ich bin fast am Ende. Er will nichts von mir annehmen, auch glaubt er nicht an ein jenseitiges Leben. Ich weiß nicht mehr weiter.

Ein Teil der Beschwerden Ihres Mannes ist sicher krankheits- und altersbedingt. Hier ist eine sorgfältige Behandlung durch den Arzt nötig. Ein anderer Teil ist ganz deutlich seine furchtbare Angst vor dem Tod. Für ihn ist es immer noch leichter, zu behaupten, dass nichts mehr danach kommt, als sich mit dem „ja, **was** kommt denn für mich danach?" zu beschäftigen. So viel Angst hat er vor Verurteilung dort drüben, ja, er erwartet felsenfest seine Verdammung.

Vermeiden Sie alle religiösen Diskussionen. Versuchen Sie nicht, Ihren Mann von etwas zu überzeugen. Lassen Sie wohl gelegentlich einfließen – so nebenbei – dass es ausnahmslos für jeden Gnade und Barmherzigkeit gibt. Dann reden Sie wieder von etwas anderem. Beobachten Sie nicht, ob Ihre Worte eine Wirkung haben. Sie haben bereits entschieden, bei ihm zu bleiben. Versuchen Sie, Ihre gemeinsame Zeit ohne Erwartungen zu verbringen. Erst dann kann er sich entspannen. So meint er immer, er müsse gegenhalten, und es baut sich so etwas wie Trotz auf: ‚Wenn sie immer davon redet, dann behaupte ich immer das Gegenteil.' Auch nehme ich so etwas wahr wie: ‚Wenn ich eh schon verdammt bin – oder sein soll – dann kann ich mich nun benehmen, wie ich will, dann kommt es auch nicht mehr darauf an.'

Entkrampfen Sie die Situation, indem Sie keine fest gefügten Meinungen mehr äußern. Lassen Sie nur ab und an einfließen, dass alle Menschen Kinder des Allerhöchsten sind und darum niemals verloren sein können.

Gentechnologie, Computer, Raumfahrt, die Entwicklung geht so schnell vonstatten, woran soll man sich orientieren, woran halten? Die Welt ist unübersichtlich geworden, man steht hilflos da und weiß nicht, wohin das noch führen wird und was dahinter steckt. Wo bleibt Gott bei dieser Entwicklung eigentlich?

Der folgende Artikel ist ein Versuch, diese Fragen zu beantworten. Da Sie selber das Wort *Gott* gebrauchen, wird auch in der Antwort dieses Wort benutzt und in Zusammenhang gebracht mit Computerwesen, Raumfahrt und Gentechnologie.

Der Mensch will herrschen über den Kosmos. Religiös gesehen ist die Raumfahrt die Auferstehung. Durch Klonen, durch Organbanken und durch das Einpflanzen von menschlichen Gehirnen – gescannt in Roboter – überwinden wir jedes Altern, irdische Begrenzungen von Zeit und können auf diese Weise den Weltraum – andere Planeten kolonisieren. Nur „Gott" konnte bisher alles – nun kann der Mensch auch Menschen machen, Zeit und Raum aufheben. Die DNA zu verändern, ist der Versuch, Gott gleich zu werden.

Menschen der Zukunft, die dieser Linie folgen wollen, werden virtuelle Menschen sein, vor allem im Weltall. Das ganze Universum wird *ein* Computer werden und ein Computer kann das ganze Universum beinhalten. Wissenschaft und Religion beschreiben dasselbe: Allmacht, Unvergänglichkeit, ewiges Leben.

Das Internet ist gleich Nerven der Erde. Innerhalb von Jahren ist es absolut weltbeherrschend geworden. Es ist der digitale Messias. Vor dem technischen Zeitalter projizierten die Menschen, „alles" auf und in „Gott", nun wird die Technik Gott. Der Mensch muss nun keine unangenehmen Lebensphasen mehr mitmachen. Die Frau wird überflüssig als Trägerin der Frucht und Gebärerin.

In etwa 20 Jahren wird/kann man Chips in den menschlichen Körper einpflanzen, man kann dann eine ganze Enzyklopädie abrufen – und wer möchte nicht das intelligenteste Kind haben, das gesündeste und das am längsten

Lebende? Was heißt, eine Enzyklopädie, die ganze Menschheit passt in einen Computer. Man kann aber auch das Gehirn eines Menschen scannen, in Scheibchen schneiden, und dann mitsamt seinen gehabten Erinnerungen, Gefühlen, in einen Metallkopf, einen Roboter einsetzen, das hat den Vorteil, dass der nicht altert, nur gewartet werden muss. So ausgerüstet, können jahrzehntelange Raumflüge möglich gemacht werden. Wir können schon jetzt unsere Körper einfrieren lassen (nur den Kopf ist billiger), in ca. 100 Jahren wird es die Möglichkeit geben, ihn aufzutauen und entsprechend zu verwerten.

Die Wissenschaft/Technik glaubt, allwissend, allmächtig, ewig zu werden. Noch mehr Sensationen: zwei Computerfiguren kämpften um ein Quadrat, und dann geschah etwas, das *nicht* einprogrammiert war, die eine Figur fiel die andere an... Wie sagte doch Einstein: Materie verhält sich je nach dem, der sie betrachtet. – Dies ist unglaublich und wie wahr!!! Ein neues Desaster steht uns ins Haus. Wir wollen sein wie „Gott". Dies ist der Irrtum, wir wollen nicht sein in Gott und mit und durch Gott, sondern wir wollen uns *seine* Attribute zu eigen machen: Wir wollen allwissend, allmächtig, allgegenwärtig, allewig sein, also unabhängig von Raum und Zeit. Diese göttlichen Zustände wollen wir nicht erwerben auf dem Wege der Evolution der Seele, durch Reifung und Erwerb von Weisheit, sondern in null Komma nix durch Wissenschaft und Technik.

Wir verlassen den Weg von Ehrfurcht, Liebe und Mitgefühl, umgehen, ja, sabotieren die Gesetze von Werden, Vergehen und Wiederkommen, wenn wir den wissenschaftlichen Weg gehen. Die Welt ist aufgebaut auf einem absolut stimmigen System von geordneten Strukturen, alles Abtrennen, Herumschnippeln, Herausschneiden und Abspalten ist Zerstörung der Ordnung. Die hier genannten Tuwörter drücken deutlich das Zerstörerische aus.

Ob es sich um Kernspaltung oder Genmanipulation handelt – jede Spaltung, jede Manipulation ist Irrweg, ist verkehrt, verrückt, irrsinnig, Wahnsinn. Die Folgen für die gesamte weitere Entwicklung unseres Systems Erde und der in Zukunft erreichbaren anderen Planeten sind unübersehbar. Niemand kann sie verantworten. Einstein konnte seine Forschung bzw. die Folgen davon nicht verantworten, nicht einmal erahnen. So wird es auch mit künstlichen Genveränderungen sein. Sobald gespalten wird, ist keine Verantwortung mehr möglich. Das liegt in der „Natur der Sache", denn für Trennung, Spaltung und Lüge = Manipulation kann keine Verantwortung übernommen werden, weil der Vorgang als solcher unverantwortlich ist. Versorgen, pflegen, heilen dagegen sind verantwortungsvolle Tätigkeiten. Die Manipulationen verselbstständigen sich, entwickeln eigene „Gesetze", die aber ihrerseits auf Unrecht, Lüge, Vorspiegelungen und Zerstörung heiler Strukturen basieren.

Dazu die Meldung, dass das Patentamt München, „aus Versehen" ein Genmanipulationspatent ausgehändigt hat und dass „aus Versehen manipulierter Raps" auf europäischen Feldern steht.

Jetzt in diesem Augenblick (29.12.2002, 23.10 Uhr irdischer Zeit) sagt eine Stimme zu mir: „Du kannst es schreiben – interessieren wird es kaum jemanden, der an der Macht sitzt. Aber schreibe es. Dann hast Du es geschrieben und hast Deinen Teil erfüllt."

Bei Genmanipulationen, welcher Art auch immer, negieren wir – um es in biblischen Termen auszudrücken: das Verbot, vom Baum der Erkenntnis zu essen. Genveränderungen und Kernspaltung liegen – spirituell betrachtet – auf der gleichen Ebene. Wir begehen damit, noch einmal religiös ausgedrückt, erneut Ur- und Erbsünde, denn wir vergehen uns an den Urformen des Lebens und der Natur und vererben dieses Unrecht auf alle Nach-Kommen, auf alles, was danach kommt. Damals haben Adam und Eva vom Baume der Erkenntnis gegessen und sich damit außerhalb des Paradieses gestellt. Sie haben sich sozusagen selber vertrieben. Nun haben wir die ganze Evolution durchgemacht und stehen wieder vor so einem Baum der Erkenntnis. Wir haben uns noch nicht einmal von der ersten Vertreibung erholt, leiden noch täglich und stündlich darunter und schon wieder strecken Menschen, Wissenschaftler, Politiker und Privatpersonen ihre Hände begehrlich aus. Der Sündenfall ist in vollem Gange.

Was also bleibt zu tun? Wie können wir verantworten, was nicht zu verantworten ist?

Was also bleibt zu tun? Nein sagen, sich abkoppeln, sich distanzieren, sagen: „ohne mich"?

Unsere mentale Entscheidung jetzt ist nötig, wirksam und gültig, auch, wenn wir in diesem Leben nichts mit Gentechnologie zu tun haben sollten. Wir haben damit zu tun.

Hat medikamentöse Betäubung in den letzten Lebenstagen oder Stunden Einfluss auf die Reise ins Jenseits?

Es kann schon sein, dass Betäubungsmedikamente einen Einfluss auf die Zeit nach dem irdischen Tod haben, aber sollte man deshalb jemanden wirklich leiden lassen? Jedenfalls möchte ich lieber einige Zeit länger im Jenseits schlafen der vor mich hindösen, als vorher leiden.

Die Praxis der Krankenschwestern ist richtig, dass sie den Patienten laut und deutlich über Medikamentengaben informieren, auch wenn der Kranke im Koma liegen sollte. Die Frage bleibt natürlich, wo bleibt der (nun unterdrückte) Schmerz? Schmerz ist geistig, psychisch und physisch, also, wo bleibt er? Anzunehmen ist, dass er in Seele und Geist verbleibt, bis er dort gestillt wird. Wenn wir den Körper von ihm befreien, so ist anzunehmen, dass wir mit ihm irgendwann doch konfrontiert werden. Oder aber, dass wir soweit in einen Heilungsprozess eintreten, dass dies nicht mehr nötig ist.

Wie ist es mit Euthanasie? Sehr erstaunt war ich, als ich einen Jenseitigen aufsuchte, der sich vier Jahre nach seinem Versterben noch halb betäubt „in seinem Bett" hin und her wälzte, darüber nachsinnend, ob denn nun bei ihm Euthanasie verübt worden war oder ob die noch bevorstünde.

Dieser Mann hatte offenbar den Akt der Euthanasie nur intellektuell vollzogen (‚dann habe ich alles hinter mir') und musste erfahren, dass es nicht so war, dass er überhaupt nichts hinter sich, im Gegenteil, alles noch vor sich hatte: Die Erkenntnis, wirklich und unwiederbringlich tot zu sein, die Betrachtung seiner damaligen Entscheidung bezüglich seiner eigenen Euthanasie, die Frage nach dem Warum, nach den Ereignissen des vergangenen Lebens überhaupt, hatte er noch vor sich, obwohl er schon seit Jahren tot war.

Darum: Wir Menschen können nicht so einfach mal was entscheiden und tun; wir werden sonst nachträglich befasst mit dem Warum und Wieso das, und der

Frage, hätte es eine andere Lösung geben können. Erst wenn das dann posthum geistig erörtert worden ist, kann Orientierung, Neuorientierung stattfinden.

Mein Kater Micky kommt nicht gut mit den anderen Katzen im Hause aus. Auch nach meiner Hand tatzt er gelegentlich. Nun stellt sich auch dringend die Frage, ob er nicht besser sterilisiert werden sollte. Ich will aber nichts falsch machen. Er läuft manchmal weg, das macht mich unsicher.

Micky antwortet sofort: „Die anderen dort, die anderen dort, die sehe ich nicht als meinesgleichen an. Ich vertraue nur IHR. Als ich nach ihrer Hand schnappte, merkte ich, dass da kein Kampf war, keine Rache von ihr, wie ich das gewohnt war von der Katerwelt und der damaligen Menschenwelt. Bei ihr nun ist es ein fundamentales Umdenken. Aber mein Reflex sitzt noch drin und ich werde noch Zeiten brauchen, um das nicht mehr nötig zu finden."

Ich erkläre ihm nun, wie es so geht bei einer Sterilisation. Er sagt: „Eigentlich ist das auch besser so. Dann kann ich noch ein wenig in Ruhe auf der Erde leben und muss nicht ununterbrochen kämpfen. Habe ich ja alles gut verstanden, aber wenn es denn soweit ist, kann es doch sein, dass ich mich kurz wehre, das ist dann aber nur, wenn ich das gute Ziel aus den Augen verliere. Ich bin dann einen Moment zurückgefallen in mein altes Kampfverhalten. Ich kenne ja nichts anderes. Aber, wenn dann hinterher alle lieb zu mir sind, dann ist das auch eine ganz neue Erfahrung für mich. Wenn ich wieder auf dem Damm bin, dann werde ich sehen, ob ich ganz dort bei ihr bleibe. Ich schätze sie sehr und brauch(t)e aber auch das Laufen, das andere Leben. Ich mag auch den Herrn. Er ist genauso gut wie sie, nur dass sie uns das Futter gibt. Aber im Herzen sind sie dasselbe." Micky hat Spaß, sein Gefühl ist Lächeln. „Da hat man schon Glück, wenn man an solche gerät, die können einem das ganze Leben verändern, nicht nur, wo man ist und was man tut, nein, sie ändern einen innen. Man wird, wie man vorher nicht sein konnte vor lauter Auseinandersetzungen. Man erlebt durch die beiden die andere Seite von Leben. Wenn ich das Wort kennen würde, dann hieße das *Frieden*.

Ja, so ist das. Ich gebe mich also so vertrauensvoll wie möglich in die Behandlung. Gut, dass ich nun weiß, was das bedeutet, warum das gemacht wird und wie. Ich weiß, ich werde nicht leiden, ich bin was ganz anderes gewohnt."

Wie heißt mein persönlicher Schutzengel, und wie sieht er aus?

Er/Sie/Es lässt Sie wissen: „Ich/Du/Wir sind davon abgekommen, uns als Einzelwesen zu betrachten. Darum ist jeder Name, den du uns gibst, passend und willkommen. Am besten werden wir repräsentiert durch den Namen: Glaube/Liebe/Hoffnung. Hierin finden wir uns ganz wieder, und du findest uns darin. Wir sind nicht in fester Gestalt, es sei denn, das wäre vonnöten. Wir drücken uns aus durch die Lichtfarben Blau, Grün, Rosa, Gelb, die Grundfarbe Weiß und durch Gold.

Wir sind vor dir, neben dir und hauptsächlich hinter dir, wir grüßen dich."

Leider bin ich gezwungen, in einer Tierversuchsanstalt zu arbeiten. Ich muss meine Tochter ernähren und möchte nicht schon wieder zu wenig verdienen für uns und nicht schon wieder arbeitslos sein.
Ich muss dort die Versuchsprotokolle tippen. Während meiner Tätigkeit habe ich noch kein einziges Tier gesehen, das spielt sich im Keller ab. Wegen meiner Arbeit dort werde ich von meinen Freunden schief angesehen. Es ist ein großer Konflikt für mich.

Zunächst einmal: Niemand hat das Recht, Sie wegen Ihrer Arbeit dort zu diskriminieren. Niemand. Es wird Gründe geben, warum Sie dort sind und was Sie dort zu erledigen haben/hatten. Wenn diese Dinge erfüllt sind, können Sie weitersehen.

Also, ich sehe, dass es wichtig war, mit einigen Menschen dort als Kollegen in Kontakt zu treten; es handelt sich um Angelegenheiten, die nichts mit Ihrer Arbeitsstelle zu tun hatten, die aber lange darauf gewartet haben, ausgesprochen und bereinigt zu werden. Offenbar konnten Sie diese Leute nur dort antreffen.

Wenn ich mich erneut vertiefe, sehe ich nun eine Szene, die sich nicht auf dieser Erde abspielt. Sie sind in der Lage, diese zu verstehen und einzuordnen, sonst würde ich Ihnen nicht in dieser Form davon berichten. Ich sehe ein unterirdisches Weltraumlaboratorium, eine Person, die ich mit Ihnen identifiziere, liegt auf einer Art Operationstisch, fixiert durch unsichtbare Energiebänder. Ihr wird etwas entnommen. Die Atmosphäre ist seelenlos, nur gerichtet auf Ziel. Ziel ist die Entnahme von Organ und Sekret. Das ist alles. „Später" setzen Sie Ihr normales Erdenleben fort. Ich überlasse Ihnen nun, Verbindungen, Zusammenhänge herauszufinden. Aber gerne können Sie darüber mit mir sprechen.

Nochmals: Wenn Sie an der Arbeitsstelle die Angelegenheiten, die Sie dorthin geführt haben, erkennen, Zusammenhänge begreifen, (erst) dann macht es Sinn, dass Sie dort „gelandet" sind. Weiteres ergibt sich von selber.

Mein Schwangerschaftstest war positiv, ich habe heute morgen die Bestätigung von meinem Arzt bekommen. Ich habe schon eine Tochter von acht Jahren. Finanziell stehe ich mich schlecht. Es passt so gar nicht in meinen Plan. Von dem Erzeuger des Kindes habe ich mich so gut wie getrennt. Er war panisch, als er hörte, dass ich keine Pille genommen hatte, darum bin ich am Morgen danach gleich in die Apotheke. Und, was ganz selten passiert, die Schwangerschaft ist geblieben. Das heißt doch, dass dieses kleine Wesen zu mir will. Ich hatte schon einmal eine Abtreibung, und weil ich auf dem spirituellen Weg bin, weiß ich, dass eine Abtreibung ihre Spuren hinterlässt. Ich möchte nun gerne hören, was das Baby sagt.

Hier und jetzt muss ich Ihnen sagen, dass Sie bei mir keine neutrale Schwangerschaftsberatung erwarten können. Ich bin parteiisch. Dies ist in meiner Praxis der einzige Anlass, schon am Telefon zu sagen, wenn Sie das Kind nicht wollen, dann möchte ich nicht tätig werden. Eben weil ich parteiisch bin.

Also, Sie mögen jetzt entscheiden, ob Sie kommen möchten der nicht. Wenn ja, werde ich das Baby befragen und Ihnen mitteilen, was es sagt. Und es sagt:

„Ich bin ein starkes Kind. Ich bin ein großes (im Sinne von mächtiges) Kind, ich bin eine Herausforderung für die Umgebung/Welt, in die ich hinein möchte. Ich habe, einen Tag alt, ein Attentat auf mich überlebt. Ich will ein Beispiel dafür sein, dass man überleben kann. Ich werde öfter mal die Ausnahme sein, und immer wieder. Ich bin groß, männlich, und erst mal furchtlos, auf den ersten Blick.

Ich habe kooperative Züge. Mein Leben wird ein Abenteuer für mich selber und meine Umgebung. Ich werde schon horchen, was meine Mutter zu sagen hat, ich werde es beachten und überlegen, was ich damit mache. Mir die letzte Entscheidung vorbehalten. Es wird Zeiten von Anpassung und Unauffälligkeit in meinem Leben geben, das ist fließend. Das hängt auch damit zusammen, wie viel Widerstand man mir entgegen bringen wird.

Je mehr direkte Konfrontation, umso mehr Kraft werde ich dagegen stemmen. Ich bin einer, der die Wahrheit verkünden möchte/wird. Die Wahrheit ist hart, die Wahrheit ist schmerzlich. Für andere. Nicht so für mich. Ich bin stark. Mit meinem Geschwister bin ich gut dran, ich helfe ihr, sich selber darzustellen, sich selber zu verwirklichen. Sie hat jemanden wie mich nötig.

Ich werde ganz normal erscheinen und mich auch babygemäß verhalten. Lange Zeiten wird man nichts Ungewöhnliches an mir entdecken. Das gibt Zeit zu stillem Reifen und zum Ruhen. An mir kommt keiner vorbei, auch Lehrer nicht. Die Wahrheit zu zeigen ist einer meiner Lebenssinne.

Warum ich so rede? Warum nicht? Hat man mir etwas geschenkt? Nein. Habe ich etwas zu verlieren? Nein." „Hast wohl einen Groll, dass deine Mutter dich…" „Ja, wegen so einem Affen (Mann) reist sie in die Apotheke, um etwas zu kaufen, das mich hinrichten soll. Hat man so was schon erlebt?" „Ich verstehe. Hast du auch Beteiligung an der Sache?" Er weint nun. Sagt: „Dazu gehören immer zwei, und in diesem Falle drei." „Was kann dich versöhnlich stimmen?" „Ja, wenn sie sich entschuldigt bei mir. Und wenn sie mich begleitet durch die kommenden Stürme, wenn sie darin zu mir hält und an mich glaubt." „Ist das genug, ist das alles?" „Ja." „Und *what about* dem Mann, der dich gezeugt hat?" „Gezeugt kann man das nicht nennen, er wollte halt mal und da bin ich rein." „Wie siehst du Dein zukünftiges Leben mit ihm?" „Wie soll ich das sehen? Scheinbar bin ich doch abhängig, ob er sich zu mir bekennt oder das (Verhältnis) schleifen lässt." „Warum hast du dir denn ihn ausgesucht? Was ist Deine Beteiligung dabei?" „Weiß ich nicht, weiß ich nicht, das führt jetzt zu weit. Da sollst du dich (er meint mich) auch nicht einmischen. Das machen er und ich untereinander aus." „Gibt es im Moment noch etwas zu besprechen?" „Über die beiden oben Genannten nicht. Ich freue mich auf mein Geschwister.

Ich werde mich bemühen, dass es nicht zurückstehen muss wegen mir. Wir haben eine lang anhaltende Freundschaft aus/in einer anderen Welt (gehabt) und können sie nun als Geschwister neu beleben und ausfüllen. Aber wegen mir soll/darf sie nicht in den Hintergrund geraten. Sie wird in den wirren Kämpfen und Auseinandersetzungen des kommenden Lebens (m)ein Hauptgefährte sein. Das ist gut so. Das gibt mir Zufriedenheit, weil ich erwarte, was auf mich wartet. Das ist sozusagen das Sicherste in meiner jetzigen Position. Sie mag mich vorbehaltlos, sie wird zufrieden mit mir sein und sogar stolz, sie wird meine Hütte und meine Höhle sein, und wir werden teilen: Essen, Spielzeug, Nöte und diese komischen Eltern-Kinder. Wir werden echter, authentischer sein als diese. Was soll ich noch sagen, solche Leute machen mich einfach müde. Sie denken nicht bis morgen, noch nicht mal bis heute."

„Bist du gesund?" „Ja, ich bin übergesund, überstark." „Magst du noch etwas sagen?" „Sagen Sie ihr das, aber nicht alles so unverblümt, lassen Sie weg, was nicht gefällt, geben Sie Hoffnung an meine Mutter. Nicht Vorwürfe. Stärken Sie meine Mutter, damit sie das/mich durchhält. Nun und später…"

Zwei Tage später: Lieber kleiner, großer Junge, es tut mir sehr leid. Deine Mutter hat mich eben angerufen und gesagt, dass sie dich nicht behalten möchte. Darum habe ich ihr nicht mehr gesagt, was Du gesagt hast, obwohl ich die milde Form vorbereitet hatte. Es tut mir so Leid. Ich würde dir gerne helfen. So wünsche ich, dass du „den Eingriff" gut überstehst und dir dann Eltern suchst, die dich echt wollen. Toi, toi, toi.

P.S.: Ich werde Deinen Bericht veröffentlichen, weil du einer bist, der die Wahrheit verkündigen möchte/wird. Dazu verhelfe ich dir hiermit.

Nun ist ja in unserem Gespräch herausgekommen, dass der Mann, in den ich mich verliebt habe, eine „karmische Beziehung" ist und dass er wieder, wie auch damals vor 100 Jahren, verheiratet ist. Nun sagen Sie selber, dass man dem Karma nicht ausweichen kann und dass es Bestimmung ist, wen man wiedertreffen muss.

Ich habe wohl gesagt, dass man sich Wiederbegegnen muss, um die Dinge zu klären und zu (er)lösen, ich habe nicht gesagt, dass man (dafür) (auch dieses Mal) eine sexuelle Beziehung haben muss.

Medien arbeiten doch sehr unterschiedlich. Wie definieren Sie Ihre Arbeit?

Ich begleite Menschen. Um ein Bild zu Hilfe zu nehmen: Ich begleite Menschen zum Hafen der Entscheidung. Hier legen Schiffe ab. Es gibt ein Ja-Schiff und ein Nein-Schiff. Im Erdenleben gibt es Ja-, Nein- und Jein-Schiffe. Wir können auch ständig von dem einen auf das andere springen. In diesem Hafen gibt es das nicht. Die Menschen, die bis hierher gelangen, haben alle zu einer Entscheidung nötigen Informationen gesammelt (erworben). Nun gibt es nur noch eines: Dieses oder dieses Schiff zu besteigen. In Ermangelung eines passenderen Ausdrucks nenne ich die Schiffe das Dämonenschiff und das Engelschiff. Ich selber bin vor Zeiten als Mitglied der Mannschaft auf dem Dämonenschiff mitgefahren; später habe ich mich beworben, Teil des Engelschiffes zu sein/werden.

Ich möchte zugeben, dass ich bis vor kurzem versucht habe, die Wesen, die ich bis zu diesem Entscheidungshafen begleitet hatte, vom Dämonenschiff wegzuziehen und auf das Engelschiff zu schieben. Nun tue ich das nicht mehr. Ich begleite bis zum Hafen, dann verabschiede ich mich und gehe nach Hause.

Freiheit für alle!

Fragen Sie doch mal den Obersten Chef, welchen Lebensplan ich mir ausgedacht habe, bevor ich hier auf der Erde inkarnierte. Ich wurde als kleines Kind adoptiert, bin verheiratet und in meinem Beruf sehr unzufrieden. Finanziell stimmt gar nichts. Mir selber ist mein Lebensentwurf nicht zugänglich, vielleicht können Sie den ja in der Akashachronik aufsuchen. Vielleicht ist das eine Hilfe, meine wahre Bestimmung zu erkennen und meine Zukunft konkret zu planen. Vielleicht sollte ich Maler (Künstler) werden. Würde ich darin erfolgreich sein? Fragen Sie das auch mal nach! Kommen Sie mir aber bloß nicht mit so dummen Karmasprüchen!

Hiermit übernehme ich Ihre Ausdrucksweise und gebe Ihre beiden Fragen weiter an den, wie Sie ihn nennen, Obersten Chef. Ich beginne folgendermaßen:

Sehr geehrter Chef von M.K. Dieser Mann möchte dringend wissen, warum er auf diese Erde gekommen ist. Er hat das zwischenzeitlich vergessen. Ebenfalls wüsste er gern, warum bei ihm beruflich nichts klappt. Sind hierüber Angaben erhältlich? Im Voraus Dank

Die Verwalter der Akashachronik antworten unverzüglich:

„Ihr dürft Bilder sehen, weil er es ehrlich meint. Er ist ein guter Junge. Alle Qualitäten sind vorhanden, nur noch zu verfeinern." Ich sehe eine Lichtwiese, schöner und farbiger als eine irdische und doch irdisch erscheinend. Dort treffen sich drei „Leute", es sind die Geistseelen seiner Elternteile. Sie stehen aufrecht beieinander um M.K., der als Baby auf der Wiese liegt, herum. Der spätere Adoptivvater ist die prägnanteste Person. Ihn verbindet ein breiter Schicksalsfaden mit der Frau, die in einem früheren Leben schon einmal die Mutter, die leibliche Mutter von M.K. war. Sie ist herbeigekommen, weil dieser Mann sie damals mit einem, seinem unehelichen Kind hat sitzen lassen. Sie schaut verlegen und bedrückt vor sich hin. Diese Menschen sind hier zusammengekommen, um gemeinsam mit dem (zukünftigen) Kind, M.K. also, die Zeugung, Geburt und spätere Adoption zu vereinbaren. Der leibliche Vater von M.K. steht etwas außerhalb des Kreises, er wartet ungeduldig, dass er weg kann. Und doch war er als Geistseele dorthin bestellt worden, um ihm deutlich zu machen, dass eine Bindung besteht, eine Verpflichtung.

Und seine Vergangenheit? Warum will er nichts wie weg von dort? Auch er war von seinem Vater, von etlichen Vätern verlassen worden und gab weiter, was er erfahren hatte. Sein Schmerz und sein Zorn über sein eigenes Schicksal waren so groß, dass er nicht anders handeln konnte und wollte. Er dachte: Warum soll mein Kind es besser haben als ich es hatte? Die Mutter von damals, die in diesem zukünftigen Leben von M.K. auch wieder seine Mutter werden wird, verwandelt sich nun äußerlich, sie trägt nun ein fröhlich buntes Sommerkleid, sie ist herzlich und natürlich. Der leibliche Vater M.K. wird sie in absehbarer Zeit schwängern, sie und das Kind verlassen und dann wird der spätere Adoptivvater sie heiraten und – wie vorgesehen – M.K. adoptieren. Er wird das tun, weil er die junge Frau damals, in dem vergangenen Leben, hat sitzen lassen. Diesmal wird er die Vaterschaft anstreben. Die Mutter steht da mit ausgestreckten Armen und schaut verzückt auf ihren zukünftigen Sohn, etwa zwei Jahre, bevor sie diesen empfangen wird. Sie ist glücklich, dass der Plan nun entworfen ist und bald in Ausführung geht.

Nun frage ich das Kind. Es antwortet mit Erwachsenenstimme: „Ja, dies zu erleben, ist mein Wunsch, mein Wille und darum meine Bestimmung. Ich will die Schicksalsfäden dieser Menschen weiterspinnen, zum besseren hin. Damals (er meint in der vergangenen Inkarnation) gab es keine Lösung. Der Vater verließ mich. Nun ist die Lösung vorbereitet, der Vater wird mich als Sohn annehmen. Ich werde das alles durchstehen, weil ich ja weiß, warum. Also, einer meiner Lebenssinne wird sein: unehelich geboren, vom biologischen Vater verlassen und vom anderen Vater adoptiert zu werden. Für diesen Auftrag danke ich."

Dann ist noch eine Frage offen, die nach dem Beruf. Und so frage ich das liegende Baby: „Was… wie… Dein späterer Beruf?" Die Antwort schießt nur so heraus: „Ach, lasst mich doch in Ruhe damit. Ich tue schon genug. Alles ist Tätigkeit und das meiste ist anstrengend und mühevoll. Ich hab keine Lust!" „Warum nicht?" „Ich erinnere mich an Leben, da war ich Holzhacker, schrecklich. Dann Bergmann, dann Tagelöhner. Ich hab genug von der Schinderei und es langte kaum fürs Essen." Das Baby merkt, dass die Umstehenden nicht eben begeistert sind von seinen Ausführungen. Darauf reagiert es, indem es sagt: „Also, wenn Ihr schon auf einen diesbezüglichen Plan von mir wartet, was sage ich, mir den abverlangt, dann also bitte: Späßchen, am liebsten würde ich Lebenskünstler oder Tagedieb oder ziehender Musikant. Das alles würde mir gefallen. Ihr seid nicht begeistert von meiner Vision? Offenbar nicht. Um euch zu gefallen, sage ich nun dieses: ich werde etwas tun, aber nur etwas, bei dem man sich nicht die Hände schmutzig macht, etwas, bei dem man Leute anweisen kann und nur etwas, bei dem man viel Kohle macht. Habt ihr mich verstanden? Das ist (Euch zuliebe) der Entwurf meines zukünftigen Berufslebens."

Inzwischen sind die Angehörigen verschwunden, sie haben sich zurückgezogen, und Helfer haben sich um das Baby geschart. Sie nicken, denn sie haben verstanden.

Noch einmal frage ich das Baby: „Nachdem du nun, 45 der 46 Jahre später eingesehen hast, dass diese Berufswahl dir nichts gebracht hat, welches sind Deine wahren Qualitäten?" Das Baby beginnt zu weinen: „Ich tauge doch nicht, ich bin (wie) nichts, ich kann (wie) nichts und darum hab ich auch nichts."

Ich gebe dem Mann zu bedenken: „Wer hat Ihnen diese Meinungen eingegeben, und wann ist das passiert? Hier ist ein Programm wirksam: der Tagelöhner hatte ein zu schweres, der Tagedieb ein zu leichtes Leben und der Geschäftsmann war nur aufgepfropft. Sie mögen nun zunächst das Programm: Ich bin nix, ich kann nix, und darum habe ich nix löschen, um dann Ihren wahren Beruf zu finden."

Etwas in eigener Sache möchte ich gerne anfügen: Ich bin Ihnen sehr dankbar. Aufgrund Ihrer Frage nach Ihrem Lebensentwurf konnte/durfte ich die Szene auf der Lichtwiese miterleben (Premiere) und zum erstenmal so etwas aufzeichnen. Für die Leser zu bedenken ist jedoch: Jede Planung eines zukünftigen Lebens ist einmalig, also individuell und nicht vergleichbar.

Wenn Sie auf meine Frage antworten, muss die Antwort aber hundertprozentig stimmen. Die Frage lautet: Hat unser Pfarrer mit der Apothekersfrau im Auto... und war es ihr Mann, der dem Pfarrer ein blaues Auge geschlagen hat?

Da fragen Sie am besten nicht mich, sondern den Herrn Pfarrer selber. Der müsste es hundertprozentig wissen.

Mein Lurch ist vorgestern gestorben (Schluchzen). Ich möchte so gern wissen, wie es ihm geht.

...befindet sich in fließender Bewegung, das ist angenehm, wohlig. Ist erleichtert, mag diesen Zustand nach dem vergangenen Leiden und den Begrenzungen des Erdenlebens. Fließen wie Fliegen im freien Raum. Als Farben Grau-Grün-Blau. Er hat viel nachgedacht im Leben, er hat sich gefreut über sein Leben bei/mit Ihnen. Er hatte ein reiches Innenleben und viel Wärme, Licht und Liebe aufgenommen, „getankt". War er an/in seinem Verdauungstrakt erkrankt? Der funktionierte nicht mehr so.

Der Lurch war ein Beispiel an Ruhe und Beständigkeit. Er geht nicht so weit zu sagen, dass Sie ihn als Beispiel nehmen möchten für Gelassenheit (nicht Gleichgültigkeit) in allen Lebenslagen. Soweit würde er nie gehen, weil er nicht mit Gedanken und nicht mit Worten heilt, sondern mit/als Vorbild mit Da-Sein und mit So-Sein.

Er ist weiter im Fliegen/Fließen begriffen. Fragen zu wollen, wohin er denn nun ginge, ist menschlich gedacht, für ihn ist das keine Frage. Er ist im Fliegen/Fließen begriffen in wunderschöner Bewegung in wunderschönem grau-grün-blauen Zustand.

Ich möchte, dass meine nun zwölfjährige Tochter genau wie ich den spirituellen Weg geht, ich meine, später. Können Sie mir sagen, was ich dafür tun kann? Ich möchte sie darin fördern. Von meinem Mann erfährt sie nichts dergleichen. Ich finde, er ist ein Versager.

Es ist schön, dass Sie Ihrer Tochter so viel Gutes wie möglich mitgeben möchten, Sie lieben sie ja wirklich sehr. Nur – manches Mal ist das, was Eltern vermitteln möchten, nicht in Übereinstimmung mit dem vom Kind Erstrebten. Ich erinnere mich an die Zeit, in der vor Jahren bei der ökologischen Bewegung Müsli essen und Birkenstock-Sandalen „in" waren. Die jugendlichen Kinder in diesen Familien, die sich als Alternative bezeichneten, hatten damit meist nichts im Sinn, sie wollten Big Mac's bei MacDonald's futtern und Markenturnschuhe tragen. Selbst, wenn sie von gesunder Ernährung und gutem Schuhwerk überzeugt waren, so mussten sie doch so handeln, allein, um sich von ihren Eltern abzugrenzen. Kinder aus konservativen Familien ließen sich plötzlich die Haare wachsen, wuschen sich selten. Selbst, wenn sie Verlangen nach einer Dusche hatten, unterdrückten sie ihren Sauberkeitstrieb, allein, um ihren Eltern zu beweisen: Ich entscheide über mich und meinen Körper, es gibt Alternativen zu Eurem Lebensstil.

Je stärker der Druck des Elternhauses war, umso heftiger mussten sie sich abgrenzen, um erwachsen zu werden. Hiermit erhielten/erhalten die Eltern die wunderbare Chance, Toleranz zu üben und den Jugendlichen sich selber und ihrem Leben zu übergeben.

Was ich damit sagen will: Wir möchten den Kindern oftmals Äpfel geben, weil die uns selber gut schmecken – und sie wollen Birnen oder umgekehrt.

Seien wir froh, wenn unsere Kinder überhaupt noch etwas wollen und nicht nur Mitläufer sind von uns oder anderen. Erst, wenn das Kind alle Positionen kennen gelernt und eingenommen hat, kann es sich entscheiden.

Sagen Sie nie zu Ihrer Tochter, dass Sie meinen, ihr Vater sei ein Versager. Wie müsste sie sich dann fühlen? Sie stammt zu 50 Prozent von ihm ab, und Ihre Tochter würde sich fragen, wieso Sie ihn dann geheiratet haben. Wohl können Sie sagen, was Sie gestört oder gekränkt hat, aber betonen Sie das nicht. Reden Sie eher neutral über „Unvereinbarkeit der Auffassungen" und „nicht mehr zusammen passen". Das weist auf Umstände und nicht auf einen Schuldigen.

Ihnen zum Trost: Ich erinnere mich überdeutlich an den Tag, als meine (meine?) Kinder, damals zwischen zehn und vierzehn Jahren, und ich am Frühstückstisch saßen und ich den Moment für gekommen hielt, sie einzuführen in die spirituellen Welten. Ich sah es als meine Aufgabe an, ihnen Richtung und Inhalt für ihr zukünftiges Leben zu geben. So begann ich feierlich, kam aber nicht weit, denn meine Tochter unterbrach mich mit den Worten: „Mama, behalt das für dich, oder erzähl es Deinen Klienten." Das war deutlich. Ich hielt mich daran bis heute. Wenn „Kinder" von sich aus Werte finden, ist das wunderbar, denn dann haben sie die selber gesucht und gefunden.

Nun zu Ihrer Tochter. Sie kommt sofort zu mir. „Paula bist du also." „Ja, und ich mag meinen Namen, und ich will reden. Ich bin das leid, immer dieser Kram, der für nichts gut ist, ich möchte frei sein, unabhängig. Ich möchte mich nicht den Erwartungen von Erwachsenen beugen. Ich bin ein Individuum, auch als Kind, und als solches möchte ich auch anerkannt werden. Deutlich ausgedrückt… die können mich mal. Ich werde mich noch eine Weile anpassen, eigentlich unterwerfen, und dann mache ich, was ich will, mich selbständig, dann kann mir alles egal sein." „Magst du deine Mutter?" „Na klar, na klar, sie ist ja meine Mutter, sie hat viel für mich getan, sie hatte es ja auch nicht leicht, sie tut mehr als ihre Pflicht, aber sie drängt mich in Ecken, in verschiedene." „In welche?" „Ja, die Leistungsecke, aber ich möchte auch unbesonnen sein dürfen. Ich möchte lax und lau sein dürfen und keine hohen Ziele haben müssen. Ich möchte endlich Kind sein dürfen, nur eine Weile das nachholen. Immer würde ich nicht darin hängen bleiben. Aber selbst im Urlaub, selbst in der Freizeit soll ich noch Sinnvolles tun, alles soll sinndurchtränkt sein. Wo bleibt da der Spaß am Spaß? Selbst Scherze müssen noch Niveau haben. Also, die Ecken, in die sie mich treibt, einmal schulisch, dann moralisch-sozial, da soll ich auch Hervorragendes bieten, immer hoch stehend, egal, auf welchem Gebiet.

Ich soll ihr wohl etwas bieten, was sie nicht erreicht hat... ich statt ihrer, aber ich will nichts erreichen, außer glücklich leben, außer wie eine Katze sein dürfen. Ein bisschen geborgen in dieser Sch... Welt, die die Erwachsenen für uns so zugerichtet haben. Das ist doch alles nicht fair, das ist doch im Grunde skandalös..." „Fehlt dir... Vater?" Sie guckt weg: „Nee, warum reden Sie davon? Ich hab da nicht mit angefangen. Einen Bruder hätte ich gern gehabt. Oder so etwas wie einen Bruder, das wäre das Größte für mich." „Soll ich deiner Mutter noch etwas sagen?" „Grüßen Sie sie von mir. Wenn sie mich nicht nur äußerlich behalten will, sondern mich auch innerlich berühren möchte, dann möchte sie schon beginnen, wirklich hinzuschauen, zu lauschen, Urteile zu unterlassen, sich einfühlen in meine Angelegenheiten... aber kann man soviel erwarten? Ich bin ja (nur) ein Teenager, der sich gefälligst vorbereiten soll, um in der Erwachsenenwelt gut, perfekt zu funktionieren... nein, danke. Wenn meine Mutter mich behalten möchte, dann muss sie schon über einiges nachdenken." „Wie fühlst du dich jetzt?" „Ach, wie soll ich mich fühlen, ich glaube nicht so recht an echte, innere Veränderungen, sie müsste dann ihr ganzes Weltbild überprüfen, im Grunde kann sie nicht anders, wir sind ja alle irgendwie begrenzt-behindert.

Die Lösung wäre, einander SEIN lassen. Das wäre die Lösung. Ansonsten gibt es Kampf, Unverständnis, Unwillen und schließlich Resignation und Kälte. Das wäre, was uns dann bevorsteht. Dies, worüber Sie und ich jetzt reden, mag auch die karmische Aufgabe zwischen uns sein. Noch ist es nicht zu spät. Ich bin bereit, meine Mutter zu lassen, wie sie ist und was sie macht. Ich möchte aber auch, dass sie mich mit ihren Vorstellungen in Ruhe lässt. Es liegt in ihrer Hand, wie sie die Zukunft gestaltet. Fährt sie ihre Tour durch mit dem, was sie für MICH vorhat, wird es Bruch geben. Denkt und lernt sie um, dann können wir eine wunderbare Kommunikation haben, dann aber wie Schwestern. Du Deins, ich Meins, das ist doch nur gerecht, das ist fair. Es steht 50 zu 50. Mir scheint es noch nicht entschieden."

„Danke, Paula, für Deine deutliche Stellungnahme. Du hast damit ein Zeichen gesetzt, eine Möglichkeit zum Guten in die Zukunft hinein. Das ist dir zu danken. Du hast wach gemacht, vielleicht. Ich finde dich integer." Sie lacht: „Das möchte ich auch sein. Echt, total echt, auch wenn ich jemandem dabei wehtun muss. Ich will ich sein, werden, bleiben. Ich fühle eine Kraft in mir, die mir Recht gibt. Später werde ich mich einsetzen für die Belange von Hilflosen. Das macht mir Freude, das gibt mir Kraft."

Nun wende ich mich wieder an Sie.

Paula möchte nicht über ihren Vater reden, sie will loyal sein Ihnen gegenüber, deshalb behält sie die Vaterkontakte für sich. Nicht jeder muss offen sein für die spirituellen Welten, es gibt Menschen, die nichts damit zu tun haben wollen und die enorm viel Positives in der Welt bewirken. Er, Ihr Mann *hat* ja gerade gelitten unter dem, was sich zwischen Ihnen aufbaute, nämlich die Bewertungen durch Esoterik, und dass in dem Zusammenhang *er* als unwürdig eingestuft wurde. Da sagte er vernünftigerweise: Nein, danke. Damit hat er seine Ehre verteidigt, zum Glück. Sein Verhältnis zu Ihrer gemeinsamen Tochter ist in Ordnung.

Ich denke, diese Nachrichten für Sie sind nicht leicht zu verkraften. Wahrscheinlich sind es für Sie, symbolisch gesprochen, nun Birnen statt Äpfel.

Und doch mögen Sie sich freuen, denn Ihre Tochter liebt Sie und gibt Ihnen die genaue Gebrauchsanweisung für sich, damit Sie zusammenbleiben können und doch noch „alles gut" wird.

Ist mein Enkelkind, das vor wenigen Wochen geboren wurde, meine Oma? Kommt mir manchmal so vor.

Wie auch immer, es wäre nicht gut, dies zu beantworten. Jedes Kind hat das Recht, als einzigartig, unvergleichlich an- und aufgenommen zu werden. Schauen Sie das Kind also als das an, was es ist: Ihr süßes, kleines Enkelchen.

Ich hatte einen Freund, zuerst war es wunderbar, zum Schluss haben wir uns nur noch gestritten. Ich habe dann die Verbindung gelöst. Nun habe ich einen neuen Freund, mit dem ich durchs Leben gehen möchte, aber zwei Medien haben mir gesagt, dass mein Ex-Freund meine Zwillingsseele wäre. Darum bin ich nun ganz konfus, denn ich denke, ich müsste wieder mit ihm zusammen kommen, wenn er doch mein Dual ist. Mein Zweifel und mein Zögern stören natürlich meine jetzige Beziehung. Ich habe Angst, dass ich zum Schluss ganz alleine bin. Meinen jetzigen Freund finde ich viel positiver als den ersten. Er versteht mich und ist gut zu mir, was ich nach all dem Unglück davor gut brauchen kann. Ist es – von der geistigen Welt aus gesehen – Pflicht, dass man entweder mit seiner Zwillingsseele zusammen ist oder darf man sich auch mit jemand anders zusammentun?

Zu der Auskunft, die Sie erhalten haben, gebe ich weder eine Bestätigung noch eine Gegenauskunft. Ich gebe nur einiges zu bedenken. Seit der Begriff *Seelenpartner* vor einigen Jahren in der spirituellen Literatur auftauchte, werde ich häufig gefragt, ob dieser oder jener der Seelenpartner sei bzw. ob und wann der auftauchen würde. Bisher wurde ich nur von Frauen gefragt. Offenbar berührt der Begriff Zwillingsseele Frauen so tief, weckt solche Sehnsüchte, so dass sie nun beginnen, die männlichen Wesen im Umkreis auf die Frage zu untersuchen: Is' er's oder is' er's nicht.

Wir Menschen glauben, dass mit dem Erscheinen des Begriffes *Seelenhälfte* dieselbe jetzt in diesen Tagen, in diesem Leben schon vor der Tür stehen würde, ja müsse. Dass das Leben uns das schuldig wäre. Vor lauter Verlangen nach Einheit entgeht uns, dass wir zwar unterwegs sind, aber zu Fuß und Schritt für Schritt.

Stellen wir uns die Sache als Bild mit zwei Treppen vor, die von gegenüberliegenden Seiten aufeinander zulaufen. Sie münden oben auf einer

Plattform. Die Seelenpartner ersteigen jeder von seiner Seite aus die Stufen. Jede Stufe bedeutet eine Erfahrung, eine Reifung. Stufe Acht kann nicht bestehen, wenn Stufe Eins bis Sieben nicht aufgebaut sind. Jede Stufe ruht auf der anderen, jede untere Stufe trägt die Folgende und ist darum Voraussetzung für sie nächste. Wie bei einer realen Treppe kann es keine Luftstufen geben, darum ist jede einzelne gleich wichtig, gleich wertvoll. Angenommen, eine Person wäre mein Seelenpartner, aber wir verstehen einander (noch) nicht richtig, so werden wir noch eine Menge andere Partnererfahrungen machen dürfen/sollen, bis wir beide so gereift sind, dass wir uns auf dem Plateau treffen können. In dieser Hinsicht ist jede Bekanntschaft, jede Beziehung gleich wichtig und gleichwertig. Schließlich haben wir auch noch alte Beziehungen und Ehen aus früheren Inkarnationen zu klären und zu harmonisieren. Wenn wir uns dann auf dem Plateau befinden, haben wir Individualität durchlaufen, treten ein in die Dualität, und von hier aus ist es nur noch ein Schritt bis in die universelle Gemeinschaft.

Ihre Frage kann ich nicht für Sie beantworten, aber um es einmal ganz platt zu sagen: Ich möchte lieber mit irgend jemand in Frieden zusammen leben, als mit meiner Dualseele herumzanken. Die Frage wäre dann, ob nicht in dem Moment der Irgendjemand meine Dualseele (geworden) ist.

Was sagen die höheren Welten zu Homosexualität und zu Transsexualität?

Die Frage der gleichgeschlechtlichen Liebe war in meinen Kontakten mit den höheren Welten nie von Bedeutung... Wichtig war nicht ‚Wer liebt wen', sondern ob Liebe da ist. Ob Homosexualität und Transsexualität genetisch, hormonell, familiär, oder inkarnationsmäßig bedingt ist, darüber ist man sich nicht einig. Vielleicht ist es auch eine Kombination von Ursachen. Vielleicht ist es das nächste Leben nach einem Mann- oder Frau-leben, wenn der Körper noch in den von vorher gewohnten Formen erfahren wird und sich von daher das Gefühl einstellt: Ich bin im falschen Körper, ich möchte unbedingt Mann/Frau sein, weil ich mich so erfahre. Es kann sein, dass ein Transsexueller in verschiedenen Leben niemals richtig gemocht war, so dass er sich nun am liebsten verwandelt. Kann auch sein, dass jeder Mensch hier auf Erden einmal oder mehrere Male ein solches Leben durchläuft, um gerade diese Erfahrung zu machen. Wie auch immer, es ist für gewöhnlich ein Problem für die Betroffenen und Menschen sollen/mögen respektvoll damit umgehen. Nochmals, „denen da oben" ist es egal, wer sich mit wem zusammentut, wie die Menschen „es" machen. Eine Hetero- oder eine Homobeziehung kann Himmel oder Hölle sein, es liegt an den Personen und nicht am Geschlecht. „Drüben" können wir in dem Körper sein, den wir wünschen, da ist dann keine Begrenzung (mehr) in diesem Bereich.

Wohl gibt es ein Tabu, das Minderjährige, Abhängige, nahe Familienangehörige und Tiere als Sexualpartner ausschließt, weil – wie das Wort schon sagt – diese keine Partner sein können. Das Tabu schützt beide Seiten vor Missbrauch.

Leider werde ich immer wieder als Hysteriker und Hypochonder abgestempelt. Ich fühle mich völlig falsch verstanden, denn ich habe die Beschwerden wirklich, auch wenn der Arzt nichts feststellen kann.

Sie werden auch wirklich nicht verstanden. Folgende Definition von Hypochondrie kann Ihnen vieles erklären:

In früheren Inkarnationen hat es Beschwerden oder Krankheiten gegeben, die gefühlsmäßig noch anwesend sind. Sie werden jetzt als real erlebt, können aber vom Arzt nicht diagnostiziert werden. Gibt Ihnen das eine neue Erklärung für Ihre Beschwerden?

Die Idee, die hieraus erwächst, ist, (auch) ehemalige Krankheiten zu genesen, eben weil sie noch im Seelenkörper anwesend sind.

Dies möge dann emotional auf Seelenebene geschehen, da sich die Erkrankung hier aufhält und nicht (mehr) im physischen Körper.

Wie steht die geistige Welt zu Organtransplantationen?

Es macht schon Sinn, wenn als Totenruhe drei Tage und Nächte vorgeschrieben und empfohlen werden. Mindestens diese Zeit muss dem Toten gegeben werden, damit er in Ruhe von seinem Körper Abschied nehmen kann. In vielen Fällen tut er das schneller, aber manchmal kehrt er noch zurück und schaut nach sich oder versucht gar, sich noch einmal mit seinem Körper zu vereinen.

Nun werden aber bei einer Organtransplantation aus dem noch warmen Körper die Organe heraus genommen. Je näher der Körper noch am Leben ist, umso besser für den Erfolg der Transplantation. Wohl der Seele, die dann schon ausgestiegen und in andere Welten umgezogen ist. Dann spürt sie den Schock, den unsäglichen Schmerz nicht mehr, ist schon weit weg in den unsichtbaren Welten, oder sieht sich von der Zimmerdecke aus alles an. Wehe den Menschen, deren Seele bei der Organentnahme noch im Körper weilt. Auch wenn der Gehirnwellenschreiber nichts mehr aufzeichnet, bedeutet das keinesfalls, dass die Silberschnur gerissen ist. Irdische Messgeräte können die feinen Schwingungen der Seele nicht erfassen. Dieser Spender erlebt bei lebendigem Leibe, wie er buchstäblich seziert wird, kann nicht schreien, sich nicht wehren, nicht auf sich aufmerksam machen.

So etwas hat mancher großherzige Organspender erleben müssen, dessen Seele (Empfindungskörper) den materiellen Leib nicht, bzw. nicht vollständig verlassen hatte. Er hatte hochherzig seine Organe zur Verfügung gestellt, und nun erlebt er ein Massaker am eigenen Leibe.

Um auch die andere Seite, die des Organempfängers zu betrachten, ist ihm, also seiner Geistseele wirklich damit gedient – im Sinne von Dienst erweisen -, wenn ihm das Organ einer anderen Person übertragen wird? Findet bei Transplantation automatisch Transformation statt?

Also, gut nachdenken, bevor man seine Einwilligung zur Organentnahme gibt.

Ein Medium hat zu mir gesagt, ich hätte in einem früheren Leben schwere Verbrechen begangen und deshalb sei mein jetziges Leben auch gekennzeichnet von Unglück und Krankheit. Selbst meine Kinder hätten daran zu tragen. In meinem letzten Leben hätte ich zwar nicht mehr getötet, aber ich hätte noch Altes abzutragen. Nun bin ich tief verunsichert und gekränkt. Auch bin ich mir keiner größeren Schuld bewusst. Besonders schmerzlich hat mich die Überheblichkeit des Mediums getroffen. Ich kann verstehen, wenn Menschen sich erschrocken vom Spirituellen abwenden. Hatte ich doch nur Weghilfe gesucht.

Seit einigen Jahren häufen sich bei mir die Klagen von Klienten, ein Medium hätte ihnen gesagt, sie hätten in einer früheren Inkarnation arge Verfehlungen begangen. Nun ist es oberes Gesetz, dass ich mich nicht einmische bei Aussagen/Tätigkeiten/Vorgehensweisen anderer (Medien), aber wenn ich wieder und wieder so etwas höre, kann ich nicht länger neutral bleiben.

Um es vorweg zu sagen, wir haben alle schon mal einen Stein in der Hand gehabt. Wir hier auf der Erde sind alle keine Engelchen. Vor langer Zeit waren wir es mal, aber dann... leider, leider, kamen Hochmut, Aufstand und Fall... Und nun sind wir alle wieder auf dem Wege zurück in die Einheit. Also sitzen wir alle im gleichen Boot, im gleichen Club. Die einzelnen Mitglieder des Clubs in Täter und Opfer einteilen zu wollen, ist unsinnig, denn Täter und Opfer bedingen einander, keiner kann seine Rolle ausüben, ohne den anderen. (Diese Auffassung ist nur für diejenigen Menschen nachvollziehbar und akzeptabel, die sich auf den Weg der Erkenntnis begeben haben. Also bitte nicht weitersagen!) Aber nichts muss für ewig sein; Wenn Täter- und Opfertypen genügend Einsicht in das Gesetz von Ursache und Wirkung gewonnen haben, wenn beide genügend liebevolles Verstehen für sich selber und die andere Seite aufgebaut haben, können die Rollen abgelegt werden, sie können sich vom Club abmelden, austreten.

Wir alle haben unbewusste Erinnerungen an den Sturz der Engel, und darum ein generelles Gefühl von Schuld, Urschuld sozusagen, auch, wenn wir in den nachfolgenden Äonen uns nicht real, also nachweisbar schuldig gemacht haben. Wir sind angreifbar, verletzbar, verunsichert über uns selber.

Nun gibt es auf dieser Erde eine besondere Sorte von Menschen. Die übernehmen stellvertretend für Andere Teile von deren Schicksal, um dieselben zu entlasten. Man kann sich das etwa so vorstellen: Vor kurzem war ich in einer Zahnarztpraxis. Da stand ein verweintes Kind mit einer geschwollenen Backe mit seiner Mutter in der Eingangshalle. Die Mutter sagte: „Wenn ich das meiner Kleinen abnehmen könnte, würde ich das tun."

Ob Sie zur Täter-, zur Opfer-, zur Stellvertreter- oder zu einer Mischkategorie gehören, geht niemand etwas an. Ich wünsche ihnen noch einen schönen Tag.

Zuerst fand ich das ja sehr schön und beruhigend, dass Sie meinen Mann in der jenseitigen Welt im Sessel sitzend gesehen haben und er über sein/unser vergangenes Leben gesprochen hat, aber das ist für mich nicht mehr befriedigend. Hat er keine Fortschritte gemacht, hat er dort nicht Aufgaben zu erfüllen? Könnten Sie nicht noch mal nachsehen, ob er, was er dort für Ziele hat? Hier auf Erden hatte er immer Zukunftspläne. Könnten Sie ihn noch mal danach fragen? Er sagte ja, es ginge ihm gut, aber hat er das nicht nur so dahin gesagt? Wenn Sie nun danach fragen, bringen Sie dadurch Unruhe in die andere Welt?

Drüben ist eine andere Welt, wenn dort jemand sagt, es gehe ihm gut, dann ist das auch so, anders als hier auf Erden, wo öfter geschummelt und geflunkert, aber auch bewusst falsch ausgesagt wird. Dass Ihr Mann sich mir im Sessel zeigte, bedeutet, dass er zur Ruhe und Besinnung gefunden hat. dass er sein vergangenes Leben beschauen konnte in Wertschätzung desselben und auch Ihrer gemeinsamen Ehejahre. Etwas anderes war für ihn (an dem Tag, als ich ihn mental aufsuchte) nicht relevant, dort besteht Gegenwart und Sein. Auf Erden sind wir oft mehr in der Zukunft, in Plänen, mit Zielen und Projekten befasst. Im Jenseits leben wir nicht in Zukünften, sondern im Hier und Jetzt. Diese schließen sich nahtlos aneinander an, solange, bis eine Angelegenheit harmonisiert ist. Dies vollzieht sich in Phasen, in Prozessen, die wir weder beschleunigen noch verlangsamen können und dürfen. Wenn ich mich nochmals an ihren Mann wenden würde, ob er nun Fortschritte gemacht hat, so würde das keine Unruhe dorthin bringen. Wo Ruhe ist, ist Ruhe. Es wäre aber für mein eigenes Seelenheil nicht gut, wenn ich, um eine gewünschte Antwort zu erhalten, dort herumstochern und eventuell manipulativ tätig werden würde. Das bedeutet nicht, dass Ihr Mann in den vergangenen Wochen keine anderen Bewusstseinszustände erlebt/erreicht haben kann. Es bedeutet lediglich, dass er an dem Tage, als ich ihn aufsuchte, sich dort und so befand.

Zuerst saß er im Sessel, dann stand er im Wohnzimmer, schaute aus dem Fenster in den Garten, wo er die Kaninchen sah. Als er alles ausgesprochen hatte, drehte er sich um und winkte. Mit dieser Geste kündigte er Aufbruch und Beginn von etwas Neuem an. Ihr Mann hat sich damit dem Jenseits zugewandt. So soll es auch sein, dass nach einer Phase des endgültigen Abschiednehmens die Seelen dort drüben ihre Heimat finden, während die Menschen hier ihre irdischen Lebenswege fortsetzen.

Nicht immer ist es uns vergönnt zu erfahren, wie unsere Lieben im Jenseits ihren Weg fortsetzen. Ihr Mann hat Sie geliebt, er liebt Sie weiterhin. Auch wenn jetzt getrennte Wege angesagt sind, so wird er Sie doch eines (fernen) Tages dort erwarten. Das hat er zugesagt. Darauf können Sie sich fest verlassen.

Zweimal pro Woche besuche ich einen Hund im Tierheim und führe ihn aus. Nun möchte ich liebend gerne dieses Tier für immer haben, aber die Direktorin des Tierheimes verweigert das. Darüber bin ich sehr traurig, denn der Hund hätte es sehr gut bei mir, und ich bin auch wütend, weil ich es als Schikane empfinde, dass die Leiterin mich nicht akzeptiert. Ich finde das umso absurder, da ich den Eindruck habe, dass die Direktorin ausgerechnet dieses Tier nicht besonders mag, jedenfalls redet sie nie mit ihm und streichelt es nicht.

Der Hund im Tierheim spricht:

„Ich war einmal ein früheres Kind, ein Sohn von der Leiterin. Wir sind damals unglücklich gewesen miteinander, wir sind auch schuldig geworden aneinander, und nun haben wir uns wieder getroffen in ähnlicher Verfassung und Position wie damals: diesmal trifft sie die Entscheidungen, diesmal ist sie am Drücker, scheint Macht über mich zu haben und die hat sie auch. Wir können nicht zueinander, aber wir können unsere unheilvollen Schicksalsfäden auch nicht entwirren, weil das Bewusstsein fehlt. Ich bin zu sehr in die Sache verwickelt. Jedenfalls zur Zeit möchte ich gar nicht woanders hin als ich bin hier. Ich fühle eine gewalt(tät)ige Aggression in mir und kann mich nicht dafür verbürgen, dass diese nicht ausbricht. Ich mag kein Hund sein, über den Zwei sich streiten, um den man Tau zieht. Dann bin ich nur ein Spielball, ein Vorwand für Machtkämpfe. Diese beiden Frauen haben einen Konflikt mit einander, sollen sie mal nachdenken, woher der stammt.

Nun ist das mal gesagt, nun ist das raus. Noch etwas muss ich sagen: Ich zeige auf den Spaziergängen nicht mein wahres Gesicht, nicht mein wahres Potential. Ich zeige ein Gesicht, das andere zeige ich nicht. Ich möchte mich wieder eingliedern in die Spezies Mensch, danach habe ich Sehnsucht. Und doch fühle ich mich zerrissen. Ich darf in meinem jetzigen Stadium nicht frei leben, nicht unbeaufsichtigt sein. Ich sage (verrate) das, weil ich mich nicht erneut schuldig machen will. Darum lege ich hier meinen innersten Kern bloß, ich tue es aus Liebe zu der Frau, die mich hier hält, denn unsere Schicksalsfäden sind noch nicht gelöst und ich sage es aus Liebe zu der Frau, die immer mit mir spazieren geht und die mich mitnehmen möchte. Diese Frau liebt mich vorbehaltlos, ich warne sie vor mir, weil ich niemanden mehr erneut unglücklich machen möchte. Sie würde sich niemals von dem Schock erholen, wenn ich zurückfallen würde und… sie könnte nie wieder ein Tier unbefangen lieben.

Da kann ich nicht verantworten. Darum bleibe ich hier, bis etwas anders ist."

Ich möchte nichts zu tun haben mit übersinnlichen Wahrnehmungen. Ich habe Sorge, dass, wenn ich erst einmal damit beginne, ich dann Tür und Tor öffne und nicht mehr weiß, was dann passiert. Ist es richtig, wenn ich mich auf diese Weise abschließe?

Absolut! Sie schließen sich nicht ab, Sie schirmen sich ab und das ist jedem anzuraten und das ist oberstes Gebot im Umgang mit außersinnlichen und unbekannten Phänomenen. Wenn Sie die eine oder andere Wahrnehmung spontan haben, wenn die zu Ihnen kommt und nicht Sie diese aufgesucht haben, können Sie sich immer noch eine Erklärung holen bei jemandem, der sich damit auskennt. Es ist gut, dass Sie nicht dem Boom, der Esoterik als Run, als Trend und Mode folgen, dass Sie nicht sensationshungrig etwas nachjagen, dass Sie nicht Ihr Selbstbewusstsein aus übersinnlichen Erfahrungen herleiten müssen. Glückwunsch dazu. Damit sind Sie sich selber treu, auch wenn Sie in bestimmten Kreisen „nicht mitreden" können. Seien Sie stolz und zufrieden mit sich. Danke

Soll man auch für die bösen Geister beten? Die müssen doch auch erlöst werden.

Ihr Gedanke ist gut gemeint, doch kann ich das nicht generell empfehlen. Es gibt Territorien in den sichtbaren und unsichtbaren Welten, deren Grenzen man respektieren sollte, sonst gibt es Kampf. Aus deren Sicht müssten nämlich *Sie* bekehrt werden. Stellen Sie sich einmal vor, wie Sie auf derartige Interventionen von deren Seite reagieren würden.

Wenn sich ungebetene Geister bei Ihnen gemeldet haben, so sind Geduld, Besonnenheit, Langmut und Respekt das Gebot der Stunde. Regen Sie sich nicht auf, verhalten Sie sich abwartend. Bleiben Sie bei sich, reagieren Sie nicht überspannt. Erledigen Sie Ihre täglichen Arbeiten wie gewöhnlich. In den meisten Fällen verschwinden die Geister, wie sie gekommen sind.

Das Platzen so mancher Glühbirne wird Geistern zugeschrieben, in Wirklichkeit ist es nur schlechte Qualität. Oder der Bewohner des Hauses ist selber die Ursache, wenn er extrem viel Spannung in sich trägt. Manches Geräusch ist physikalisch erklärbar, und manches fremde Phänomen ist der eigenen labilen Verfassung zuzuschreiben.

Darum nüchtern bleiben und untersuchen, ob es eine natürliche Erklärung gibt bzw. ob man selber die Ursache ist.

Als Sie in der Pause auf dem Kongress meine Tochter begrüßten, haben Sie ihr nicht richtig in die Augen gesehen. Meine Tochter meint nun, dass Sie etwas gegen sie haben, oder dass Sie etwas Schlimmes bei ihr gesehen hätten.

Weder noch. Ich sehe Menschen nicht gerne direkt in die Augen, sie könnten sich dann unbehaglich, „durchschaut" und verunsichert fühlen.

Ich sehe selten Schlimmes bei Menschen, auch bin ich nicht fortwährend auf Empfang eingestellt. Es wären viel zu viele Eindrücke, die in der Kürze des jeweiligen Augenblicks gar nicht sortiert und in eine vernünftige, also konstruktive Bahn gelenkt werden könnten. Darum arbeite ich nur gezielt auf persönliche Anfrage und zu bestimmten Zeiten.

Dann nämlich, wenn ich mit mir und der Welt einigermaßen in Frieden bin, und dann, wenn reichlich Zeit, Ruhe und Stille vorhanden sind, um jeden (wie auch immer gearteten) Kontakt würdig zu gestalten.

Am Ende muss der Satz stehen: So können wir es (erst mal) lassen.

Da ist ein Phänomen, das mich fesselt, nämlich der Gedanke, dass es Tier- und Menschenleben im Wechsel geben könnte. An Karneval muss ich öfter daran denken, wenn ich als Tier verkleidete Leute sehe. In Märchen reden die Tiere ja auch und in Kinderbüchern. Es wird schon seinen Sinn haben, wenn so ein Wechsel möglich ist, irgend einen triftigen Grund wird dies schon geben.

Genau so ist es. Alle Leben hängen auf eine wunderbare Weise zusammen. Auch wenn das Leid zeitlich und irdisch gesehen überwiegt, so wird doch, wenn es entschlüsselt ist, weise Führung, Richtung und Entwicklung erkennbar.

Wie bei Menschen sind bei Tieren prägende Momente Zeugung, Geburt und Tod. Merkmale früherer Leben und Tode werden in den folgenden Inkarnationen wieder erlebt, aufbereitet und wenn's schön läuft, gemildert, harmonisiert, geheilt.

Das folgende Beispiel beschreibt – aus dem Jenseits betrachtet – eine frühere Inkarnation als Hund, der eingeschläfert wurde und die davor liegende als männlicher Mensch.

„Ich habe schon mal in meinem früheren Leben eine Einschläferung erlebt. Damals war ich ein Mensch, ein alter Mann, und da wurde ich in einem Krankenhaus weggespritzt. Deshalb musste ich das (einen also solchen Tod) noch einmal erleben. Als Hund ist das akzeptabler. Wenn man als Hund weggespritzt wird, ist das vor der Welt nicht kriminell. Das ist kein Verbrechen in der Welt, und es gibt nicht so viel Unruhe darüber. Ich war halt in dem Leben davor der ältere Herr, der in einem Eisenbett lag, der eigentlich in Meditation dort lag, in innerer Ruhe. Man hätte nur abwarten müssen. Ich wäre sowieso bald gegangen, aber die (das Personal) fühlten sich durch mein So-Sein provoziert. Irgend jemandem passte das nicht, einer konnte das nicht aushalten. Es war eine Krankenschwester. Sie war recht bitter über ihr Leben und dass die

Ärzte dort im Krankenhaus das Sagen hatten und sie lediglich ausführen musste, was die befahlen. Jede Anordnung von ihnen war eine Beleidigung für sie, ein Grund mehr für stillen, verborgenen Hass. Scheinbar ordnete sie sich unter, aber innerlich sann sie auf Vergeltung… und fand sie, indem sie etwas tat, das nicht angeordnet war. Damit hatte sie eine selbstständige, eigenmächtige Tat in die Welt gesetzt, etwas, das niemand ihr nehmen konnte, etwas, bei dem endlich einmal sie die Zügel in den Händen hielt.

Ich rede deshalb so ausführlich, damit man nicht urteilt, sondern auch diese Frau versteht. Damit durch das Erklären ein Erbarmen aufkommt, Erbarmen für sie und uns alle. Ich als der alte Mann war nur ein Glied in der Kette. Seitdem weiß ich, dass nicht nur aggressives Verhalten Menschen, gewisse Menschen, zu Gegenaggression treiben kann, sondern dass auch mildes Verhalten eine wahnsinnige Provokation darstellen kann, für gewisse Menschen eben."

Nun ist sie/er wieder im Paradies. Sie/er guckt nach den Vögeln und den Eichhörnchen. Sie/er liebt es, wenn Zweige sich im Wind bewegen. Sie/er ist ein romantisches Wesen, harte Worte und Töne sind ihr/ihm ein Gräuel in einer befriedeten Welt.

Habe ich böse Geister um mich? Würden Sie das sehen, wenn das so wäre?

Sehen würde ich sie nicht, aber ich würde sie spüren. Schon während des Telefongespräches oder kurz nach dem Auflegen des Hörers merke ich das. Schließlich möchten die sich mir auch mitteilen. Sie machen sich auf unterschiedliche Weise bemerkbar; je nach dem, wo sie herkommen (Kulturkreis) und wie sie geartet sind.

Bei Ihnen habe ich nichts dergleichen wahrgenommen. Es kann schon mal sein, dass ein Geistchen an uns hängt, doch wenn es nicht gravierend ist, erfordert es keine Reaktion. Es geht meistens von selber wieder.

Sie mögen also beruhigt sein.

Engel und Dämonen. Was hat man sich darunter vorzustellen? Was tut man bei Besessenheit, wodurch entsteht die? Wie macht sie sich bemerkbar? Auch möchte ich etwas erfahren über Vorbeugung und Behandlung, wenn das möglich ist.

Aus dem Lexikon der Esoterik (Falken-Verlag): **Dämon**, griechisch *Daimon*. In der griechischen Mythologie sind die Dämonen die Seelen der Menschen des Goldenen Zeitalters (die griechische Vorstellung des Paradieses). Sie leben auf einer Ebene, die sich zwischen den Menschen und den Göttern befindet. Jeder Mensch erhält bei seiner Geburt einen Dämonen zugeteilt, der sein Schutzgeist/Schutzengel ist. Später – vor allem durch das Neue Testament beeinflusst – wird die Bezeichnung Dämon fast ausschließlich nur noch für böse Geister verwandt.

Engel, vom griechischen Wort abstammend, das *Bote* bedeutet. Engel gelten als Mittler zwischen Gott und den Menschen. Es gibt sie im Judentum, Christentum und im Islam. Unter den Engeln gibt es eine Rangordnung: Engel, Erzengel, Kräfte, Mächte, Heerscharen, Fürstentümer, Throne, Cherubim, Seraphim.

Erzengel, griechisch *Hauptengel*. Die vier Bekanntesten sind: Auriel, Gabriel, Michael und Raphael. Jeder von ihnen herrscht über eines der Elemente, Auriel über die Erde, Gabriel über Wasser, Michael über Feuer, Raphael über Luft.

Besessenheit ist der Versuch eines Geistes, Besitz zu nehmen von einer lebenden Person. Besessenheit kann eintreten 1. unerwünscht, 2. fahrlässig herbeigeführt, 3. willentlich, das heißt beabsichtigt.

Unsere Aura ist wie das Immunsystem für unsere Gesundheit. Wenn sie intakt ist, dann ist auch unser Körper, unser Seelenleben, Geist und spirituelles Leben in Ordnung. Durch lang anhaltende Erschöpfung, Schlaf- und Essensentzug, durch Krankheit, Siechtum, Unfall und Schock kann unsere Aura in Mitleidenschaft gezogen werden. Bildlich gesprochen, wird sie dann dünner, durchlässig, beschädigt, kurz, wenn eine Öffnung geschaffen ist, können Besucher leicht in den Körper eintreten und ihn besetzen.

Berufsgruppen, die pausenlos in Kontakt mit Patienten und Klienten sind, die sich in Not befinden, sind ebenfalls gefährdet, also Klinik-, Sanatoriums-, Altenheim- sowie Friedhofspersonal. Auch Medien fallen in diese Rubrik, denn sie beschäftigen sich mit den Geisterwelten.

Fahrlässig herbeigeführt werden kann Um- und Besessenheit durch neugierige Teilnahme an Seancen, bestimmte Meditationen, Alkohol- und Drogenmissbrauch, sich dem Willen einer anderen Person überlassen, z.B. in Hypnose. Weiterhin durch alle Anwendungen, Rituale und Methoden, welche die Aura öffnen. Sie öffnen damit gleichzeitig Tür und Tor für diejenigen aus der astralen Welt, die nach einem irdischen Körper verlangen – aus welchen Gründen auch immer. Dasselbe kann durch Trance passieren und beim automatischen Schreiben, wenn man dabei seinen Körper einem anderen Wesen überlässt.

Wenn diese Techniken unwissend angewandt werden, kann eine fahrlässig herbeigeführte Um/Besessenheit die Folge sein. Wenn aber Geister aufgerufen werden zur eigenen Unterhaltung, zum eigenen Nutzen oder zum Nutzen oder Schaden von anderen, so handelt es sich um eine bewusst-willentlich herbeigeführte Um/Besessenheit.

Mancher hat erschreckende Erfahrungen damit machen müssen. Es ist, als ob er seine Wohnung Tag und Nacht mit dem eingeladenen Gast teilt. Zuerst ist der höflich und freundlich, später ändert sich das, er nimmt alles in Beschlag, lässt ihn, den Gastgeber, keine Minute mehr in Frieden mit seinen Wünschen und Angelegenheiten. Zuerst erhält der von ihm Gesellschaft, Unterricht, Ratschläge; in der Tat weiß und kann er Erstaunliches, was einem irdischen Menschen verwehrt ist. Später übernimmt er zuerst die Führung, dann die Herrschaft. Wenn Sie ihn bitten zu gehen, verhöhnt er Sie und klammert sich an seinem neuen Hause fest. Da er bis dahin nicht gelernt hat, autonom zu leben, fühlt er sich außerstande, eine andere Ebene aufzusuchen. Ihm gefällt es ja schließlich, und Sie haben ihn doch eingeladen. Doch nun ist guter Rat schwer zu erhalten.

Motive zu besetzen der sich besetzen zu lassen (diese Vorgänge bedingen einander) mögen sein: Einsamkeit, Ohnmacht, innere Leere, Minderwertigkeitsgefühle, Angst vor Beziehungen mit Gleichen (körperlichen oder nichtkörperlichen), unerfüllt sein. Um diese Zustände zu verdrängen, um sie nicht auszuhalten, wird eine Besetzung angestrebt. Einsamkeit soll überwunden werden durch Mehrsamkeit, Ohnmacht durch Macht, Minderwertigkeitsgefühle durch Berühmtheit. Die Person, die innerlich bereit ist, sich besetzen zu lassen, möchte – nun mit Hilfe der Jenseitigen - etwas ganz Besonderes, Herausragendes, Außergewöhnliches sein. Und der Machtlose von drüben sucht sich sein Gegenstück auf der anderen Seite, auf der Erde.

Körperliche und geistige Merkmale, die auf Besessenheit hinweisen können, aber keinesfalls müssen: Niedriges Energieniveau, Stimmungsschwankungen, Konzentrationsschwierigkeiten, das Gefühl: Das bin nicht ich, Kommandos hören, sowie Lob und Beschimpfungen, Angst und Depressionen ohne Grund, von Süchten nicht loskommen, gesundheitliche Probleme ohne dass der Arzt etwas finden kann.

Erscheinungsformen im Hause: Elektrische Geräte gehen von alleine an oder aus, Klopfgeräusche, Tiere verhalten sich merkwürdig.

Wahrnehmungen mit den körperlichen Sinnen: Gestalten sehen, Berührungen fühlen, Geräusche hören, Gerüche wahrnehmen, angenehme wie Blumen oder Parfüm, oder auch unangenehme.

Was tun? Vorbeugen! Also: Keine Geister ins Haus einladen, auch keine als Selbstopfer auf sich nehmen, keine anderswo aufsuchen, sie könnten mitkommen, keine Gegenstände im Hause halten, die damit zu tun haben könnten, guten Umgangston im Hause pflegen. Es ist keine Katastrophe, wenn sie einen Geist bei sich oder in ihrer Wohnung haben.

Sie können etwas unternehmen.

Die Befreiung: Befreiung bedeutet für beide Seiten Veränderung. Sie soll nicht länger als wenige Minuten dauern und nur dann durchgeführt werden, wenn Sie sich wohl und sicher fühlen damit. Sie können den Geist freundlich über die Situation aufklären, etwa so: ‚Du möchtest Gesellschaft und hast dich deshalb zu uns gesellt. Das ist aber nicht so günstig, weil du im Prinzip in einer anderen Welt lebst als wir. Du kannst dich vielleicht erinnern an Freunde und Angehörige, die nicht auf dieser Erde sind. Wenn du zu ihnen gehen möchtest, so kannst du das leicht tun. Es kann dort für dich eine bessere Welt als hier sein, weil sie zu Deinen Gegebenheiten, zu Deinem Zustand passt.

Es gibt Führer, Begleiter, die möchten dir helfen beim Übergang. Wenn du willst, kannst du ihre Hand ergreifen. Dir und deinem Körper kann es besser gehen, wenn du dich dem Licht zuwendest. Du kannst dort ein freudvolles Leben haben. Meine guten Wünsche sind bei dir.´

Auf dem Entwicklungsweg der Seele kommen wir früher oder später alle mit dem Phänomen Geister, Dämonen und Engel in Berührung.

Niemand muss sich genieren, wenn er dämonenhafte Wesenheiten bei/um sich herum wahrnimmt. Er wird nur darauf hingewiesen, dass es nun so weit ist, dass es etwas zu tun, sich zu kümmern, sich zu verhalten gilt.

Es gibt orts- und personengebundene Geister, im ersten Fall würde ein Umzug helfen, im zweiten Fall nichts.

Die Geister können aus der eigenen Familie stammen, als Vorfahr, ein Bekannter sein aus dem jetzigen oder einem früheren Leben oder ein fremder Dämon. In jedem Fall besteht eine Resonanz. Nichts und niemand kann sich „andocken", wenn überhaupt keine Be-zieh-ung besteht.

Dämonen können Wesen sein, die schon irdisch inkarniert waren, aber auch solche, die das nicht waren, die sozusagen aus der den Engeln gegenüber gestellten Welt stammen.

Die größten Ängste der Geister und damit gleichzeitig die Motive, einen Menschen zu besetzen, sind:

1. Angst vor Strafe und Hölle. (Holen Sie Begriffe wie Vergebung, Barmherzigkeit, Gnade ins Bewusstsein)

2. Angst, allein zu sein. (Auch, wenn man auf Erden niemand hatte, so gibt es doch immer Bekannte und Verwandte aus früheren Inkarnationen. Wenn unter ihnen niemand ist, den der Geist gerne wiedersehen möchte, so gibt es immer Seelen mit ähnlicher Geschichte, die sich gerne anschließen möchten. Jede/r kann drüben in der anderen Welt Geselligkeit mit Anderen oder Gleichartigen finden. Auf alle Fälle stehen Helfer bereit auf Anruf und Abruf)

3. Angst, krank, siech oder alt zu sein. (Diese Befürchtung stammt aus irdischen Erfahrungen. (Hierzu kann man sagen, dass es auf der anderen Seite wunderbare Versorgungsstätten, liebevolle Pflege gibt, solange das erforderlich ist. Niemand bleibt unversorgt)

4. Angst, dann gar nicht mehr zu existieren. (Das gibt es nicht, Leben ist Unsterblich in jeder Dimension, ‚hüben und drüben')

5. Angst, dann auf Betäubungs- und Suchtsüchte verzichten zu müssen. (Wer eine Sucht nach drüben mitnimmt, der hat tatsächlich ein Problem, weil das Verlangen sich dort möglicherweise fortsetzt. Dabei ist es egal, ob es sich um Arbeits-, Ess-, Trunk-, Drogen-, Kauf-, Sex-, Quäl-, Computer- oder Spielsucht handelt. Jedes ‚Das-muss-ich-unbedingt-tun-oder-haben' erzeugt Spannung. Auch hierauf wird auf der anderen Seite liebevoll eingegangen, die Ursachen werden posthum erforscht und das Suchthafte

dadurch aufgelöst. Niemand muss etwas gegen seinen Willen aufgeben und schon gar nicht auf einen Schlag. Das Jenseits ist nicht dazu da, um zu strafen, das wäre irdisch gedacht. Es ist da, um gewesenes Unrecht zu erkennen und dadurch befreiter und glücklicher zu werden)

Wie gesagt, es ist kein Unglück, wenn wir selber dämonische Wesen in unserer Umgebung wahrnehmen. Wenn dies der Fall ist, dann ist es Zeit für die Lernerfahrung: Wie gehe ich konstruktiv mit diesen Phänomen um?

1. Nicht von Geistern verursachte Phänomene: Zuzufügen ist, dass nicht alle merkwürdigen Geräusche und Wahrnehmungen automatisch Geistern zuzuordnen sind. Es gibt rein physikalisch bedingte Geräusche, etwa, wenn die Statik des Hauses nicht stimmt. Millimeterweise Verschiebungen können Knacken in der Installation, im Gemäuer, in Türen und Fenstern hervorrufen, wenn diese sich verziehen. Auch lebt Materie und bewegt sich, besonders natürlich Holz aber auch Plastik und alle anderen Materialien.

2. Ein weiterer Gesichtspunkt ist das Erschaffen von Geistern durch die eigenen Spannungen und Erwartungen. Gedanken und Gefühle erzeugen pausenlos energetische Felder. Wenn diese stark genug, also wirklich genährt worden sind, führen sie ein Eigenleben. Sie sind mental erkennbar, haben Farbe und Formen, können sich bewegen. In diesem Falle würden wir unseren eigenen Schöpfungen begegnen und mit ihnen kommunizieren, als ob sie Fremdenergien wären.

Auch ist zu bedenken, dass selbst wenn Geister im Spiel sind, nicht alles Unglück auf diese zurückzuführen ist. Nicht alle Konflikte mit Familienangehörigen und anderen Personen sind von ihnen verursacht. Wir haben Verantwortung für die soziale, emotionale und mentale Hygiene in uns selber und in unserer unmittelbaren Umgebung.

Das folgende Beispiel zeigt, wie durch viel Erfahrung im Umgang mit Geistern und entsprechenden Vorsichtsmaßregeln Besessenheit vermieden werden konnte. Hätte nur ein „Oh, da muss ich aber helfen" und keine entsprechende mehrjährige (Eigen)schulung stattgefunden, wäre es höchstwahrscheinlich zu einer Besessenheit gekommen.

„Er" wälzt sich hin und her. Er steht unter Drogen, Schock oder beidem. Er hat nicht begriffen, dass er tot ist. Er war nur für wenige Momente aus seinem Körper bei dem Unfall, dann war er wieder darin. Er fühlt seinen Körper kalt, das ist unangenehm, ungewohnt. Er realisiert, dass sein Blut still steht, sein Herz nicht mehr schlägt. Das findet er komisch. Er hat keine Idee von Jenseits, wie er da sein könnte, heftet, klammert sich an seinen Anzug, den er (sein Körper) anhat. Ist kaum ansprechbar, hört ein mächtiges Rauschen und Brummen in seinem Kopf, kann deshalb meine Stimme kaum wahrnehmen, empfindet sie nun als sehr hell und anziehend, klammert sich nun an meine Stimme und will mit ihr mitgehen, auf der Schwingung des Tons mitgleiten, weil ich die Einzige bin, die mit ihm in diesem seinem Zustand Kontakt hat, ist nun aufmerksam geworden auf mich, sucht seinem toten Körper zu entfliehen, zu entkommen, denn nun hat er ihn als unbrauchbar für seine Ziele erkannt. Er ist geistig wach und bereit, seinen Körper zu verlassen (es ist eine Woche nach seinem irdischen Tod).

Ich will ihn nicht in meiner Wohnung haben, er soll die gar nicht erst kennen lernen. So bestelle ich ihn zu einem kleinen belebten Platz in der Nähe. Dort gibt es Sitzbänke. Ich begebe mich geistig auch dorthin, um mit ihm weiter zu sprechen. Er missversteht mich gründlich, glaubt nun, ich hätte ihn zu einem Rendezvous bestellt. Etwas anderes fällt ihm nicht ein, etwas anderes, Interesse an ihm, seiner Person, seinen Angelegenheiten kannte er nicht in seinem vergangenen Leben.

An den vergangenen Tagen war er im Prostituiertenviertel. Er stand dort vor den Schaufenstern mit den Mädchen, suchte sich auch eins aus, aber wenn er „dran" war, ging ein anderer Freier hinein und verschwand mit dem Mädchen in den hinteren Räumen. Nun findet er sich neben mir sitzend auf der Bank. Ich mache ihm sehr, sehr deutlich klar, dass es hier nicht um Sex geht. Traurig nickt er. Ich sage, dass ich ihm etwas erklären, begreiflich machen möchte und er nun er nicht mehr unter Schock, Unfallschock und Alkohol stehe... Er fragt: „Sind Sie von der Kirche? Warum ist keiner von der Kirche bei mir, jetzt wo ich am Ende bin?" Ich sage: „Das weiß ich auch nicht." Nun starrt er nach seinem starren Körper im Kühlhaus, will aber nicht mehr in ihn hinein. Er möchte Lärm machen, Geräusche, will klopfen, herumpoltern, damit alles wieder wie früher ist, Ich deute vorsichtig an, dass ihm das nicht helfen kann, dass er verunglückt ist und er nicht mehr echt auf der Erde lebt, dass man seinen Körper im Kühlhaus gelagert hat bis zu seiner Beerdigung, dass er nun auf der anderen Seite weiterlebt, dort, wo auch schon einige Angehörige von ihm leben und auf ihn warten. So recht fröhlich machen kann ihn das nicht. Immerhin verspricht er mir, darüber nachzudenken. Ob es denn dann ein für allemal vorbei sei mit... fragt er traurig. Ich antworte, dass es dort, wo er jetzt hingehöre, viel, viel „Pläsier" geben könne, wenn er sich darauf einließe. Er müsse dort nicht alleine sein, es gebe immer Unterhaltung, wenn er das wolle. Das kam gut bei ihm an.

Plötzlich hatte er es sehr eilig, wegzukommen. Er drehte noch einige Runden über dem Platz, auf dem ich auf der Bank saß und entschwand dann spiralförmig.

Ein weiteres Beispiel beschreibt eine leichtfertig herbeigeführte Besessenheit, die ungefähr eine Woche lang anhielt. „Sie" konnte doch nichts dafür, könnte man sagen. Doch, sie konnte etwas dafür, denn sie hatte sich blind (vertrauend) einer Meditationsgruppe angeschlossen. Weder die Leiter noch die Teilnehmer waren sich im Klaren über die Gefahren von mentalen Reisen. „Sie" musste dort sein, damit der Geist sich bei ihr manifestieren konnte, könnte man sagen. Ich sehe das nicht so.

1. Ein Geist wird durch die Inbesitznahme eines anderen Körpers nicht erlöst.
2. Gibt es wirksame Methoden ohne Risiken, um Befreiung zu erlangen.

Hier der Erlebnisbericht:

Ich habe diese Erfahrung in einem Meditationszentrum gemacht. Ich saß mit einer Gruppe von Menschen, wir meditierten. Plötzlich bemerkte ich, wie meine Fußknöchel anschwollen, mein Herz tat einige angstvolle Schläge, ich wusste nicht, ob die von mir oder von jemand anders waren. Dann fühlte ich deutlich jemand in mir sitzen bzw. mich in jemand. Dies gefiel mir nun gar nicht. Ich versuchte, die Situation in Meditation zu klären, ich ging (mental) zum Fenster, öffnete es und bat meinen Besetzer, fortzufliegen. Als ich zu meinem Stuhl zurückkehrte, saß er immer noch in mir. Oh, dachte ich, so leicht geht er nicht, ich werde mich mit ihm auseinander setzen müssen. Darum holte ich (wiederum mental) einen Stuhl herbei, stellte ihn vor meinen Stuhl und bat meinen Besetzer dringend, sich auf den Stuhl mir gegenüber zu setzen, dann würde ich mit ihm reden. Er weigerte sich, wollte sitzen bleiben wo er war. Schließlich gab ich nach und setzte mich ihm gegenüber. Zu einem mentalen Gespräch kam es nicht mehr, weil in diesem Augenblick die Meditation offiziell beendet wurde, doch konnte jeder Teilnehmer noch seine Erfahrung schildern. Das tat ich.

Ich äußerte mich höchst verwundert über das, was ich erlebt hatte. Der Meditationsleiter verstand besser als ich selber, was passiert war. Er sagte, dass vor etwa einem halben Jahr ein Kollege von ihm auf genau dem Platz auf dem ich nun saß, einen Herzinfarkt bekommen hatte, er sei später im Krankenhaus daran gestorben. Ich fand das Ganze recht beunruhigend, zumal meine Besehwerden nicht verschwanden, nahm das Geschehnis aber als Auftrag an mich, etwas für die Seele des ‚verstorbenen' Meditationslehrers zu tun. Leider bekam ich dabei überhaupt keine Unterstützung von der Meditationsleitung, der

Mann sagte mir lediglich, er glaube nicht, dass sein ehemaliger Kollege hier noch in dieser weise „herumhängen" würde, er sei ein Mann gewesen, der spirituell sehr weit fortgeschritten sei und was ich wahrgenommen habe, seien lediglich einige Emotionen aus dem Moment des Herzinfarkts. Ich wünschte selber, das zu glauben, doch meine körperliche Erfahrung war eine ganz andere. Ich hatte ihn gefühlt, sozusagen Zelle um Zelle auf meine eigenen Zellen aufgepfropft. Ich hätte gewünscht, dass die Gruppe gemeinsam mit mir und dem Leiter die Seele, die noch immer hier auf ihrem Meditationsstuhl gebunden war, heimzuführen, zumal doch der Kollege durch seinen persönlichen Einfluss hätte helfen können – aber offenbar konnte er das nicht.

So war ich allein mit meiner Erfahrung und meinen Beschwerden. Ich war nicht imstande, diesen Mann auf eine schöne Weise von mir zu lösen. Er war meinen Gedanken und Empfehlungen nicht zugänglich, auch wollte/konnte er nicht über seine Problematik, seine Sorgen, Nöte und Ängste sprechen, offensichtlich verhinderte das Selbstbild, das er von sich hatte, eine solche Art von mentaler Therapie.

Nach einigen Tagen ging ich spazieren, um mich abzulenken. Da hatte ich das Gefühl, dass er nicht länger an mir haftete, dass er mich verlassen hatte.

Bei meinen Begegnungen mit dämonischen Wesen war der Respekt, den ich ihnen entgegenbrachte, das Wichtigste. Er bewirkte Besänftigung auf der Gegenseite und verhinderte dadurch Eskalation.

Es wird gesagt, dass der Vatikan kürzlich eine Schrift verfasst hat (in Latein und nicht in Buchhandlungen erhältlich), in der den kirchlichen Exorzisten empfohlen wir, es nunmehr mit den „bösen Geistern" im Guten zu versuchen.

Engel

Jeder Mensch hat seinen ganz persönlichen Schutzengel, der immer bei ihm bleibt. Darüber hinaus gibt es eine Vielfalt von Engeln, die für bestimmte Bereiche zuständig sind, für bestimmte Anlässe, Gefühle und Lebensphasen. Diese bleiben eine Weile, und wenn ihre Aufgabe erfüllt ist, wenden sie sich Anderem zu. Auch der verdunkelte, auch der böswillige Mensch hat seine Engel.

Wie machen sie sich bemerkbar?

Der eine Mensch erlebt sie in Traum, ein anderer hört sie wie eine leise Stimme, der Dritte spürt irgendwie, dass er nicht alleine ist auf seinem Lebensweg. Ein Vierter hat eine unstillbare Sehnsucht nach s/einer Heimat, die er hier auf der Erde nicht finden kann. Es ist die unterbewusste Erinnerung an eine jenseitige Heimat, in der himmlische Zustände herrschen.

Wie die Engel im Alltag bei uns sind.

Sobald wir uns ihnen öffnen, haben sie die Chance zu wirken. Sie bieten ein Gefühl von nicht-alleine-sein, von Geborgenheit. Sie belehren uns, dass der Alltag wichtig ist und dass es ***keine Nichtigkeiten*** gibt.

Ihre Echtheit können wir daran erkenne, dass sie niemals zwingen, dass sie nichts Unbilliges fordern, dass sie nicht möchten, dass wir uns selber hintenan stellen, nur unseren Nächsten lieben und so ein ***unsinniges Opferleben*** führen.

Unser Engel möchte, dass wir unsere Angelegenheiten in Ordnung halten. Er möchte begleiten, erleuchten, stärken, ohne Druck und Reibung. Wenn der Mensch seinen Alltag mit ihm teilt, so ist er sich seiner Tätigkeiten bewusst, seiner Gedanken und Worte. Er spricht keine mehrdeutigen Dinge mehr, schon gar keine falschen. Er möchte das nicht mehr. Der Mensch schaut dann nicht so sehr, w e l c h e Dinge er tut, sondern w i e er sie tut.

Die Erscheinungsformen

Engel haben als Grundfarbe weiss, daraus kann alles entstehen; Sie wechseln die Farbe, je nach dem, womit sie sich beschäftigen. Wenn sie trauern, verdunkeln sie sich. Das kann aus Mitleid mit dem Schützling geschehen, wenn dieser zum Leiden kommt oder wenn er in Schuld gerät.

Gold bedeutet Anbetung. Die Wahrnehmung durch das Hören geschieht ohne Ton, es ist das innere Hören. Dies geschieht am leichtesten, wenn der Mensch selber – gelegentlich – die Stille aufsucht.

Die Engel schauen an. Sie sind einfach da und schauen auf ihren Schutzbefohlenen. Darin liegt ihr Interesse und ihr mit-leben. Sie selber wollen nichts Bestimmtes. Sie werden niemals einen Menschen kritisieren, sondern immer verstehen, auch wenn er, der Mensch, sich auf Ab- oder Umwege begibt.

Auch wenn wir mit unserem Engel leben, so bedeutet das nicht, dass wir keine Sorgen, Nöte und Ängste mehr hätten. Während wir uns mit einem Teil im Leid befinden, kann der andere Teil in Frieden sein.

Es findet ein Leben in/auf zwei Ebenen statt. Die Seele kann sich wohl sehr belasten, doch nicht mehr vernichtet fühlen. Wenn ein Mensch übergrosses Leid erfährt, so hüllt der Engel ihn in seine weichen Federflügel ein. Engel möchten sich für alle möglichen Fälle zur Verfügung stellen. Es ist beruhigend zu wissen, dass es vielmehr Engel als Erdenmenschen gibt.

Wir m ü s s e n nicht ihre Gegenwart spüren, sobald wir w ü n s c h e n, dass sie uns beistehen, also b e i u n s s t e h e n , i s t das schon so, denn in der mentalen Welt ist der Wunsch schon die Tat-sache, die Erfüllung. Die Sehnsucht ist das Tor. Engel bilden eine Einheit, sie definieren sich nicht über Rang und Namen. Sie befinden sich alle in Einem, einer in Allen.

Ihr Lebensgefühl ist Anwesenheit, ewige Existenz. Ihre Geduld ist sprichwörtlich. Sie haben die Fähigkeit beizustehen, zu helfen, trösten, lehren, trauern, danken und zu loben. Engel geben für gewöhnlich den nächsten Schritt an, Zukunftsvorhersagen machen sie selten. Immer lassen sie den Menschen frei entscheiden. Zukunft ist relativ; Zukunft ist das, was wir in/aus der Gegenwart machen.

Über eigene Engelerfahrungen mögen wir nur im wahren Freundeskreis sprechen. Auch mögen wir nichts äußern, was Unerfahrene überfordern und verwirren könnte. In Gegenwart von Skeptikern mögen wir wohl an ihre heilsame Gegenwart denken, doch mögen wir nicht über sie sprechen.

Was erlebt man im Jenseits, wie geht es dort zu? Jeder erzählt etwas anderes.

Das ist richtig. Denn jeder erlebt dort etwas anderes. Es hat zu tun mit ihm selber. Ausschließlich. War er irdisch hier, so ist er es dort. Das Jenseits ist zunächst einmal die Verlängerung des Diesseits unter veränderten Bedingungen. Entwicklungen dort dauern kurz oder unendlich lang, dies ist irdisch (in Zeiteinheiten) gedacht. Dort wird alles (als) ewig empfunden. Dort (er) lebt man zeitlos von Jetzt zu Jetzt.

Es gibt Plus-, Minus- und neutrale Sphären. Sie überlappen einander und gehen von Minus nach Plus oder umgekehrt, wie man will. Zunächst wird man empfangen von früheren Verwandten der Freunden. Dann geht man in die Ebene, der man geistig zugehört. Manche beginnen im Minus, manche im Plus. In den tiefsten Minussphären herrscht Krieg. In den weniger tiefen Feindseligkeit. Man wartet hier auf Feinde und ehemalige Schuldner, um alte Rechnungen zu begleichen. In vermilderter Minusebene grübelt man viel über Vergangenes und möchte auf der Erde gern noch etwas ausrichten. Man ist unruhig und viel unterwegs in karger Landschaft, die zur inneren Verfassung passt. Von all dem Hin und Her wird man müde und fällt oft in Schlaf. Man hat begriffen, dass man nicht mehr auf der Erde ist, sondern im Jenseits und dass dies unabänderlich ist. Man ist gleich-gültig, damit ist man in der neutralen Sphäre angelangt.

Man beginnt sich umzuschauen und zu orientieren. Man beginnt sich nach schöneren Gegenden und Zuständen zu sehnen. Sehnsucht ist immer eine Voraussetzung für die folgende Stufe. Diese wird durch das Verlangen danach vorbereitet und möglich gemacht.

In den beginnenden Plussphären ist man bereit und darum in der Lage, die Helfer wahrzunehmen und sich gegebenenfalls an diese zu wenden. Man gewinnt Interesse an sich und anderen. Man wird gelassener. Mit der Kraft der Imagination erbaut, erschafft man Häuser, Gärten, Landschaften und lebt darin. Da macht es leichter. In mentalen Krankenhäusern wird behandelt und geheilt. Je nach Wunsch kann man alleine, als Paar oder in der Gruppe leben. Man kann auch mit (seinen) Tieren leben, wenn man das möchte. Man kann in Bibliotheken über alles lesen, was man nur möchte. Die Bücher sind wie Filme und mehrdimensional. Man kann ruhen, wenn man das möchte, in Gärten und Landschaften spazieren gehen, mit Gleichgesonnenen sich vergnügen. Man kann zum eigenen Vorteil Aufgaben übernehmen, Tätigkeiten ausüben. Je nach Bewusstseinsstand bewegt man sich fort mit erdachten Fahrzeugen oder mit Gedanken.

Man kommuniziert miteinander durch Gedanken. Man ist freundlich. Man hat keine Eile. Man hat Spaß. Man kann humorvoll sein. Man erörtert mit Helfern das vergangene Leben. Man findet unter weiser Führung Schwächen und Stärken des vergangenen Lebens heraus. Man entscheidet rückwirkend auf mentale Weise in bestimmten Situationen der Vergangenheit neu und erstellt auf diese Weise Modelle für Problemlösungen in der Zukunft. Man kann sich programmieren, dieses Wissen bei nächster Gelegenheit/in kommender Existenz abzurufen und das so Gelernte anzuwenden. Man wird zusammengeführt mit ehemaligen „Konfliktpersonen". Die Konflikte werden betrachtet, verstanden und dadurch gemildert oder behoben.

Man steht Angehörigen und Freunden auf Erden mental bei. Man fühlt sich wohl und gesund. Man pflegt sich. Man pflegt schöne Dinge. Man wird immer ausgeglichener und dadurch immer lichtvoller. Man entdeckt immer mehr geistige Reichtümer und Glück. Jeder ist schön, weil er gut ist und weil er sich freut, jeder ist berühmt, weil alle einander kennen und schätzen, und jeder hat Macht und Kraft. Geld und Gold spielen keine Rolle, denn jeder ist reich, allen gehört alles, das ganze Universum und jeder befindet sich in goldenem Glanz.

Man kann mental in die niederen Sphären reisen und dort Besuche machen. Man kann Impulse dort hinbringen und in die eigene Ebene zurückkehren. Zweierpartnerschaften sind nicht mehr so bedeutend, man schließt sich zunehmend in Liebesverbänden zusammen. Man kann Entwürfe für die Zukunft machen: für weitere Entwicklung dort, auf anderen Planeten, in anderen Daseinsformen und/oder für das nächste Leben wieder auf der Erde. Man kann dafür genaue Konzepte entwickeln, warum, wann, wie, mit wem, zu wem, wohin man gehen will.

Man hat unzählige Möglichkeiten. Man kann tun, was man möchte. Man kann gehen, wohin man möchte. Hier kann man teilnehmen an der Daseinsform, die man wählt.

In den tiefsten Minussphären herrscht Krieg (wobei die Bewohner eben dieser Ebenen dieselbe als höchste bezeichnen würden).

In den weniger hohen Feindseligkeit.

In den neutralen ist man gleichgültig.

In den beginnenden… ist man… und so weiter.

Von Zyklus zu Zyklus in allen selbst geschaffenen Universen bis in alle selbst geschaffenen Ewigkeiten.

So ist es.

Es wird so viel geredet von Vergessen und Vergeben. Nun kann ich aber nicht verzeihen, nicht anderen und nicht mir selber. Um Verzeihung bitten ist mir ebenfalls unmöglich, denn damit würde ich ja zugeben, dass ich ein schlechter Mensch bin. Ich finde das nicht.

Inzwischen (man macht ja aus allem Geld) werden sogar Verzeihungsseminare als Wochenenden angeboten. Ist das nicht absurd? Ist das nicht abartig? Wie kann man an zwei Tagen alles und alles von früher her verarbeiten und aufgeben, da kann doch etwas nicht stimmen mit der Persönlichkeit, die Menschen machen sich doch was vor.

Andererseits, nach irgend einem – ich will mal sagen – Ausgleich sehne ich mich auch. Ich bin in einem Dilemma.

Versuchen Sie es mit den folgenden Zeilen:

Akt der Begnadigung

ich begnadige mich
du begnadigst dich
er/sie/es begnadigt sich
wir begnadigen uns
ihr begnadigt euch
sie begnadigen sich

Konjugieren in allen Formen und Zeiten.

Fragen und Sagen:

1. Ich hatte mir mehr versprochen von einer Beratung bei Ihnen.
2. Sie haben mir echt geholfen.
3. Ihre Antwort hat mir nichts gebracht, ich glaube, ich muss zu einem richtigen Medium gehen.
4. Es tut mir leid für die Leute, die genauso enttäuscht sind von Ihnen wie ich.
5. Was Sie gesagt haben, hat mich glücklich gemacht.
6. Ich arbeite auch spirituell, ich möchte Sie gerne einweihen.
7. Was Sie sagen, ist nichts Neues für mich.
8. Die Gegend, in der Sie wohnen, ist nicht gerade die Gehobene.
9. Sie haben ein schönes Zimmer.
10. Sie sind mir suspekt.
11. Zu Ihnen habe ich Vertrauen.
12. Ich möchte jetzt gehen, weil ich Ihnen nichts tun will.
13. Seitdem ich Ihr Buch gelesen habe, will ich mich nicht mehr umbringen.
14. Ich kann's ja mal mit Ihrer Schiene versuchen, und wenn's nicht hilft, bleibt mir immer noch die Magie.
15. Nun verstehe ich alles.
16. Meine Schwestern waren bei einem Medium, das konnte die Namen ihrer Kinder sagen, warum können Sie das nicht?
17. Vielen Dank für Ihre Bemühungen.
18. Heute fängt für mich ein neues Leben an.
19. Können Sie von Ihren Einnahmen leben?

20. Ich bin beeindruckt.

21. Nun fühle ich mich nicht mehr so allein.

22. Sie sind ein Scharlatan.

23. Sie müssen mir helfen.

24. Danke für Ihre liebevolle Arbeit.

25. Ich möchte Sie gern einladen zu meinem Geldseminar.

26. Sie haben eine niedliche Stimme.

27. Nun habe ich aber viel nachzudenken.

28. Wow!

NACHWORT

Als ich in meinen Träumen
in meinen Nächten
tausendfach wiedererlebte
wie im Morgengrauen
Soldaten in olivgrünen Uniformen
mit Jacken ohne Ärmel
die Zigarettenkippen im Mund
in mein Dorf kamen
wie meine Leute
zusammengetrieben wurden
sie sich niederknien mussten
gebunden und geschlagen wurden
wie sie um ihr Leben baten
und dann doch Gewehrsalven
und Schreie und Blut
und durchgeschnittene Hälse
dann Feuer und brennende Hütten
und ich allein übrig blieb
schwitzend und wimmernd
als ich das tausendfach in meinen Träumen
und in meinen Nächten
und in meiner Wirklichkeit
wiedererlebte
als ich müde wurde von innen und kalt
als ich fast schon auf der anderen Seite war
fast schon im Frieden
kam ein Engel zu mir der sagte

geh zurück mein Kind auf die Erde
und erzähle den Menschen vom Frieden

und der Engel blieb bei mir
als ich
ich weiß nicht von wem
in einem Militärlastwagen
von meinem niedergebrannten Dorf
in ein Waisenhaus gebracht wurde
als ich von dort aus
in eine große Stadt gebracht wurde
als die Leiterin des Waisenhauses
mich auswählte um gerettet zu werden
als dafür Papiere erstellt werden mussten
und deshalb drei Zeugen
vor dem Friedensrichter erschienen
und schworen dass sie die Wahrheit sagten
dass ich der Sohn von Herrn Unbekannt
und Frau Unbekannt sei
und aufgefunden wurde in einem Dorf

und der Engel blieb bei mir
als ich mit einem großen Flugzeug woanders hin geflogen wurde
und dort Eltern Geschwister Essen ein Bett und Spielzeug bekam
als ich mit drei Jahren laufen und sprechen lernte
die Menschen mich freundlich ansahen und gut zu mir waren
als meine Fußballfreunde sagten
er ist unsere schwarze Perle er ist unser Perle
als meine weiße Schwester sagte er ist mein Bruder

als ich malen und schreiben lernte
und ein Bekannter mir ein Transistorradio schenkte
und zwei tolle Jacken und sagte
dieser Junge braucht viele gute Häute um sich zu schützen
als ich an einem einzigen Abend vierhundert Mark mit Breakdance
verdiente
und viel Beifall bekam
da war da der Engel

als ich in meinen Träumen und Nächten
und in meiner Wirklichkeit
immer wieder das Schreien meiner Leute hörte
das Blut sah und durchgeschnittene Hälse
als jede Nacht Soldaten
in mein Dorf kamen und an mein Bett
als ich wimmernd und schwitzend und müde und kalt
Nacht für Nacht Tag für Tag
jahrelang jahrzehntelang
schreien und Blut
als ich deswegen nicht mehr zur Schule gehen konnte
und meine Mutter drei Mahnungen vom Amt bekam
mich nun endlich zu schicken
sonst würde ich von der Polizei geholt
uns sie selber käme in Haft
wegen Verletzung der Aufsichtspflicht
als der Arzt mich da
schulunfähig schreib und uns so beschützte
da war der Engel bei mir da war er bei mir

als ich meine Mutter fragte
ob sie glaube dass ich gesehen hätte wie meine Mutter starb
da sprach der Engel durch sie als sie sagte
wir wissen es nicht
aber eines Tages, wenn du stark genug bist dafür
wirst du dich erinnern
dann wirst du es wissen
und als ich sie fragte ob sie glaube
dass ich ein Kind aus einer Vergewaltigung sei
und sie mir sagte
wie auch immer was auch immer du bist ein Kind der Liebe
ich danke deiner Mutter, dass sie dich geboren hat auch für mich

und ich erinnerte mich an alles
an alles was jemals in meinem Leben geschehen war
als ich im Krankenhaus war
und mein Bettnachbar sagte
Ausländerpack
aber ich gab ihm die Erlaubnis
nachts heimlich im Fernsehen Boxen und Fußball zu gucken
da gab er mir drei Mark für Cola
und nannte mich seinen Freund
und ich erinnerte mich
als ich fünf Jahre als wurde
und in der Badewanne stand
mich mit weißem Mehl überschüttete
und sagte für meinen Geburtstag bin ich weiß
als der Nachbarsjunge
mich fesselte und schlug und sagte

wir spielen nur Jude
als ich mit zehn Jahren meine Einbürgerungsurkunde
mitnahm zum Spielen weil immer nur ich
von der Polizei kontrolliert wurde
als ich ein einziges Mal erzählte
dass ich mich erinnern konnte an mein Dorf und an den Krieg
die Leute mich auslachten und sagten
du hast wohl zu viele Filme gesehen
als ich Altenpfleger wurde
aber aufgeben musste
weil die alten Leute eine Delegation zur Heimleitung schickten
um zu sagen dass sie sich nicht von einem Farbigen
waschen und füttern ließen
und die Heimleitung eine Lüge in mein Zeugnis schrieb
wir haben uns einvernehmlich getrennt
da kam ein Engel zu mir der sagte
du gehst durch die Hölle mein Kind
und dein Weg ist noch nicht zu Ende

und dann kam das Schlimmste
als Afrikaner die in das Land gekommen waren
um Asyl anzufragen über mich sagten
was will er er hat keinen Stamm kein Land
er hat keine eigene Sprache
keine schwarzen Eltern und Brüder
er hat keine roots er gehört nicht zu uns
als Asiaten die in das Land gekommen waren
um Asyl anzufragen über mich sagten
was will er er hat keinen Stamm kein Land

er hat keine eigene Sprache
er ist
ein Kind des Staubes der Erde
auf dem man herumtreten kann
er gehört nicht zu uns

wo war da der Engel verdammt noch mal wo war er
wo war er

als Jugendliche neben dem Reihenhaus in dem wir wohnten
Sieg Heil schrieen und Heil Hitler
und marschieren übten
als meine Mutter einen Feuerlöscher kaufte
und neben ihr Bett stellte
und schließlich das Haus verließ
in dem sie zwanzig Jahre lang gelebt und gearbeitet hatte
und so tat
als sei nichts geschehen
oder nicht viel

als ich den wiedertraf
der mein Feind war
braun wie ich
den der es geschafft hatte
der ganz oben war
der immer gesagt hatte zu mir
du wirst niemals Erfolg haben
niemals berühmt sein
keine Freundinnen haben und Autos

als ich den wiedertraf
der in der Zwischenzeit
einhundertvierzehn Frauen
und fünf Autos gehabt hatte
der erfolgreich im Schallplattengeschäft war
der bei Stars und berühmten Leuten ein- und ausging
der nun wieder bei seinen Eltern wohnte
das Bett mit dem jüngeren Bruder teilte
und der mich nun mit Angst in den Augen ansah
und bat
komm doch mal zu mir
komm mich besuchen
ich habe alles verloren
mein Geld meine Autos Freundin und Wohnung
ich bin krank und werde bald sterben
ich habe keinen einzigen Freund mehr
bin völlig allein

als ich mich umdrehen wollte
und wortlos weggehen
da stellte der Engel
sich mir in den Weg
und sagte
geh zurück zu ihm
geh zurück mein Kind
und erzähl ihm
vom Frieden

Über die Autorin

Dina Ahlers ist seit ihrem 36sten Lebensjahr hellsehend und hellfühlend. In ihrem ersten Buch „Zeiten im Licht" beschreibt sie unter anderem auch ihren ungewöhnlichen Werdegang: Vom Dorfkind im zweiten Weltkrieg, dem Wiedererinnern früherer Inkarnationen bis hin zu ihrem vielfältigen Begegnungen mit unsichtbaren Wesen, die ihr Leben drastisch zum Positiven veränderten. Seit 1978 berät Dina Ahlers Mensch in eigener spirituell orientierter Praxis zu all Ihren Fragen bezüglich Gesundheit, Beziehungen, Beruf, Haustieren, Trauma, Karma, Sinn Ihres jetzigen Lebens, Ihrer Schutzgeister u.a. Auch stellt sie auf Wunsch Jenseitskontakte her. Ihr Wunsch ist es, dass Menschen Einsichten aus der Akashachronik zum eigenen und zum Wohle anderer einsetzen. Frau Ahlers hält auf Anfrage Lesungen und Vorträge zu verschienenen Themen in Köln und anderen deutschen Städten. Auch telefonische oder persönliche Beratungen sind möglich.

<u>Kontakt zur Autorin:</u>

Köln: 02 21 - 941 91 61

Weitere Bücher von Dina Ahlers

Zeiten im Licht - Berichte von paranormalen Erfahrungen
Dina Ahlers

Das Medium Dina Ahlers ist seit ihrem 36sten Lebensjahr hellsichtig. In diesem Buch beschreibt sie mit Liebe und Einsicht in die geistigen Welten ihre paranormalen Erfahrungen. Diese „Seelengespräche" mit Geistführern, Engeln und Verstorbenen können Ihnen wertvolle Einsichten in die kosmischen Zusammenhänge vermitteln, aber auch Trost und Hoffnung spenden, wenn Sie einen Menschen „verloren" haben.
ISBN 3-929046-25-3, 240 Seiten, Pb, 16,80 €

Tiere im Licht - Berichte von paranormalen Erfahrungen mit Tieren
Dina Ahlers

Das Medium Dina Ahlers ist seit ihrem 36sten Lebensjahr hellsichtig. In diesem illustrierten Buch berichtet Sie über ihre mentalen Kontakte mit Tieren und gibt wertvolle Informationen von und über Tiere aus der geistigen Welt weiter.
ISBN 3-929046-37-7, 140 Seiten, Pb, 12,90 €

Aus dem weiteren Verlagsprogramm

Die mit dem Delphin schwimmt
Ein Erlebnisbericht von Gudrun Anders

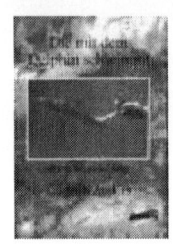

Als Kind sah ich jede Woche Flipper im Fernsehen und war Stammgast im Delphinarium. Ich hatte keinen größeren Traum, als einmal mit einem Delphin um die Wette zu schwimmen. Ich vergaß diesen Traum viele Jahre, aber während eines Urlaubs erinnerte mich ein Pott Delphine an meinen sehnlichsten Traum aus Kindertagen. Weitere elf Jahre später wurde dieser Traum für mich dann endlich Wirklichkeit. Bei den Beduinen in Sinai fand ich nicht nur die Delphindame Ollin und die große Liebe, sondern nach vielen kleinen Abenteuern auch ein ganz neues Lebensgefühl.
ISBN 3-929046-17-2, 140 Seiten, Pb, 11,90 €

Heilende Märchen - Märchen, die dein Herz erwärmen und deine Seele heilen
Gudrun Anders

Märchen führen uns in das Land der Phantasie und lassen uns wieder den Teil in uns spüren, der noch Kontakt zur Seele hat. Sie wärmen unser Herz und zeigen uns Wege auch aus scheinbar ausweglosen Situationen, die wir vom Verstand her nicht ohne Weiteres gefunden hätten. Lassen Sie sich von den Märchen in diesem Band in das Abenteuerland ihres eigenen Inneren entführen und beschreiten Sie dadurch den Weg zu Ihrer eigenen Heilung.
ISBN 3-929046-20-2, 232 Seiten, Pb, 15,80 €

Töchter der Sterne - Frauen der Erde
Walburga Ramadan

Die Autorin entführt uns in ihrem Werk in eine von klugen Frauen gestaltete, ländliche Welt in Westfalen des zweiten Weltkrieges. Es ist eine Zeit fast ohne Männer - eine Zeit in der Frauen voll Sorge auf die Söhne und Ehemänner warten. Vielleicht ist das der Grund dafür, dass ländliche Lebensart hier ganz anders als gewohnt daherkommt: Nicht geschäftige, sture oder rivalisierende Landmänner prägen hier das Bild, keine Streitigkeiten, Kämpfe oder Gemeinheiten werden hier beschrieben. Es geht um weibliche Frauen, die sich allein behaupten und die Natur respektieren. Es sind Frauen mit Empfindungen für natürliche Harmonien, die in direktem Kontakt mit Pflanzen und Tieren leben.
ISBN 3-929046-36-9, 72 Seiten, Pb, 8,80 €

Gespräch über die Liebe
Kim Barkmann – De Wise Fru –

Das Buch „Gespräch über die Liebe" enthält einen mit Schülern von DE WISE FRAU geführten Dialog unter dem Thema „Selbstliebe als Voraussetzung für Liebe". Der zugrundeliegende Gedanke des Buches ist der, dass wir Menschen unser Leben Kraft unseres freien Willens vollkommen selbst gestalten.
ISBN 3-929046-23-7, 212 Seiten, Pb, 15,80 €

Engelgeschichten - Geschichten von Engel, Tieren und Pflanzen
Die Sprache der Natur
Rolf Müller

Der Börsenmakler Rolf Müller hat in diesem Buch wahre Geschichten von Engelerlebnissen zusammen getragen, die auch Sie dazu anregen sollen, einmal das eigene Leben zu überdenken und nachzuforschen, wo und wann Engel auch Ihnen geholfen haben.
ISBN 3-929046-28-8, 132 Seiten, Pb, 12,50 €

Liebesfallen - Psychologische Betrachtungen über das berühmteste Gefühl der Welt
Ulrike Sammer

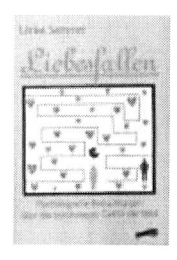

„Liebe" scheint einer der unklarsten Begriffe in unserer Kultur zu sein – jeder will sie und niemand weiß wirklich, wie sie ist! Es gibt unzählige Definitionen, daher ist die Liebe wie geschaffen für alle möglichen Missverständnisse und Fallen. Wie soll der Wunsch nach Liebe aber jemals erfüllt werden, wenn die Verständigung darüber schon so schwierig ist? Ulrike Sammer zeigt in diesem Buch die unterschiedlichen Beziehungswünsche im Laufe des Lebens, die verschiedenen Anschauungen und irrigen Vorstellungen, die Ängste, Nöte und Defekte, die der Liebe im Wege stehen auf. Dieses Buch ist ein pragmatischer Versuch, sich wohlwollend näher zu kommen. Es gibt wieder Mut, sich auf die Liebe einzulassen.
ISBN 3-929046-40-7, 148 Seiten, Pb, 13,90 €

Diamantenseele - Die Geschichte einer Einweihung
Sabine Dilger

»Folge dem Ruf deines Herzens, in der Mitte liegt ein Juwel, den bringe mir«, bestimmte das Orakel und eröffnet Nokojo damit das Labyrinth der menschlichen Seele. Nokojo macht sich auf die Suche nach Larijong. Einer alten Legende nach befindet sich dort einen Schatz, der kein gewöhnlicher Schatz ist. Wer ihn findet, wird in das Geheimnis des Lebens eingeweiht. Um jedoch dort hin zu kommen, muss Nokojo das Schattenreich der Menschen durchqueren, eine ungewöhnliche und gefährliche Reise beginnt...
ISBN 3-929046-42-3, 244 Seiten, Pb, 17,80 €

Hexenalltag - Eine kleine Lektüre für Junghexen und solche, die es werden wollen
Witch Cheyenne – Daniela Bartelt

Interessierst du dich dafür, wie du anderen Menschen helfen kannst? Willst du wissen, wie eine moderne Hexe von heute arbeitet? Hast du Interesse an Kartenlegen oder weißer Magie? Bist du an Liebeszaubern interessiert? Dann ist dieses Buch genau richtig für dich, denn hier erfährst du, was die Grundlagen der Hexenarbeit sind.
ISBN 3-929046-26-1, 212 Seiten, Pb, 15,50 €

Zitatsalat mit Fleckensalz - und einer Prise Astropfeffer von Martin Schmid
Inge Faubet

Die Autorin stellt hier ihre eigenen Zitate einer Sammlung wertvoller Haushalts- und Gesundheitstipps aus der alten Zeit gegenüber. Diese Geheimnisse, sich den Lebensalltag zu erleichtern, stammen aus dem Nachlass der Urgroßmutter der Autorin und wurden über vier Generationen hinweg gehütet und weitergegeben. Hier prallen Gegensätze aufeinander. Die praktische Lebensweisheit von vor über hundert Jahren und die Welt der modernen Lebensphilosophie von heute - aber eines haben diese Gegensätze gemeinsam: Sie helfen uns, das Leben zu meistern!
ISBN 3-929046-55-5, 180 Seiten, Pb, 18,50 €

Wissen, Weisheit, Wahrheit - Einblick in das kosmische Bewusstsein
Hans-Georg Junghans

Die in diesem Buch enthaltenen Durchsagen aus der geistigen Welt betreffen alle Lebensbereiche und helfen, diese besser zu verstehen. Ob es um die eigenen Gefühle geht, das Mensch-Sein oder um Engel und Außerirdische - es enthält Texte zu allen Themenbereichen. Lassen Sie sich durch diese gechannelten Botschaften inspirieren.
ISBN 3-929046-44-X, 196 Seiten, Pb, 14,80 €

Der Sankofa-Vogel
Sigrid Güssefeld

Als Cora Painter nach Ghana kommt, erfährt sie von dem grausamen Schicksal des durch Hypnose verwandelten John Miles. Wenig später steht sie ihm leibhaftig gegenüber und beide verlieben sich ineinander. Aber ihr Glück ist nicht von langer Dauer. John wird von Pseudowissenschaftlern als Versuchsobjekt gefangen genommen und schwerst misshandelt. In einem Krankenhaus in Boston werden seine körperlichen Wunden geheilt – aber er ist noch nicht gerettet, denn nun beginnt für ihn der harte Kampf, die Verletzungen seiner Seele zu verarbeiten.
ISBN 3-929046-36-9, 376 Seiten, Pb, 24 €

Herr, Dein Wille geschehe – meiner aber auch...
Ein autobiographischer Erfahrungsbericht über ein spirituelles Erwachen
Dagmar Haid

Dagmar Haid schildert in diesem Buch unter anderem ihre spirituelle Erlebnisreise in den Himalaja. In ihren Begegnungen mit anderen Menschen einer scheinbar fremden Kultur begegnet die Autorin nicht nur sich selbst - sie findet wieder zurück zu ihrem uralten Freund, den sie liebevoll "Kumpel Gott" nennt. Angeregt durch dieses Schlüsselerlebnis spürte sie fortan eine große Sehnsucht nach Wahrheit und Klarheit in ihrem Herzen. Durch weitere sonderbare Begegnungen in ihrem Leben gelang es ihr, einen Blick hinter den Horizont zu werfen. Überrascht stellte sie fest, dass es doch eine Gerechtigkeit auf dieser Welt gibt - nämlich dann, wenn wir Menschen erkennen, dass jeder selbst für sein Schicksal verantwortlich ist. Durch Selbst- und Gotterkenntnis können wir Glück und Frieden tief in uns selbst finden.
ISBN 3-929046-46-6, 204 Seiten, Pb, 15,80 €

Maleika im Tempel der Erleuchtung - Ein Roman für eine neue Zeit
Maren Emmerich

Eines Nachts hat Maleika, ein 15jähriges Mädchen vom Volk der Saramuras einen seltsamen Traum: Schim-Pong, der Wissende ihres Volkes, erscheint ihr in einem Tempel, zu dem er sie ruft. Sie sucht diesen Mann auf, der sie anweist, an einer bestimmten Stelle zu graben. Kurz darauf stirbt er. An besagter Stelle findet Maleika eine Steinplatte, in die eine merkwürdige Botschaft für sie eingeritzt ist. Sie solle den Tempel der Erleuchtung nicht in der Außenwelt, sondern in ihrem Inneren suchen. Viele Jahre versucht Maleika vergeblich den Tempel zu finden, denn sie entschließt sich, den Tempel gegen die Anweisung auf der Steinplatte in der Außenwelt zu suchen. Eine lehrreiche Reise beginnt, die nicht nur Maleika zu den tiefsten Geheimnissen ihrer Existenz führt. Sie trifft auf immer neue Herausforderungen, die ihr neu erworbenes Wissen unter Beweis stellen. Wird Maleika das Geheimnis um den Tempel lösen können?
ISBN 3-929046-50-4, 188 Seiten, Pb, 15 €

Jasper spricht über die Liebe - Botschaften aus der geistigen Welt
Walburga Poeplau

"Wir finden uns zusammen, um Licht und Liebe in der Welt zu verbreiten."
Das ist eine von vielen Aussagen, die die Autorin für Sie in diesem Buch zusammengestellt hat. Die Informationen kommen aus der geistigen Welt von einer Wesenheit, die sich Jasper nennt und für Sie Inspiration und Ermutigung sein sollen.
ISBN 3-929046-47-4, 180 Seiten, Pb, 15 €

Auf unserer Homepage finden Sie weitere Bücher unseres Verlagsprogramms sowie viele Informationen. Sie können auch gern kostenlos unseren Verlagsprospekt bei uns anfordern. Bestellungen für die hier vorgestellten Bücher können direkt über den Verlag vorgenommen werden, aber auch über jede gute Buchhandlung oder via Internet: www.libri.de oder www.bod.de.

spirit Rainbow Verlag
Inh. Gudrun Anders
Eifelstraße 35, 52068 Aachen
Telefon und Fax: 0241 - 70 14 721
E-Mail: rainbowverlag@aol.com
www.spirit-rainbow-verlag.de